权威·前沿·原创

水城猕猴桃产业发展报告
No. 1，2022

李发耀　李苇洁　◎主编

知识产权出版社
全国百佳图书出版单位
—北京—

图书在版编目（CIP）数据

水城猕猴桃产业发展报告. No. 1，2022/李发耀，李苇洁主编 .—北京：知识产权出版社，2023. 1

ISBN 978-7-5130-8559-5

Ⅰ. ①水… Ⅱ. ①李… ②李… Ⅲ. ①猕猴桃—产业发展—研究报告—水城县—2022 Ⅳ. ①F326. 13

中国国家版本馆 CIP 数据核字（2023）第 000012 号

责任编辑：高 超　　**责任校对**：王 岩
封面设计：叶 娇　　**责任印制**：孙婷婷

水城猕猴桃产业发展报告 No. 1，2022

李发耀 李苇洁 主编

出版发行：知识产权出版社有限责任公司　　**网 址**：http://www. ipph. cn
社 址：北京市海淀区气象路 50 号院　　**邮 编**：100081
责编电话：010-82000860 转 8383　　**责编邮箱**：morninghere@ 126. com
发行电话：010-82000860 转 8101/8102　　**发行传真**：010-82000893/82005070/82000270
印 刷：北京九州迅驰传媒文化有限公司　　**经 销**：新华书店、各大网上书店及相关专业书店
开 本：720mm×1000mm 1/16　　**印 张**：17. 75
版 次：2023 年 1 月第 1 版　　**印 次**：2023 年 1 月第 1 次印刷
字 数：280 千字　　**定 价**：88. 00 元

ISBN 978-7-5130-8559-5

感谢水城区人民政府对本报告提供全面支持！

《水城猕猴桃产业发展报告 No. 1，2022》编委会

李春艳　彭渊迪　涂娟芝　高　念　谭贵艳
刘清庭　吴茜妮　叶　娇　陈　颖　张荣全
赵　琴　袁　腾　耿礼祥　陈胤旭　杜小书
朱　刚　罗惠引　李万贵　祖　达　陈毓贤

文字注解　黄晓芳

图片摄影　徐　静

图片编辑　徐　静

主要编撰者简介

李发耀，男，1971 年生，贵州贞丰人，汉族。贵州省社会科学院研究员，贵州大学教授、（硕士）研究生导师，贵州省社会科学院地理标志研究中心主任，贵州省地理标志研究会会长，中国民族地区环境资源保护研究所兼职研究员，西南政法大学地理标志研究中心兼职研究员，贵州省委宣传部 2010 年“四个一批”理论人才，2017 年中国农业品牌建设学府奖“个人贡献奖”获得者，2018 年入选金芒果地理标志扶贫英雄榜，2018 年主编的图书《贵州省地理标志产业发展报告（2017）》获全国优秀皮书奖，2019 年进入贵州品牌指数平台首批智库专家，2022 年受聘为中国生态学学会民族生态专业委员会委员。

主要研究方向：地理标志国际互认、产品品质分析、产品标准制定、公共品牌建设、绿色食品与有机食品研究、社会经济与社区可持续发展等。出版的重要著作：《贵州地理标志产业发展报告》（社会科学文献出版社，2017 年，36.5 万字），《多维视野下的传统知识保护机制实证研究》（知识产权出版社，2008 年，25 万字），《贵州：传统学术思想世界重访》（贵州人民出版，2010 年，40 万字），《生态档案：跨越时空的生态历史记忆》（知识产权出版社，2015 年，35 万字），《反贫困的历史征程：来自普定生态文明的报告》（知识产权出版社，2015 年，20 万字），《中国薏仁米产业发展蓝皮书》（社会科学文献出版社，2017 年，25 万字，2018 年，29 万字，2019 年，24 万字），《中国刺梨产业发展蓝皮书》（社会科学文献出版社，28 万字），《黄平县区域公共品牌发展报告》（知识产权出版社，2020 年，30 万字），《贵州苹果产业发展报告》（2020，知识产权出版社，28 万字）。发表学术论文八十余篇，重点论文：《地理标志制度框架下遗传资源获取与惠益分享研究》（《贵州社会科学》，2014 年第 10 期），《地理标志制度对生物资源的保护及可持续利用分析》（《中央民族大学学报》自然科学版，2015 年第 11 期）。参与制定全国行业标准（刺梨）、主持省内外地方标准（省市）、省内外团体标准、省内外企业标准等多项。主持联合国开发计划署全球环境基金“赤水河流域生态补偿与全球重要生物多样性保护示范项目——促进企业参与赤水河流域保护的地理标志生态标签机制设计活动”，国家社科基金项目立项资助课题“地理标志制度视野下西南山区特色产业发展模式研究”，国家知识产权局项目“中国地理标志统一认定技术路线与指标体系研究”“西南地区地理标志扶贫调查”，省长基金课题“贵州地理标志特色产业发展研究”；另外主持多项省科技厅（知识产权局）课题、省社科规划办课题、省软科学课题、地方政府委托课题及地理标志相关的品牌运营项目与技术服务项目、社会经济可持续发展项目等。接受国内外 20 多家媒体的专题采访。

李苇洁，女，贵州科学院山地资源研究所副所长，研究员，主要从事猕猴桃栽培育种及农业生物多样性保护方面的研究。主持完成国家自然科学基金项目、国家重点研发计划项目任务、国家“973”基础研究计划子项目、“西部之光”人才培养项目、国家林草局行业标准制定项目、贵州省科技支撑计划项目、六盘水市科技成果转化重点项目、贵州科学院青年基金重点项目、贵州科学院人才团队建设项目等 30 余项，发表研究论文 60 余篇，作为主编出版专著 1 部，获得授权发明专利 4 项，参与制定省级标准 3 项、团体标准 2 项，获得贵州省农业丰收奖二等奖 1 项，贵州省科技进步奖二等奖 1 项（排名第一）。荣获“全国巾帼建功标兵”荣誉称号、贵州省“五一劳动奖章”、贵州科学院优秀共产党员、贵州科学院先进工作者、贵州科学院优秀科技工作者、贵州科学院“弘扬爱国奋斗精神建功立业新时代”先进个人。连续 8 年参加贵州省“万名农业专家服务‘三农’行动”，先后任贵州省农村产业革命精品水果专班专家、水城猕猴桃产业技术协会特聘技术顾问、科技特派员等服务水城猕猴桃产业，辐射带动猕猴桃种植面积 10 万亩以上，服务企业 20 余家，培训农户 10000 余人，培养猕猴桃种植二传手 5 人，带动脱贫 200 余户。

前　言

《水城猕猴桃产业发展报告 No. 1，2022》由总报告、综合报告、主题报告、专题报告及附录五个部分组成。

总报告主要内容为水城猕猴桃产业发展概况与趋势预测。总报告分两部分。第一部分系统而全面地梳理了水城猕猴桃产业发展概况，包括水城猕猴桃产业发展现状、水城猕猴桃标准体系建设现状、水城猕猴桃知识产权保护现状、水城猕猴桃公共政策与公共服务现状。第二部分预测了 2022—2027 年水城猕猴桃产业的发展趋势，包括：做优做特猕猴桃产业，打造乡村产业兴旺示范区；基础设施更加健全，管护水平日益提高；持续推进科技攻关，建设高质量发展领先区；产业链进一步延伸，与三产融合发展深度进一步加强；发展智慧农业五方面。

综合报告由水城猕猴桃产业与乡村振兴发展报告和水城猕猴桃产业与县域经济发展报告构成，主要介绍水城猕猴桃在助推乡村振兴、促进区域经济发展过程中所发挥的重要作用。

主题报告包括水城猕猴桃地理标志产业发展报告、水城猕猴桃绿色食品产业发展报告、水城猕猴桃有机产品产业发展报告、水城猕猴桃综合标准体系建设报告、水城猕猴桃品牌示范区建设报告、水城猕猴桃品质分析报告。

专题报告聚焦水城猕猴桃产业发展过程中的重点和热点问题，包括水城猕猴桃产业公共政策发展报告、水城猕猴桃公共宣传发展报告、水城猕猴桃产业公共服务发展报告、水城猕猴桃公共品牌建设三年提升研究、猕猴桃专利保护分析报告、水城猕猴桃产业商标保护报告、水城猕猴桃产业发展经验与发展模式分析总结、水城区①猕猴桃企业发展报告。

---

① 贵州省人民政府 2020 年 7 月印发《关于调整六盘水市部分行政区划的通知》（黔府发〔2020〕10 号）。撤销水城县，设立水城区。本书以 2020 年为限，调整该名称。

附录，由猕猴桃科技文献，水城猕猴桃产业大事记，质检总局批准水城猕猴桃实施地理标志产品保护的公告，农业部批准水城猕猴桃实施农产品地理标志登记保护的公告构成。以水城猕猴桃为切入点，梳理推动水城猕猴桃产业发展的关键节点，系统而全面地反映出水城猕猴桃产业发展的相关重要信息。

目　录

专题报告

附　录

总报告

B1

水城猕猴桃产业发展概况与趋势预测

李发耀　李苇洁　黄晓芳[1]

摘　要： 2000 年，水城县在猴场乡进行猕猴桃试验示范种植，开启了水城猕猴桃产业发展之路。经过 20 多年的发展，水城猕猴桃种植面积达 11.2 万亩①，覆盖全区 19 个乡（镇）70 个村（居）3.73 万户 14.22 万人。2021 年全区猕猴桃挂果面积 6.5 万亩，预计产量 2.5 万吨，预计实现鲜果产值 7 亿元以上。水城猕猴桃于 2013 年获农业部农产品地理标志登记证书，2014 年被原国家质检总局批准为地理标志保护产品。截至 2022 年，13 家水城猕猴桃企业取得有机食品认证，8 家猕猴桃企业（合作社）获得绿色食品认证。制定总计 11 项六盘水市地方标准，涉及猕猴桃果实采收、病虫害防治等方面。水城猕猴桃拥有的授权专利共有 9 件，其中发明专利 3 件，实用新型专利 6 件，专利权人主要是贵州大学、贵阳学院等高校。

关键词： 水城猕猴桃；产业发展；发展趋势

1　李发耀，贵州省社会科学院研究员，贵州省地理标志研究中心主任，主要研究方向：地理标志与产业经济、地方文化与社会可持续发展等；李苇洁，贵州科学院山地资源研究所副所长、研究员，主要研究方向：山地资源开发、猕猴桃产业可持续发展；黄晓芳，贵州省社会科学院地理标志研究中心助理研究员，主要研究方向：公共政策、地理标志。

① 1 亩约为 666.67m^2。

一、水城猕猴桃产业发展概况

（一）水城猕猴桃产业发展现状

2000 年，水城县在猴场乡进行猕猴桃试验示范种植，并未引起重视，也未受到青睐。2004 年，人工种植的猕猴桃开始挂果，其品质和价格远高于野生猕猴桃。至此，水城猕猴桃产业版图以猴场乡为起点，开始向蟠龙、红岩、米箩等乡镇扩张。2007 年，水城猕猴桃在中国（江西）果品及苗木展销会上，获“猕猴桃类”金奖；2008 年，水城猕猴桃产业园的“黔宏牌”红心猕猴桃被选为北京奥运会指定果品；2010 年，水城县在全县推广种植猕猴桃，同年，水城猕猴桃被列为“中国 2010 年上海世博会指定果品”，获“第十五届、第十八届中国绿色食品博览会金奖”。水城猕猴桃的品质逐步得到市场和消费者的认可。但受资金、技术等多种因素制约，猕猴桃规模化标准化种植步伐相对缓慢。

2012 年，水城县设立专门机构“水城县绿色产业服务中心”开展猕猴桃产业相关工作。2013 年，水城县猕猴桃产业示范园区成为省委、省政府重点打造的“100 个高效农业示范园区”之一。2013 年 4 月，水城猕猴桃荣获农业部农产品地理标志产品登记（证书编号：AGI01168）。2013 年，水城猕猴桃园区管理委员会成立，这进一步加快了水城猕猴桃产业的发展。2014 年 1 月，六盘水市委、市政府印发《中共六盘水市委　六盘水市人民政府关于农业特色产业发展“3155 工程”的实施意见》（六盘水党发〔2014〕2 号），该意见中提出大力推进猕猴桃等特色产业发展，并对全市猕猴桃种植规模在 1000 亩以上的，按 2000 元/亩标准给予奖励，并对基础设施等方面给予一定的补助。2014 年 9 月，原国家质量监督检验检疫总局（国家质检总局）批准对“水城猕猴桃”实施地理标志产品保护。水城猕猴桃逐渐成为水城县农业支柱产业，猕猴桃产业进入快速发展阶段。

2017 年，水城县委县政府结合“资源变股权、资金变股金、农民变股民”改革经验做法，印发《水城县发展一县一业推动产业脱贫攻坚三年行动方案（2017—2019年）的通知》（水党办发〔2017〕153号），将猕猴桃产业确定为水城县"一县一业"产业。2018年11月，以水城猕猴桃为主导产业的水城县现代农业产业园获批为全国首批11个创建国家现代农业产业园之一。同年12月，贵州省农业农村厅决定授予水城猕猴桃"贵州省农产品地理标志示范样板"称号，水城猕猴桃成为全省唯一一个被授予此称号的水果类农产品地理标志。2019年，六盘水市政府印发《推进猕猴桃产业发展30条的通知》。2020年，水城猕猴桃荣获"中国特色农产品优势区"（第四批）。2020年7月，水城猕猴桃入选中欧地理标志第二批保护名单。2021年，六盘水市水城区人民政府办公室关于印发《六盘水市猕猴桃产业高质量发展"吨产园"建设行动方案（2021—2024年）》和《六盘水市2021年猕猴桃产业高质量发展"吨产园"建设实施方案》，水城猕猴桃产业进入提质增效发展阶段。

（二）水城猕猴桃"三品一标"发展现状

1. 农产品地理标志

农产品地理标志标示农产品来源于特定地域，产品品质和相关特征主要取决于自然生态环境和历史人文因素，并以地域名称冠名的特有农产品标志。此处所称的农产品是指来源于农业的初级产品，即在农业活动中获得的植物、动物、微生物及其产品。农产品地理标志是在长期的农业生产和百姓生活中形成的地方优良物质文化财富，建立农产品地理标志登记制度，对优质、特色的农产品进行地理标志保护，是合理利用与保护农业资源、农耕文化的现实要求，有利于培育地方主导产业，形成有利于知识产权保护的地方特色农产品品牌。2013年4月，水城猕猴桃荣获农业部农产品地理标志产品登记（证书编号：AGI01168）。国家地理标志保护产品是指产自中华人民共和国特定地域，所具有的质量、声誉或其他特性本质上取决于该产地的自然因素和人文因素，经审核批准以地理名称进行命名的产品。国家地理标志保护产品具有较大产业规模、较显著社会经济效益、较高保护水平，制度健全、机制完善、管理规范，产品特色鲜明、知名度高，对国内地理标志保护起示范、引领、推广作用的产品。提高产品的附加值、增强文化凝聚力和促进国际贸易是保护和发展地理标志产品的重要意义。2014 年 9 月，原国家质检总局批准对“水城猕猴桃”实施地理标志产品保护。

2. 有机食品

有机食品是指来自有机农业生产体系，根据国际有机农业生产要求和相应的标准生产加工的，并通过独立的有机食品认证机构认证的一切农副产品，包括粮食、蔬菜、水果、奶制品、禽畜产品、水产品、调料等。有机食品认证是现代农业发展中一项必要的工作措施，是实现“从田地到餐桌”全过程有监管、有规范、有依据、可追溯、为官方认证认可的一种产品质量安全保障制度。截至 2022 年，水城猕猴桃取得有机食品认证企业数量为 13 家，分别是贵州润永恒农业发展有限公司、水城县长丰绿色科技实业有限公司、六盘水市扶贫开发投资有限公司、水城县鸿源农业开发有限责任公司、水城县泽能种养殖农民专业合作社、六盘水聚兴黔农业发展有限公司、水城县宏兴绿色农业投资有限公司、贵州水城乐丰绿色产业发展有限公司、水城县绿野上品农业开发有限公司、水城县云贵种养殖农民专业合作社、贵州富明果业科技有限公司、水城县联育鸿种养殖农民专业合作社、水城县瑞祥裕农业发展有限公司，共计认证面积 5000 亩以上。企业获得有机食品认证后极大地提高水城猕猴桃质量保证、品牌知名度以及经济收益。水城猕猴桃平均单价涨了 2 元，13 家企业年利润全部得到提升，销售终端覆盖北京、上海、深圳等一线城市，部分高端产品进入一线城市的高端商城和有机食品专门销售店。

3. 绿色食品

绿色食品是由我国政府主导的安全、优质的农产品精品，是不包含任何化学添加剂、没有受到污染的纯天然食物产品。绿色食品认证工作由中国绿色食品发展中心负责。绿色食品的源头产地环境、中间生产过程等各环节都有严格的相关标准，只有达到这些标准的产品才能获得绿色食品标识的使用权。当前，绿色食品已经成为实现农业转变发展方向，增加农民收入和保障食品安全的有效途径。水城猕猴桃产业化较晚，水城猕猴桃绿色食品认证起步相对落后，但发展迅速。2017 年 10 月，水城县长丰绿色科技实业有限公司获得绿色食品认证，成为水城县首个获得绿色食品认证的公司，在随后几年的发展过程中，水城县长丰绿色科技实业有限公司、贵州黔恒农业发展有限公司、水城县宏兴绿色农业投资有限公司、水城县恒丰祥现代农业发展有限公司、水城县南亚生态农业发展有限公司、水城县绿美农业开发有限责任公司、水城县虹博种养殖专业合作社、水城县中瑞种养殖实业有限公司共计 8 家猕猴桃企业（合作社）获得绿色食品认证。获得绿色食品认证的水城猕猴桃，平均单价提高了 2 元，年平均利润率从 27% 增长到 43%，提升了 16 个百分点。

（三）水城猕猴桃标准体系建设现状

截至 2022 年，国内已建立相关的国家标准有 GB 19174—2010《猕猴桃苗木》和 GB/T 40743—2021《猕猴桃质量等级》。国内现行有效的猕猴桃相关行业标准有 19 项，一共涉及农业、出入境检验检疫、轻工、林业、国内贸易 5 个行业，其中以农业标准占比最大，达到了 12 项。国内现行有效的猕猴桃相关地方标准有 139 项，其中贵州省地方标准有 33 项，约占全国总量的 24%，在 33 项贵州省地方标准中包括 22 项省级地方标准和 11 项六盘水市地方标准。现行有效的猕猴桃相关团体标准有 41 项，共有 29 个社会团体组织发布。制定水城猕猴桃标准体系是产业现实需要，为加快发展特色优势农业产业，水城区委、区政府围绕水城猕猴桃这个重要的传统优势产业，开展一系列标准化研究工作，为水城猕猴桃的产业发展提供科技保障支撑。制定可操作性强的水城猕猴桃系列标准，有利于在水城区内规范猕猴桃生产的产地环境条件、种植技术、病虫害防治、采收、产品质量、储运等全过程的技术指标及管理体系，实现对猕猴桃从栽培、采摘、产品到储存及运输等各环节全方面覆盖的质量控制，更好地提高种植采摘技术含量和管理水平，有利于提高水城猕猴桃的整体质量水平，确保高产、高效、安全栽培以及产品质量和安全。

（四）水城猕猴桃知识产权保护现状

1. 水城猕猴桃商标注册情况

商标是用以识别和区分商品或者服务来源的标志。任何能够将自然人、法人或者其他组织的商品与他人的商品区别开的标志，包括文字、图形、字母、数字、三维标志、颜色组合和声音等，以及上述要素的组合，均可以作为商标申请注册。商标的首要作用是简单而有效地区分商品或者服务的来源。对于消费者来说，有助于选择自己希望获得的商品或服务；对于商家来说，只有先将自己的产品与其他人的产品区分开来，才可能进行市场竞争并取得市场份额。商标还有保证商品或服务质量的作用。由于商标是消费者区别商品的主要工具，所以消费者对商品或服务的良好印象会固化在商标上，形成对商标的信赖感。而随着该商标的使用被扩大到其他的商品和服务之上，消费者的信赖也会随之扩大到新的商品之上。商标的使用可以形成品位和文化认同。随着时间的推移，如果使用某一商标都具有类似的较一致的风格和追求，消费者对该商标的情感会升华到文化信仰的层面，购买、使用这类商标的商品就成了体现品位及文化认同的象征。水城于 2012 年开始对猕猴桃进行商标保护，随后陆续开始对猕猴桃进行相关商标注册。2012—2016 年，水城猕猴桃商标注册数量并未增加，2017—2019 年，水城猕猴桃商标注册数量逐年增加，自 2020 年后，其猕猴桃商标注册量停止增长。截至 2022 年，水城区猕猴桃相关的商标共 49 个，均为一般商标。从注册类别来看，水城猕猴桃商标注册的有公司、种养殖场和合作社等，其中公司注册数量最多，占据 89. 8%。

2. 水城猕猴桃专利分析

专利在知识产权中有三重意思：第一，专利权是国家依法在一定时期内授予专利权人或者其权利继受者独占使用其发明创造的权利，这里强调的是权利。专利权是一种专有权，这种权利具有独占的排他性。非专利权人要想使用他人的专利技术，必须依法征得专利权人的授权或许可。第二，专利技术，指受到专利法保护的发明创造，是受国家认可并在公开的基础上进行法律保护的专有技术。“专利”在这里具体指的是受国家法律保护的技术或者方案。第三，专利文献，指专利局颁发的确认申请人对其发明创造享有专利权的专利证书或指记载发明创造内容的专利文献，指的是具体的物质文件。专利在我国分为发明、实用新型和外观设计三种类型。专利作为一种无形资产，具有巨大的商业价值，是提升企业竞争力的重要手段；是企业实施专利战略的基础，也是该产业创新能力与竞争能力的体现。水城猕猴桃拥有的授权专利共有9件，其中发明专利3件，实用新型专利6件，专利权人主要是贵州大学、贵阳学院等高校。专利主要集中在猕猴桃的种植和保鲜领域。

（五）水城猕猴桃公共政策与公共服务现状

公共政策是政府对特定社会问题做出的解答与回应。水城猕猴桃产业公共政策折射出水城区政府在猕猴桃产业发展中履行的规范引导、监督管理、扶持和治理等职能，对水城区的经济发展、巩固脱贫攻坚和推动乡村振兴战略的实施具有重要的意义和作用。笔者在系统梳理2010—2021年各级政府为推动猕猴桃产业发展出台的各类政策后发现：这些政策为水城猕猴桃产业发展提供了资金、技术、人才等多方面的保障，为水城猕猴桃产业创造了良好的发展环境，是推动水城猕猴桃产业高质量发展的一个重要抓手。2012年5月，中共水城县委县政府印发关于《水城县加快农业产业结构调整的意见》，意见要求将猕猴桃产业作为调整农业结构工程的“十大产业”之一，因地制宜连片推进产业结构调整，在低热河谷地区发展猕猴桃产业。该政策的推出成为水城猕猴桃产业发展的转折点。2017年，水城县委县政府印发《水城县发展一县一业推动产业脱贫攻坚三年行动方案（2017—2019年）的通知》（水党办发〔2017〕153号），将猕猴桃产业确定为水城县“一县一业”产业，水城猕猴桃产业进入新的发展阶段。

水城猕猴桃产业的发展离不开水城相关政府部门所提供的公共服务，产业的发展及品牌的建设需要公共服务作为依托。近年来，随着猕猴桃产业在脱贫攻坚与乡村振兴中的价值凸显，水城猕猴桃产业的发展如火如荼。事实上，水城猕猴桃产业与公共服务是相辅而行的。一方面，猕猴桃产业的发展离不开公共服务的供给与支持，猕猴桃生产的基础设施、栽培技术、产品检验与品牌建设等都离不开公共服务的参与；另一方面，猕猴桃产业的发展推动着水城区公共服务的建设与完善。水城猕猴桃产业的发展，在提供就业岗位的同时改善了农村公共基础设施，交通、水利与基地建设等随着猕猴桃产业的发展也在不断完善与健全，从而促进了公共服务目标的实现。因此，要想规范化、科学化、标准化地发展水城猕猴桃，达到改善民生公共服务的目的，就需要将水城猕猴桃产业发展与公共服务有价值、有效率地进行整合。

多元化的公共服务主体为水城猕猴桃产业发展提供政策、资金、人才、技术等多方面的服务，为猕猴桃产业发展保驾护航。

二、2022—2027 年水城猕猴桃产业发展趋势

（一）做优做特猕猴桃产业，打造乡村产业兴旺示范区

一是合理布局猕猴桃产业。充分利用水城适宜栽种猕猴桃的自然环境优势，结合市场消费需求，加大对猕猴桃新品种的培育、筛选和引进工作，调整优化种植结构，改变水城猕猴桃种植品种单一的局面。以高质量发展为统揽，以“产量产值双提升”为目标，因地制宜、统一对全区猕猴桃早、中、晚品种与高、中、低海拔地区进行科学合理的搭配与布局，满足不同消费者、不同市场的多层次、多样化的产品需求，形成既保障猕猴桃鲜果销售需求的产品，又能满足猕猴桃加工制品的原料需求，构建鲜果鲜销与产品加工共同发展的产业格局。二是培育壮大龙头企业，发挥龙头企业的辐射带动作用。龙头企业在农业产业化发展中居于核心地位，提升水城猕猴桃产业化发展水平关键在于培育壮大龙头企业。由于猕猴桃产业前期投入大、栽培技术要求高的特点，龙头企业的辐射带动能力能极大地提高水城猕猴桃产业规模化、标准化、集约化经营水平。以龙头企业作为沟通的桥梁，将种植散户、农民专业合作社、产业协会等组织紧密联系在一起，对种植户进行系统全面的培训和提供专业的技术指导，相互学习，相互借鉴先进的种植经验和模式，构建龙头企业引领、合作社带动、品牌支撑、基地依托、利益联结的大型特色产业集群。三是进一步加强市场体系建设，进一步扩宽销售渠道。既要巩固好国内市场，又要扩大国内外市场。抓住“东西部协作”“黔货出山”“凉都旅游推介”等政策带来的机遇，加快水城猕猴桃“走出去”的步伐，让更多的消费者认识、品尝及爱上水城猕猴桃。进一步扩展国际市场。借助“一带一路”相关政策，进一步扩大水城猕猴桃的市场占有率和影响力，将水城猕猴桃销往更多的国家。积极参加全国猕猴桃大会、各种博览会、广交会及政府举办的各类推介会等，提高水城猕猴桃的知名度和影响

力。充分运用互联网思维，利用好京东、天猫、拼多多等购物平台及抖音、快手等短视频平台，通过直播等方式提高水城猕猴桃的市场知名度，通过电子商务等形式，提高猕猴桃销售系统化、专业化水平。

（二）基础设施更加健全，管护水平日益提高

基础设施对农业产业的发展有着举足轻重的作用，是推动水城猕猴桃产业迈向高质量发展的重要措施之一，未来继续加强猕猴桃基础设施建设工作，是水城猕猴桃可持续高质量发展的重要保障。可以从以下几个方面加强：一是完善猕猴桃园区道路建设，大幅改善农药、化肥等农资以及猕猴桃采摘的运输条件。规划铺设果园机械作业道路，提高猕猴桃产业机械化水平；二是更加健全田间水利、灌溉、电力等配套设施建设，提升蓄水能力，新建蓄水池及小山塘满足产区猕猴桃生产需要，形成科学合理的布局；三是在冰雹灾害较重、多发区域增设防冰雹炮台、防雹网等设施，提高果园防灾减灾能力。四是加大产区贮藏冷库建设资金投入，全力推进冷链物流建设，以延长猕猴桃贮藏时间和保障品质，打造优质服务平台，有效缓解猕猴桃鲜果大量集中上市带给种植户的销售压力，调节市场淡旺季，形成周年供应，满足消费需求。五是充分发挥水城猕猴桃标准化生产园区的示范作用，进一步加强标准化生产推广力度，提高果园基地秋冬季管护水平，预防减少病虫害的发生，增强水城猕猴桃的综合防病水平。对低产果园进行改造、增施有机肥和生物菌肥，做好平衡施肥、枝芽管理、花果管控，提高果园的管护水平。

（三）持续推进科技攻关，建设高质量发展领先区

利用大数据，加快推进“大数据+猕猴桃”基地建设，充分利用物联网平台，打造猕猴桃全产业链信息服务综合平台，通过提高产品品质、提升质量安全、扩展销售渠道等方式，带动产业增收。大力推广科学先进的猕猴桃种植、栽培、种苗繁育、猕猴桃病虫害绿色防控的技术，实现猕猴桃绿色生态高效生产。推广猕猴桃设施化栽培，实现猕猴桃绿色、生态、高效生产，减少农药和化肥的使用量，在生产过程中以足量、发酵过的畜禽粪便、农家

肥代替传统化肥，既能使猕猴桃获得生长所需要的营养物质，又能培肥地力，改良土壤，增加土壤有机质。积极引进推广一批适宜山地果园使用的农机具，不断优化水城区农业装备水平，提高水城猕猴桃基地、果园的机械化和智能化水平。加快猕猴桃种苗繁育攻关，巩固提升现有的猕猴桃种苗繁育基地，实施猕猴桃脱毒、组培等现代育苗技术，进一步加快猕猴桃花粉厂的建设与投入使用进程，加强猕猴桃新品种培优与选育。进一步加深与中国科学院武汉植物园、贵州科学院、贵州大学、贵州省农业科学院等科研院所和院校的合作。以问题为导向，加强猕猴桃产量及品质提升、病虫害绿色防控、绿色生态高效生产等关键技术集成攻关，鼓励科技创新。鼓励全区猕猴桃企业、合作社、协会等组织进行科技创新，加快猕猴桃科技成果转换，对可推广的科研成果进行奖励，提高对猕猴桃知识产权保护的水平。

（四）产业链进一步延伸，与三产融合发展深度进一步加强

将“内生外引”作为发展原则，一方面要加大各要素投入，大力支持本地猕猴桃企业自主创新研发新产品，同时与国内外各科研机构、高校、社会组织、企业等开展深入合作，不断研发出新的猕猴桃精深加工系列产品，除了传统的鲜食外，还应加强猕猴桃饮料、猕猴桃干、猕猴桃果酱、猕猴桃酒、猕猴桃醋等加工食品的研发。实现猕猴桃由初级农产品向精深加工产品跨越，提高产品附加值，形成健全完善的产业链，提高经济效益和发展猕猴桃产业的积极性。另一方面，以“补短板、延链条、强产业”的发展思路，引进和培育猕猴桃加工企业，填补猕猴桃产业链空缺，提升猕猴桃产业综合效益，让猕猴桃产业成为推动水城区经济发展的新亮点和新动能。加快现代物流体系的建设，高效率的物流体系为集群各种支撑要素的集聚和产业发展提供良好生态环境，同时促进关联产业发展，提高产业专业化水平，促进企业之间合理的协作分工。因此，为推动猕猴桃产业集群的发展，必须以现代物流体系为支撑，高效的物流体系有助于完善水城猕猴桃产业集群产业链与产业配置，强化水城猕猴桃产业集群核心竞争力。

充分发挥水城区独特的气候条件和显著的生态环境优势，深入开发猕猴桃产业的魅力文化，加强旅游发展，把水城文化旅游和猕猴桃产业发展相统

一，二者相辅相成，相互促进。加快配套完善部分园区的休闲、娱乐设施，给游客带来美食、游玩、度假、康养等服务，将休闲度假旅游观光农业和猕猴桃产业良好的发展落实到位，提升产业的附加值，多种途径提高农民的收入，打造休闲娱乐与魅力康养一体化的果园。

（五）发展智慧农业

2020 年，“中央一号文件”提出，要发展智慧农业，建立农业农村大数据体系，推动新一代信息技术与农业生产经营深度融合，农业数字化转型已经成为乡村振兴的必经之路，为接下来一个时期中国的乡村振兴描绘了新蓝图。要加强水城猕猴桃生产过程监控、远程诊断、信息自动采集与预警、农业遥感、农业航空等领域关键技术研发与应用。支持开发应用猕猴桃智能管理信息系统，进行环境优化控制，通过对猕猴桃生长环境实时监测，对生产过程进行精细化管理控制，实现对水肥一体化的精准管理、环境的自动调控、病虫害的智能监测和预警，提高猕猴桃生产的管理效率，并在一定程度上可以实现农产品安全监测和流通的信息化。智慧农业是现代农业发展的趋势，打造水城猕猴桃智慧果园生态，推进水城猕猴桃智慧农业示范园创建工作，将水城区打造成为集种植、采摘、休闲观光、科普、研发等为一体的都市现代绿色农业基地样板区。

综合报告

B2 水城猕猴桃产业与乡村振兴发展报告

黄晓芳　陈　颖　赵　琴[1]

摘　要：近年来，水城县立足资源禀赋和产业基础，将猕猴桃产业作为“一县一业”主导产业，作为持续推动农业产业高质量发展，巩固拓展脱贫攻坚成果，促进群众增收，助推乡村振兴的重要抓手。2000年，贵州省园艺研究所及水城县农业局、民政局、科技局等单位从四川省自然资源研究所引进“红阳”猕猴桃到水城县猴场乡进行试验示范种植，经过20多年的发展，2021年，全区种植面积达11.2万亩，覆盖全区19个乡（镇）70个村（居）3.73万户14.22万人，全区挂果面积6.5万亩，产量2.5万吨，实现鲜果产值7亿元以上。

关键词：水城猕猴桃；地理标志；乡村振兴

一、引　言

2017年，党的十九大报告首次提出乡村振兴战略。乡村振兴战略是中共十九大所做出的重大决策部署，也是全面建设社会主义现代化国家的重大历史任务，更是新时代“三农”工作的总抓手。“产业兴旺、生态宜居、乡

1　黄晓芳，贵州省社会科学院地理标志研究中心助理研究员，主要研究方向为公共政策、地理标志；陈颖，六盘水市水城区东部农业产业园区管理委员会，党工委书记；赵琴，贵州省社会科学院农村发展研究所助理研究员，主要研究方向为产业经济与乡村振兴。

风文明、治理有效、生活富裕”是乡村振兴的总目标，实施乡村振兴战略，产业兴旺是重点，产业兴则农村兴。习近平总书记指出：“乡村振兴，关键是产业要振兴。要鼓励和扶持农民群众立足本地资源发展特色农业。”立足本地资源禀赋，发展特色农业推动产业振兴，产业振兴带来的综合效益为乡村振兴奠定了坚实的物质基础，从根本上改变了乡村产业的发展格局，为乡村人口提供了一定的就业岗位，是农民增收致富的一条重要路径，在这一过程中又强化了基层治理的能力，这种良性互动能够为乡村振兴发展注入源源不断的动力。城乡之间的发展差距已经成为我国城镇化进程中的一个重要问题，也是制约农村发展的一大因素。缩小城乡之间的差距，促进城乡均衡发展，也是推动落实乡村振兴的关键。乡村振兴战略是基于我国发展实际提出的，是解决我国农业农村发展不平衡、不充分的必经之路。实现乡村振兴，产业兴旺是重点，乡村产业振兴，有利于促进城乡融合发展，构建新的乡村产业发展体系与格局，产业振兴也有利于区域协调发展与社会和谐稳定，有利于推动乡村振兴，从而推动社会经济高质量发展。

产业兴旺是乡村振兴的重点，发展农业产业是提升乡村经济效益与社会效益的核心。大力发展特色农业、发挥特色名优产品特别是地理标志产品的引领作用，依托地理标志产品发展特色农业、开发特色农产品是乡村振兴战略实施的重要抓手。从历年的“中央一号文件”中可以看出中共中央十分重视地理标志在“三农”工作中的运用。2017 年中央一号文件《中共中央、国务院关于深入推进农业供给侧结构性改革加快培育农业农村发展新动能的若干意见》提出“建设一批地理标志农产品和原产地保护基地”。2018 年中央一号文件《中共中央、国务院关于实施乡村振兴战略的意见》提出“培育农产品品牌，保护地理标志农产品，打造一村一品、一县一业发展新格局”。同年出台的《国家乡村振兴战略规划（2018—2022 年）》提出“加强农产品商标及地理标志商标的注册和保护”。2019 年中央一号文件《中共中央、国务院关于坚持农业农村优先发展做好“三农”工作的若干意见》重申“强化农产品地理标志和商标保护”。2020 年中央一号文件《中共中央、国务院关于抓好“三农”领域重点工作确保如期实现全面小康的意见》提出“加强绿色食品、有机农产品、地理标志农产品认证和管理”。2021 年中央一号文件《中共中央、国务院关于全面推进乡村振兴加快农业农村现代化的意见》提出全面推进乡村振兴，要求加快农业现代化，进一步明确“加强农产品质量和食品安全监管，发展地理标志农产品”。

在全面推进乡村振兴背景下，聚焦乡村振兴与地理标志产业发展研究，既有助于促进我国农业高质高效发展，增加地理标志产品有效供给，积极发展特色产业，满足多元需求，推动消费升级，促进地理标志农产品向高水平供需平衡跃升，又有利于推动乡村振兴战略的顺利实施。

二、乡村振兴与地理标志的内在联系

地理标志产品有助于实现乡村产业升级，实现农产品由低质向高质转变，由低附加值向高附加值的产业转型，实现一、二、三产业融合发展；农产品价值及附加值的提高，使得乡村产业的平均利润得以提高，既重现了乡村经济活力，又提高了农民的收入水平。一、二、三产业的融合发展激发乡村生态循环经济，可以改善乡村人居环境，保护乡村民俗等非物质文化遗产，实现乡村的政治、经济、文化、环境等全面振兴。

（一）乡村振兴与地理标志相互作用

乡村振兴为地理标志产业发展提供路径指导，地理标志产业符合国家乡村振兴战略的要求。地理标志产品是综合天时地利人和于一体的农业特色产品，其产品的品质和特色具有其他农产品所不具备的天然优势。乡村振兴战略为地理标志产业的发展提供了政策支持和外生驱动力，反过来地理标志产业也能够推动乡村振兴战略的实施。

1. 产业兴旺与地理标志

产业兴旺应以农业为基础，产业振兴，不仅要五谷丰登、六畜兴旺，更要产业融合、百业兴旺。地理标志农产品是产自特定地域、显示地区独特、优良的自然生态环境、历史人文因素等特征，具有优秀品质、特殊价值、良好声誉等特点，这一独特优势使得其成为助力农业高质量发展和推动乡村振兴的重要力量。党的十九大报告明确指出，加快构建现代农业产业体系、生产体系、经营体系。这不仅是实施乡村振兴战略的重要抓手，也是由农业大国向农业强国转变的重要支撑。构建现代农业产业体系也是推动地理标志产业发展的重要途径，地理标志产业发展又是助推产业兴旺的助燃器，地理标志与产业兴旺相得益彰，共同助力乡村振兴战略的实施。现代农业体系主要包括以下三个方面的内容：一是现代农业产业体系。现代农业产业体系是集食物保障、原料供给、资源开发、生态保护、经济发展、文化传承、市场服务等产业于一体的综合系统，是多层次、复合型的产业体系。这一体系能推动农业产业转型升级，形成独具特色的农业产业品牌。同时积极开发新业态，推动三产融合发展，为农业特色产业提供新发展模式。二是现代农业生产体系。现代农业生产体系强化农业设备转型升级，大力发展科学技术，提高农业生产的科技化与信息化，将物联网、大数据、云计算等新兴科技赋能农业生产，培育发展智慧农业和数字农业。三是现代农业经营体系。大力培育发展新型农业经营主体，逐步形成以家庭承包经营为基础，专业大户、家庭农场、农民合作社、农业产业化龙头企业为骨干，其他组织形式为补充的新型农业经营体系。壮大各类农业经营主体，充分调动农民的生产积极性，又能为产业注入新的活力，提高农业生产经营效率。

2. 生态宜居与地理标志

生态宜居强调农业绿色发展，农村环境高效治理和生态保护，建设美丽乡村。地理标志产品对生长环境有着严苛的要求，高度依赖优越的自然环境，与生态宜居的理念不谋而合，发展绿色高效生态农业、品牌农业是当前农业发展的一大趋势，地理标志产品天然自带品牌效应，发展地理标志产业也是推动我国农业产业转型的重要途径之一。因此，在推进地理标志产业发展的过程中，积极探索科学绿色的发展方式，自觉提高生态文明素养，将生态文明理念融入产业发展。依托当地农业资源禀赋，以绿色发展理念为引领，将科技因素融入地理标志产业，推动地理标志发展与生态建设同步进行，依托地理标志产品，将单一的产业发展方式变成“生态+”的复合产业发展模式，以此推动“农民富、产业强、乡村美”的现代农业产业发展新面貌。

3. 乡风文明与地理标志

地理标志产品是产自某一区域，极具当地地域特点的特色产品，这种产品不仅受到生产区域性带来的地理环境、自然因素、种质资源等方面差异的影响，还凝聚着该区域的历史文化和独特的生产工艺，这些因素都赋予了该产品特殊的人文价值，更是承载了深厚的文化底蕴与独具特色的地域文化。历史人文因素是衡量一个地理标志产品的重要标志，大多数地理标志产品，具有长期的种养殖历史，短则数十年，长则上百年、千年，在这一种养殖历史发展进程中，形成了独具特色的生产文化脉络，是区域历史文化长期沉淀的产物，彰显了该地理原产地的历史文化优势，为当地发展特色农业产业奠定了良好的文化基础，也是发展文化旅游的一种重要的基础文化资源。因此，要基于地理标志产品所蕴含的独特人文价值和独特效用获得经济效益、生态效益及其他综合效益，就必须对地理标志产品赖以生存和发展的原产地传统历史文化和独特的生产工艺进行传承与保护，使地理标志产品生产发展与传统优秀文化相辅相成、相得益彰。以地域文化色彩构筑的精神附加值农产品才能真正体现现代农产品的独特品位，有利于实现农村文化振兴。

4．治理有效与地理标志

乡村治理有效是国家有效治理的基石，也是我国社会建设的基石。乡村治理与地理标志产业发展存在直接关系，治理有效是推动地理标志产业高质量发展的奠基石。地理标志产品的资源优势承载于有生态元素背书的生态农业、生态环境以及密切关联的科技资源、信息资源、组织资源之中。首先，加强基层党组织党建引领作用，要通过党建引领乡村基层自治组织建设，加强基层自治能力，对地理标志产业发展所需要的资金、人才、技术等方面提供强有力的保障，同时通过政策等方式为地理标志的发展指明方向。其次，地理标志产业发展有利于生态环境保护治理，推动绿色高效生态农业的发展。一方面，地域内的自然环境、气候和土壤等条件决定了地理标志产品的特殊品质，发展地理标志产品有利于减少化肥农药的使用，保护土壤安全，提高耕地质量。另一方面，通过研发创新，使用新兴科学技术，建立完善生产工艺，确保实现在改善生态环境的同时提高产出和效益，积极培育可持续发展的高质量生态农业。让治理有效为地理标志产业发展保驾护航，地理标志产业带动产业兴旺，产业兴旺助推乡村振兴，让基层治理能更有效。

5．生活富裕与地理标志

经济效益是地理标志产业最直接的价值体现，大部分产品成为地理标志产品后，其市场知名度和销售价格都得到了明显的提高。乡村振兴最直接的效果是看农民的钱包鼓不鼓，也是衡量地理标志产业发展好坏最直观的指标。第一，地理标志产业发展既带动乡村生活富裕，又在发展过程中逐渐完善农业基础设施，反过来基础设施的完善也进一步推动了地理标志产业的高质量发展。第二，为了实现乡村振兴，各种资源要素都呈现出不断向农村地区倾斜的趋势，在产业发展方面，为了推动产业兴旺，促进地理标志产业发展，各级地方政府出台各种扶持优惠性政策，各类电商平台对地理标志产品的帮扶也有所强化，越来越多的资金、人才、技术等要素被源源不断地投入地理标志产业发展。其中，各种公共基础设施诸如交通、水电、物流等及各种农业发展所需的机耕道、机械设备等的不断健全与完善，既促进了地理标志产业的发展，也让民众享受到更便捷的公共服务，让百姓实实在在地共享发展成果。

（二）地理标志加快乡村振兴的顺利实施

因地理标志产品独特的作用，其已经成为新时期我国农业产业发展的新名片，地理标志产业在乡村振兴中的作用越来越大，是推动乡村振兴重要的助燃器之一，在激活乡村活力、激发其自身的“造血”功能上有着重要的作用，对于实现共同富裕也发挥出重要的作用，是实现农业产业绿色、高效、安全、高质量发展的途径。弘扬区域优势农特产品，以产业为桥梁，搭建人与自然和谐共生的新格局，推动乡村振兴的顺利实施。

1. 地理标志产业助力乡村现代化发展

一方面，地理标志产业的发展最显著最直接的表现就是其经济效益，它能够带动农民增收，促进区域经济发展。此外，发展地理标志产业带来的其他社会效益也是不容忽视的，通过科技引领，树立生态文明观念，形成以生态保护为前提，将经济、生态、文化、社会发展集于一体的科学产业发展模式能够促进农村产业现代化、推动乡村振兴的实现。另一方面，地理标志产业在生产及经营过程中通过依托当地资源，不断挖掘特色资源优势，推进传统产业实现优化升级，带动农业生产经营朝着现代化方向发展，为实现乡村振兴提供了新的发展思路。

2. 地理标志产业的发展为乡村振兴提供源源不断的动力

地理标志产业本就是生态资源、组织资源、科技资源、人力资源等资源整合形成的资源优势产业，是一种高质量的产业可持续发展模式。这种发展模式的优点在于可以通过对农民进行专业知识和技能的培训，转变传统种植方式，提高农民的农业技术水平，既能保障地理标志产业的高质量发展，又能带动经济效益的提升和推动农业产业提档升级，促进农业产业科学化发展，实现绿水青山和谐发展。乡村振兴，产业兴旺是重中之重。地理标志产业的发展不仅有利于提升经济效益、促进生态宜居，而且为弘扬地域文化、改善乡村文明、巩固乡村治理、打造共生格局、实现农业农村现代化注入强大生机活力。

三、水城猕猴桃产业发展概况

六盘水市位于贵州省西部乌蒙山腹地，境内沟壑纵横，海拔高差大，喀斯特地貌突出，土壤疏松，土壤有机质含量高，利于根系进行呼吸作用。六盘水市属北亚热带季风湿润气候区，年平均气温 15 ℃，夏季平均气温 19.7 ℃，冬季平均气温 3 ℃，年降水量在 1200～1500mm，夏季昼夜温差大，非常有利于猕猴桃的生长发育及营养物质积累，是种植猕猴桃最为理想的区域之一。2000 年，贵州省园艺研究所及水城县农业局、民政局、科技局等单位从四川省自然资源研究所引进“红阳”猕猴桃到水城县进行试验示范种植，于水城县猴场乡种植 230 亩，其后在鸡场乡种植 500 亩，由此拉开了水城猕猴桃产业发展的序幕。经过 20 多年的发展，猕猴桃种植面积已达 11.2 万亩，打造了“中国醉美百里猕猴桃谷”，是贵州省最大的红心猕猴桃生产基地、全国优质猕猴桃主要供给区。

（一）水城猕猴桃产业发展基本情况

1. 种植品种

水城猕猴桃以“红阳”及“东红”为主栽品种。“红阳”种植面积约 8.92 万亩，约占总面积的 79.6%；“东红”种植面积约 2.05 万亩，约占总面积的 18.3%；“金艳”“黄金果”“软枣”系列等其他品种的种植面积约 0.23 万亩，约占总面积的 2.08%。

2. 野生资源丰富

六盘水市野生猕猴桃资源丰富、种类繁多，分布广，据不完全统计，有 14 个品种，被中国野生植物保护协会授予“中国野生猕猴桃之乡”的美誉。猕猴桃在六盘水市分布范围很广，但由于人为干扰，大部分乡镇分布较零星，分布集中的乡镇有水城区的玉舍林场、龙场乡、纸厂乡、花戛乡；盘州市保基乡、普古乡等乡镇。李林等调查结果表明六盘水分布有中华猕猴桃、葛枣猕猴桃、硬齿猕猴桃、毛花猕猴桃等 14 个种 297 万余株野生猕猴桃资源，其中玉舍森林公园内分布有 8 个种 2 个变种。2014 年，六盘水市联合中国科学院武汉植物园、贵州科学院对部分乡镇进行猕猴桃野生资源调查，调查结果表明六盘水市分布有大量的美味猕猴桃、中华猕猴桃，少量的软枣猕猴桃及葛枣猕猴桃，在海拔 2600 m 的区域都有美味猕猴桃分布，其中部分野生植株地径超过 20 cm。

3. 鲜果品质特点

水城猕猴桃具有成熟早，果实大小适中，成熟后果肉翠绿色至黄绿色，横切面果心红色，沿果心较均匀地分布着放射状血红色条纹，宛若一轮光芒四射的东升旭日。其果皮光滑、果香醇厚、果肉鲜嫩、营养丰富，独具野蜂蜜香味，口感清香甜美、色泽艳丽诱人，每 100 g 果肉含维生素 C 194 mg、含钙 51.5 mg、锌 0.107 mg、钾 407.4 mg、镁 25.84 mg，富含 19 种人体所需的氨基酸和丰富的微量元素，钙、锌、钾、镁含量分别较其他地区所产猕猴桃高 54.21%、53.27%、41.85%、16.39%；果实成熟期比国内其他产区提前 15 天左右，价格是国内同类产品 2 倍左右，深受国内外消费者喜爱。

4. 品牌建设

为促进地方特色优势产业加快发展，水城区从品牌培育和打造入手，申请地理标志是其品牌培育的第一步。水城猕猴桃于 2013 年、2014 年分别获农产品地理标志和国家地理标志产品登记和保护。经过多年的发展，水城猕猴桃的品牌形象、品牌价值和品牌认可度得到大幅提升。目前，已成功打造“凉都弥你红”区域公共品牌，培育了“凉都红心”猕猴桃、“黔宏”猕猴桃 2 个贵州省著名商标，实现了“区域品牌+企业品牌”的双轮驱动，形成鲜果、猕猴桃酒、猕猴桃汁、猕猴桃保健产品、猕猴桃化妆品等全产业链发展格局。2017 年“凉都弥你红”鲜果成功进入东南亚、加拿大、俄罗斯等地市场，融入“一带一路”；2018 年，“凉都弥你红”系列红心猕猴桃果酒通过美国 FDA 认证（目前贵州只有茅台酒和凉都猕猴桃果酒通过该项认证），获准进入美国市场；2019 年成功打入中东市场。2021 年 7 月，贵州省农业品牌价值评价信息发布会上出炉的农业产品品牌 50 强中，“凉都弥你红”以 8405 万元的品牌价值名列第 11 位。

（二）水城猕猴桃产业发展历程

2000 年，贵州省园艺研究所及水城县农业局、民政局、科技局等单位从四川省自然资源研究所引进“红阳”到水城县猴场乡进行试验示范种植，经过 20 多年的发展，2021 年全区种植面积达 11.2 万亩，覆盖全区 19 个乡（镇）70 个村（居）3.73 万户 14.22 万人。2021 年全区挂果面积 6.5 万亩，产量 2.5 万吨，实现鲜果产值 7 亿元以上。

总的来说，水城猕猴桃产业发展大致历经了以下三个阶段。

起步阶段（2000—2011 年）：

2000 年，水城县在猴场乡进行猕猴桃试验示范种植，并未引起重视和受到青睐。2004 年，人工种植的猕猴桃开始挂果，其品质和价格远高于野生猕猴桃。至此，水城猕猴桃产业版图以猴场乡为起点，开始向蟠龙、红岩、米箩等乡镇扩张。2007 年，水城猕猴桃在中国（江西）果品及苗木展销会上，获“猕猴桃类”金奖；2008 年，水城猕猴桃产业园的“黔宏牌”红心猕猴桃被选为北京奥运会指定果品；2010 年，水城县在全县推广种植猕猴桃，同年，水城猕猴桃被列为“中国 2010 年上海世博会指定果品”，获“第十五届、第十八届中国绿色食品博览会金奖”。水城猕猴桃的品质逐步得到市场和消费者的认可。但受资金、技术等多种因素制约，猕猴桃规模化种植步伐一直较为缓慢。

快速发展阶段（2012—2018 年）：

2012 年，水城县设立专门机构“水城县绿色产业服务中心”开展猕猴桃产业相关工作。2013 年，水城县猕猴桃产业示范园区成为省委、省政府重点打造的“100 个高效农业示范园区”之一。2013 年 4 月，水城猕猴桃荣获农业部农产品地理标志产品登记（证书编号：AGI01168）。同年，水城猕猴桃园区管委会成立，进一步加快了水城猕猴桃产业的发展。2014 年 1 月，六盘水市委、市政府印发《中共六盘水市委　六盘水市人民政府关于农业特色产业发展“3155 工程”的实施意见》（六盘水党发〔2014〕2 号），该意见提出大力推进猕猴桃等特色产业发展，并对全市猕猴桃种植企业给予 2000 元/亩的补助资金，并配套田间道路、水利的设施建设。2014 年 9 月，原国家质检总局批准对“水城猕猴桃”实施地理标志产品保护。水城猕猴桃逐渐成为水城县农业支柱产业，猕猴桃产业进入快速发展阶段。2017 年，水城县委县政府结合“三变”改革经验做法，印发《水城县发展一县一业推动产业脱贫攻坚三年行动方案（2017—2019 年）的通知》（水党办发〔2017〕153 号），将猕猴桃产业确定为水城县“一县一业”产业。2018 年 11 月，以水城猕猴桃为主导产业的水城县现代农业产业园获批为全国首批 11 个创建国家现代农业产业园之一。2018 年 12 月，贵州省农业农村厅决定授予水城猕猴桃“贵州省农产品地理标志示范样板”称号，水城猕猴桃成为全省唯一一个被授予此称号的水果类农产品地理标志。

高质量发展阶段（2019—2021 年）：

2019 年，六盘水市政府印发《推进猕猴桃产业发展 30 条的通知》。2020 年，水城区荣获“中国特色农产品优势区”（第四批）。2020 年 7 月，水城猕猴桃入选中欧地理标志第二批保护名单。2021 年，六盘水市水城区人民政府办公室关于印发《六盘水市猕猴桃产业高质量发展“吨产园”建设行动方案（2021—2024 年）》和《六盘水市 2021 年猕猴桃产业高质量发展“吨产园”建设实施方案》，水城猕猴桃产业进入提质增效发展阶段。

四、水城猕猴桃对乡村振兴的推动路径分析

巩固脱贫攻坚，助力乡村振兴以及实现二者的有机衔接，产业发展在其中发挥着不可替代的推动作用。近年来，水城区立足资源禀赋和产业基础，

将猕猴桃产业作为“一县一业”主导产业，作为持续推动农业产业高质量发展、促进群众增收、助推乡村振兴的重要抓手。

（一）水城猕猴桃推动产业兴旺

1. 加强基础设施建设，筑牢猕猴桃产业发展现代化根基

为解决传统“靠天吃饭”的困境，促进水城猕猴桃产业园经济质量稳定发展，以降成本、提效益为目标，不断加快节水灌溉、果园运输通道、防护网、物联网等基础设施项目建设进度，以基础设施的不断完善来降低群众投入成本，夯实自然灾害防护屏障，有效防止自然灾害导致农业产业受损、群众收入下降的情况发生。果园水、电、路、通信等基础设施按照现代农业产业园区建设标准布局实施，建成果园运输通道 146 km，单轨运输轨道 5 条。2021 年全区已建成并投入使用防雹台 10 个，猕猴桃基地基本全覆盖；实施果园防护网试点示范 1050 亩。着力提升果园机械化、智能化水平。引进适应山地作业的农机具并进行“宜机化”土地改造，打造“宜机化”示范点 1 个，培训植保无人机操作人员 15 名，引进购买静电喷雾器 500 余台、中耕除草机 560 台、农用三轮自卸汽车 20 余台、果园多功能微耕机 120 台、履带式碎草除草机 1 台、履带运输车 1 台、履带旋耕机 1 台等农机具，提高经营主体生产效率，节省劳动力成本，推进果园现代化进程。

2. 着力实施“两品一标”，促进猕猴桃产业品牌化发展

一是强化品牌推广，水城区秉承“六统一”发展模式，积极打造“弥你红”统一区域公共品牌，使得品牌影响力不断提升。猕猴桃产品获“国家生态原产地保护产品”称号，入选“全国名特优新农产品目录”、贵州省名牌产品，获“第十四届中国国际农产品交易会参展农产品金奖”“第十八届中国绿色食品博览会金奖”“第二届全国猕猴桃品鉴会金奖”等 10 余个展会、品鉴会金奖，品牌影响力不断增强。二是强化产品认证，全区猕猴桃实现地理标志登记和保护双认证，绿色食品认证面积 1.5 万亩，认证产量 1700 t；有机产品认证面积 1.8 万亩，认证产量 1500 t；良好农业规范认证 3000 亩；绿色有机地理标志产品认证比例达 97.78%。

3. 抓紧业务拓展，助推产业发展

加强与贵州大学、贵州轻工业研究所等科研院所的合作，研发猕猴桃果

酒、蒸馏酒、果汁等系列产品，建成2个产品加工园，酒类年产能达5000 t，果汁及其他产品年产能达13万 t。同时，集中力量打造集休闲观光、生产示范、文化科普等为一体的猕猴桃布依风情小镇，年接待游客30余万人次。一手抓线下对接，一手抓线上推广，多方式进一步拓宽水城猕猴桃及相关产品销售渠道，实现产销对接。加强线下销售，积极抢抓大连市中山区、贵阳市白云区对口帮扶水城区的机遇，大力发展好水城猕猴桃外销市场，在大连市中山区和贵阳市白云区都设立了水城猕猴桃销售专柜；同时，平台公司积极投资和经营猕猴桃交易市场，为实施主体提供产地交易平台，在两市范围内设有多个猕猴桃销售点，目前已形成了稳定的线下销售市场。拓宽线上销售，不断加强与天猫、淘宝、京东等电子商务平台的合作，积极搭建网上交易平台，猕猴桃销售网上交易渠道得到进一步拓宽，建成“水城区电商服务中心”，发展电商网点800余个。此外，通过“线上+线下”的方式开设旗舰店，打造品牌店，签订代理商，最大限度拓展市场。2022年，建成交易市场4个，打造品牌店50余个，签订地区代理商10余家，其中出口代理商3家，产品远销加拿大、俄罗斯等国家。

（二）水城猕猴桃促进农民生活富裕

1. 培育新型职业农民和产业工人

结合猕猴桃产业生产、加工、销售等全产业链各环节发展需要，着眼于培育新型职业农民和产业工人，水城区通过举办培训班、实地培训和现场技术服务相结合等方式，不断提高群众猕猴桃栽培技术与管理水平。每年培训技术骨干1000余人次、培训农民3万余人次，1.5万余名农民通过培训成为产业工人进入产业链各环节务工，年实现务工收入12810.9万元。

2. 组织灵活有效

水城猕猴桃产业发展采取“1+N”即“平台公司+村级合作社+实施主体（农户、大户、企业）”发展模式，广泛吸纳社会资本进入猕猴桃产业。第一是“公司+村级合作社+农户+实施主体（企业、大户）”合作模式。公司、农户、实施主体各占股30%，村级合作社占股10%，公司提供技术指导、物资及资金保障，不参与生产管理；村级合作社按照相对集中连片原则流转土地、协调管理，实施主体（大户、企业）负责平整土地、种植建园及后续管护。第二是“公司+村级合作社+农户（含贫困户）”合作模式。公司按6000元/亩投资建园占股30%；村级合作社负责流转土地、经营管理及农户保底分红占股40%；农户用土地入股占股30%。公司提供技术指导、物资保障及资金保障，不参与生产管理；村级合作社按照相对集中连片原则流转土地、平整土地、种植建园，并负责后续管护。第三是“公司+企业+农户”合作模式。公司负责全额投资建园，企业负责经营管理和后续投资，农户以土地入股；公司与农户各占股30%，企业占股40%，在未产生效益前，农户按500元/亩获保底预分红，公司提供物资保障及资金保障，不参与生产管理；企业负责经营管理及后续投入。

3. 利益联结成果共享

水城区以“三变”改革为抓手，建立健全利益联结机制，把公司、村级组织和农户打造成利益共同体，让老百姓从“旁观者”变成“参与者”，实实在在地通过产业结构调整受益。按照“1+N”模式运作，村级组建合作社，农户以土地、劳动力、技术、财政扶贫资金量化股份入股，合作社代表农户与公司、民营企业合作开发猕猴桃全产业链项目，农户从入股当月起，就享受每年500元/亩的预分红，务工收入日清月结，项目见效后按股比享受利润分红。农户稳定获得订单生产、劳动务工、反租倒包、政策红利、资产扶贫、入股分红等收益。实现以股权为纽带，把村集体、企业、农民连成一个共同体，形成村企联合、产业连片、基地连户、股份连心、责任连体的“五连机制”。全县11.2万亩猕猴桃产业覆盖农户3.73万户14.22万人。

（三）水城猕猴桃产业推动乡村生态文明建设

水城猕猴桃作为地理标志产品，对自然环境具有很强的依赖性。因此，为了保证和提升猕猴桃天然生态的品质，就要保护和建设好水城猕猴桃赖以生存的原产地自然生态环境，必须维持好山地、林地、江河湖泊之间的生态平衡，让水城猕猴桃产业的发展与乡村生态环境保护构建一个良性循环的产业系统，使得产业和环境保护相得益彰，相互促进。一是建立标准体系，保障水城猕猴桃产业绿色健康可持续发展。从2013年10月开始，由六盘水市农业委员会牵头，组织中国科学院武汉植物园专家和本地专家，编制出了符合六盘水市生态环境和主栽品种自身特性的标准体系。经过 5 年的努力，2018 年 9 月 13 日，六盘水市《猕猴桃生产技术标准体系》DB 5202/T001—2018 正式发布。该标准体系包括猕猴桃生产技术体系、猕猴桃育苗技术规程、猕猴桃苗木质量标准、猕猴桃整形修剪与花果管理技术规程、猕猴桃病虫害防控技术标准、猕猴桃主栽品种果实采收标准、猕猴桃贮藏保鲜与运输技术规程等方面。水城区按农时向全区猕猴桃经营主体发布了《2021 年水城红心猕猴桃萌芽期果园管理技术方案》《猕猴桃病毒病防治方法》等技术方案，为猕猴桃“吨产园”提供全生产期技术服务。二是水城区突出质量监管，对各经营主体肥料、农药的使用情况进行调度并形成台账，突出对全区猕猴桃果园的质量监管。共有 28 家企业获 ISO9001 质量管理体系认证和出口水果果园注册登记，25 家企业接入省农产品质量安全追溯系统，猕猴桃“吨产园”抽检合格率 100%。六盘水市《猕猴桃生产技术标准体系》对土壤利用、环境污染治理、肥料使用和农药残留等多方面的规范和控制，既为水城猕猴桃产业发展保驾护航，又实现了对生态环境的可持续性保护，让水城猕猴桃产业和环境保护相得益彰，相互促进。

参考文献

[1] 李玉琼. 水城猕猴桃品牌建设分析 [J]. 种子科技，2018，36（6）：16-17.

[2] 陶波. 六盘水市猕猴桃产业发展调研报告 [J]. 中国果业信息，2022，39（1）：21-23，69.

[3] 韩世明，高成密，张佳乐，等. 贵州省猕猴桃产业发展问题及对策 [J]. 农业技术与装备，2022（1）：61-64.

[4] 张辉，韩振诚，李苇洁，等. 水城县猕猴桃产业现状及发展建议 [J]. 安徽农学通报，2017，23（8）：56-58.

[5] 付芳婧，谷晓平，于飞. 水城县红心猕猴桃气候品质认证 [J]. 耕作与栽培 2017（2）：47-50，44.

[6] 徐平. 凉都特产水城红心猕猴桃 [J]. 农产品市场周刊，2017（41）：19-21.

[7] 夏恒，王晓峰. 水城红心猕猴桃的气候适应性分析 [J]. 贵州气象，2013

（1）：34-36.

[8] 罗兴，黄朝宾．六盘水市猕猴桃产业发展现状、问题及对策探讨［J］．南方农业，2020（3）：124-127.

[9] 水城县猕猴桃产业助推脱贫攻坚成效及经验启示［J］．理论与当代，2018（12）：66-67.

[10] 邓万里．生态农业铺就绿色致富路：水城县猕猴桃产业园发展侧记［J］．当代贵州，2015（34）：38-39.

[11] 朱海波，聂凤英．深度贫困地区脱贫攻坚与乡村振兴有效衔接的逻辑与路径：产业发展的视角［J］．南京农业大学学报（社会科学版），2020（3）：15-25.

[12] 韩广富，叶光宇．从脱贫攻坚到乡村振兴：乡村特色优势产业的战略思考［J］．西南民族大学学报（人文社会科学版），2021（10）：136-143.

[13] 黄承伟．论乡村振兴与共同富裕的内在逻辑及理论议题［J］．南京农业大学学报（社会科学版），2021（6）：1-9.

[14] 六盘水市发展改革委．"一县一业"项目围绕产业革命"八要素"助力水城县脱贫攻坚［EB/OL］［2020-12-18］. http://www.gzlps.gov.cn/ywdt/bmdt/202008/t20200831_62818720.html.

[15] 金星．稳步推进水城区猕猴桃"吨产园"高质量建设［EB/OL］［2021-08-18］. https://baijiahao.baidu.com/s?id=1709051373220926428&wfr=spider&for=pc.

B3

水城猕猴桃产业与县域经济发展报告

李春艳　张荣全[1]

摘　要： 近年来，猕猴桃产业在当地政府的扶持下不断发展壮大，已成为水城区特色优势产业，为当地经济发展做出突出贡献。2021 年，水城区地区生产总值达到 345.42 亿元，该年的生产总值增速达到 7.7%。人均生产总值达到 55332 元，水城区城镇居民收入为 35076 元，农村居民收入为 12512 元。猕猴桃产业的发展既可以凸显当地资源优势，带动企业与集体融合发展，实现多主体合作共赢，又可以通过创造就业岗位，防止劳动力流失。

关键词： 猕猴桃产业；水城区；经济发展

水城区属于具有“凉都”之称的六盘水市，与云南省相接壤，该区山地地形较多，是典型的山区农业大县，四季气候温和，降水量丰沛，自然环境资源优越，利于发展农业的气候优势十分明显。近年来，猕猴桃产业在当地政府的扶持下不断发展壮大，已成为水城区特色优势产业。从 2000 年起，水城县政府在归纳自身农业发展经验与问题的基础上，从当地自然资源优势出发，开始从四川引进种植猕猴桃。在分析本地实际环境状况的基础上，为了发挥水城县自身气候独特、能够使猕猴桃提前进入成熟期的优势，当地相关研究机构对猕猴桃进行了改良，使其猕猴桃香味更加独特浓郁、口感更加甜美、有风味，从而在市场竞争中获得优势。在当地政府的扶持下，猕猴桃产业在 2009 年以后成为该县城的优势产业。经过 20 多年的发展，已形成以

1　李春艳，同济大学上海国际知识产权学院博士研究生，主要研究方向为地理标志、空间计量；张荣全，六盘水市水城区东部农业产业园区管理委员会，高级农艺师，主要研究方向为果树管理。

勺米镇、阿戛镇、蟠龙镇、猴场乡、米箩镇等乡镇为主要发展区，辐射周边18个乡镇的猕猴桃百里产业带。其中，“凉都红心”“黔宏牌”红心猕猴桃等产品更是荣获多项美誉，发展成为该县有名的猕猴桃品牌。“红阳”猕猴桃（水城红心猕猴桃）则早在2012年便成为地理标志保护产品，部分产品的售价高达每千克110元。以猕猴桃产业为核心，辐射带动其他相关产业发展，是当地发展猕猴桃产业的重要战略。截至2020年，全区种植猕猴桃面积高达11.2万亩。产业的发展为当地经济发展做出了重要贡献。

一、水城区经济发展现状

2021年，面对错综复杂的外部环境与各类风险的挑战，水城区政府专心统筹经济高质量发展相关工作，促进水城区生产需求持续回升，内生发展动力持续增强，经济发展质量稳固提高，人民生活质量逐步改善，城区发展局势和谐稳定，城市经济韧性持续增强。全区的社会经济发展总体呈现出稳中求进、稳中加固且质量效益双提升的态势。就水城区经济发展状况而言，本报告将从地区生产总值、人均生产总值、三类产业增加值、城乡居民收入、常住人口及其受教育状况等维度进行分析。

就水城区地区生产总值的年度变化而言，近十年水城区地区生产总值基本呈现逐年稳步增长态势，其中2012年的地区生产总值为138.14亿元，2021年的地区生产总值达到345.42亿元，较2012年增加了207.28亿元。就近十年地区生产总值的年度增速而言，总体呈现出先降后升、再降再升的“W”形态。2012—2016年，2012年的地区生产总值的年度增速为15.2%，2013—2015年逐年下降至最小值9.2%，2016年迅速反弹，实现了近十年增速的最大值，年度增速为17.4%。2016年以后，地区生产总值的年度增速又开始逐年下降，在2020年达到最小值3.7%以后，2021年又实现反弹上升，该年的增速达到7.7%（见图3-1）。

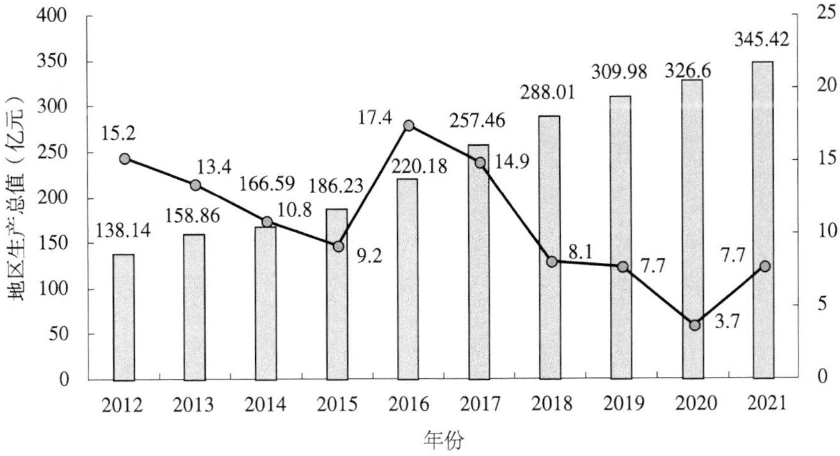

图 3-1 水城区近十年地区生产总值与增速

数据来源：依据水城区人民政府官网统计数据整理。

就水城区人均生产总值的年度变化而言，2012—2021 年，水城区人均生产总值基本呈现逐年稳步增加的发展态势，从 2012 年的 19488 元增加到 2021 年的 55332 元。分析发现，水城区人均生产总值的年际变化速度增快，尤其是近五年以来，人均生产总值每年的增加幅度较前几年更大。就近十年人均生产总值的增速而言，在 2012—2021 年，全区人均生产总值的增速变化波动幅度较大，基本呈现“波浪形”变化趋势，具体而言，人均生产总值增速在 2012—2015 年呈现逐年下降态势，2015 年实现该时段最小值（9. 0%）。2016 年实现反弹，达到 2012—2020 年时段最大值（17. 0%）。之后又呈现连续下降趋势，2019 年实现轻微反弹后又下降，2020 年以后，则呈现出直线式上升态势（见图 3-2）。

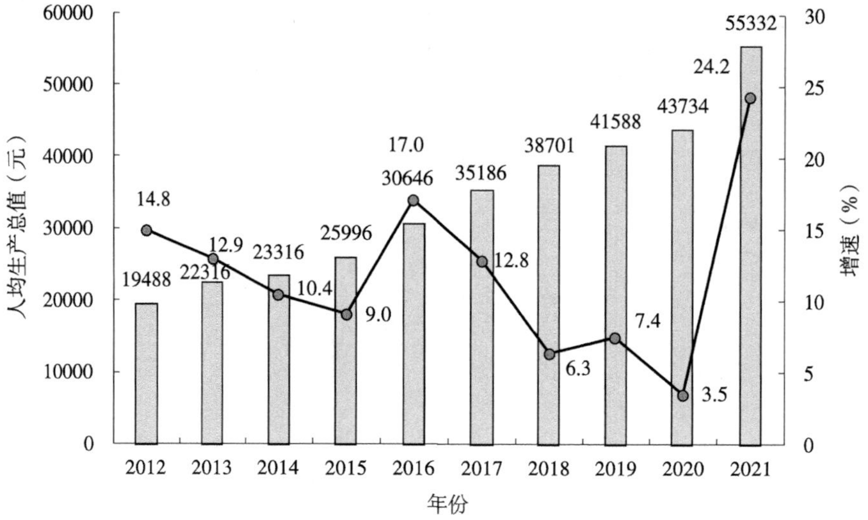

图 3-2 水城区近十年人均生产总值及增速

数据来源：依据水城区人民政府官网统计数据整理。

就水城区三类产业的占比年度变化而言，在 2012—2021 年，第一产业的占比最大，第二产业的占比次之，第三产业的占比最小。其中第一产业占比总体呈现波动下降态势，第二产业的占比呈现波动上升的发展态势，第三产业的占比呈现波动上升再下降发展态势。具体而言，第一产业在 2012 年的占比高达 66. 7%，之后几年却呈现逐年下降发展趋势，并在 2016 年之后又开始上升，在 2017 年实现最大值 59. 2%后，又开始呈现出逐年下降趋势，并在 2020 年实现近十年最小值 54. 2%，2021 年的占比则缓慢上升至 55. 7%。第二产业占比在 2012—2014 年逐年上升，2015—2016 年下降，2017 年以后，基本呈现逐年上升发展趋势。第三产业的占比在 2012—2015 年，由原本的 8. 9%上升至 17. 2%，却在 2015—2021 年，由 17. 2%下降至 12. 5%（见图 3-3）。

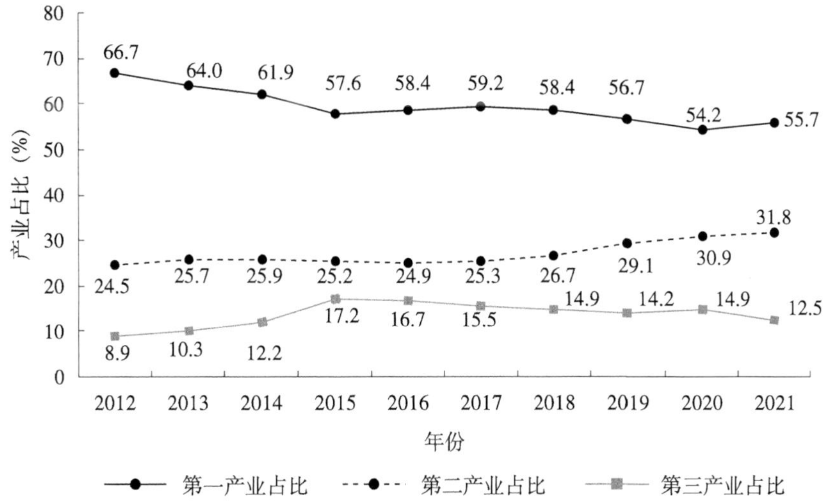

图 3-3　水城区近十年三类产业增加值构成

数据来源：依据水城区人民政府官网统计数据整理。

就水城区近十年城乡居民收入而言，城镇居民收入呈现逐年递增发展趋势，由原本2013年的17708元增加至2021年的35076元，其中2013年和2014年的城镇居民收入介于10000～20000元，2015—2018年的城镇居民收入介于20000～30000元，2019—2021年的城镇居民收入介于30000～40000元。城镇居民收入增速的年际变化呈现波动下降—上升—再下降的趋势。2017年实现了增幅10.2%。2020年，城镇居民收入增幅最小，仅为4.9%。近十年，每年的农村居民收入均低于城镇居民收入，城乡间的收入差距较大，但农村居民收入的年际变化呈现逐年上升趋势，2012年，农村居民收入仅为4725元；2019年，农村居民收入开始超过10000元；2021年，农村居民收入已经达到了12512元。农村居民收入的增幅波动较为频繁，2013年，实现了增幅最大值19.7%；2016年，出现了增幅最小值8.4%。值得注意的是，2017年以后的增幅较之前有所降低，但是农村居民收入却较之前有明显增加（见表3-1）。

表 3-1 水城区近十年城乡居民收入情况及其增幅

年份	城镇（元）	增幅（%）	农村（元）	增幅（%）
2012	—	—	4725	—
2013	17708	—	5654	19.7
2014	19603	10.7	6400	13.2
2015	21407	9.2	7088	10.8
2016	23473	9.7	7686	8.4
2017	25867	10.2	8470	10.2
2018	28247	9.2	9317	10.0
2019	30789	9.0	10351	11.1
2020	32298	4.9	11272	8.9
2021	35076	8.6	12512	11.0

数据来源：依据水城区人民政府官网统计数据整理。

就水城区常住人口构成而言，截至 2021 年底，水城区常住人口有 746407 人，其中小于 14 岁（含 14 岁）的人口有 201068 人，占据人口总数的 26.94%。年龄介于 15～59 岁的人口有 444000 人，占据人口总数的 59.48%。60 岁及以上人口为 101339 人，占据人口总数的 13.58%，其中 65 岁及以上人口为 78359 人，占据人口总数的 10.50%。可见，水城区劳动力人口较多，占据了总人口的主要部分，人口老龄化程度较低，整个区发展所需劳动力较为充足（见表 3-2）。

表 3-2 2021 年水城区常住人口构成情况统计

年龄	常住人口数（人）	比重（%）
总计	746407	100
0～14 岁	201068	26.94
15～59 岁	444000	59.48
60 岁及以上	101339	13.58
65 岁及以上	78359	10.50

数据来源：依据水城区人民政府官网统计数据整理。

但是通过分析水城区常住人口的受教育情况来看，水城区劳动力人口的受教育程度普遍不高，2010 年，接受过小学教育的人口最多，接受过初中教育的人口次之，接受过大专及以上学历的人口最少。2020 年，各指标人口相较于 2010 年均有所增多，但依然是接受过小学教育的人口最多，有 38965 人；接受过初中教育的人口次之，有 27933 人；接受过大专及以上教育的人口最少，仅有 4361 人。由此可见，水城区虽然常住人口较多，且以青壮年人口为主，但是全区劳动力人口的受教育程度普遍偏低，不利于经济发展实现转型（见表 3-3）。

表 3-3　水城区常住人口受教育情况统计

年份	每十万人中小学学历人数（人）	每十万人中初中学历人数（人）	每十万人中高中学历人数（人）	每十万人中大专及以上学历人数（人）
2010	49263	24307	3323	1469
2020	38965	27933	6480	4361

数据来源：依据水城区人民政府官网统计数据整理。

二、水城猕猴桃产业现状

（一）凸显当地资源优势

水城区年平均气温为 15 ℃，气候宜人，冬暖夏凉，全区江河等水源资源较为充足，年平均降水量 800～1300 mm。自然环境条件十分适合发展猕猴桃产业。所以水城区充分发挥本地地理环境优势，通过积极引进猕猴桃进行种植，以促进当地经济实现可持续发展。在引进猕猴桃发展的过程中，由于不同品种对环境的要求不同，水城区在发展猕猴桃产业的过程中，遵循因地制宜的原则，根据海拔、土壤的条件，选择了适宜水城自然地理条件的“红阳”作为主栽品种，同时也根据环境条件选择其他猕猴桃品种进行搭配种植，从而实现对当地自然优势的最大化利用。这样既可以增加产业规模和效益，也可以避免因单一猕猴桃种植导致大面积病虫害发生，并可能导致大规模减产，从而降低整年的产业经济效益。

（二）企业与集体融合发展

在水城猕猴桃产业发展初期，由于大多数农户的收入较低，很难维持猕猴桃初期的基础设施投入。为了化解产业发展面临的资金难题，水城区政府积极进行招商引资，引进资金实力较为雄厚的民营企业，并以股份合作的形式，带动农民与企业以土地、资产、资金、技术量化等方式入股，共同合作建立猕猴桃产业发展基地，打造出“入股保底金+务工工资+固定分红+管理地块30%的股权”的创新式主体融合发展模式，这不仅可以使农户获得发展利润，规避发展风险，还可以使企业实现稳定发展，最终实现“利益共享式”共同富裕。因为农户不但可以获得酬金、股金等收入，还可以通过股东身份实现自身与产业融合发展，构造出“联股联心、联产联业”的命运发展共同体。这种企业与集体融合发展的创新发展模式，不仅对水城区经济发展做出突出贡献，也可以为其他县域经济发展提供宝贵的经验。

（三）多主体合作共赢

在发展猕猴桃产业的过程中，为了提高产业发展效率，水城区政府主张实施多主体参与协作，联合发力实现合作共赢，构建了村集体与龙头企业合作、政府实施监督的产业开发机制。企业负责进行产业投入、经营与生产。村集体负责将农户资源整合起来与企业进行合作发展，例如协助产业相关基础设施配套建设、辅助企业获得政策扶持、协调产业发展过程中的相关矛盾纠纷等。对于企业来说，企业在建设猕猴桃产业基础设施的过程中，需要积极配合乡村开发建设工作，以“为农”服务为宗旨，实现猕猴桃产业发展和构建美丽乡村合作推进；对于农户而言，入股农户在产业发展的各个环节均享受优先务工待遇，获得务工收入，最终形成农户参与、项目扶持、企业投入、市场运作、政府引导的多主体合作共赢运作模式，形成水城区独具特色的企业、农户、村庄联合发展的良好氛围。

（四）标准与基地共同带动产业兴农

水城区政府依据猕猴桃相关标准要求，出台了《猕猴桃生产技术标准体系》等多项地方标准。这些标准为促进水城猕猴桃产业实现高质量发展做出了重要贡献。对于政府而言，政府可以将标准作为依据，开展猕猴桃产业相关监督检查的系列工作，还可以通过管控产品品质，运用病虫害治理等措施实施绿色生产。对于企业与合作社而言，可以运用标准作为与农户利益挂钩的分配准则。与此同时，水城区依托自身环境优势，凭借绿色无污染的资源特色，成功打造出“贵州省农产品地理标志示范样板”“国家火炬特色产业基地”“中国特色农产品优势区”“国家有机产品认证示范创建区”“国家级出口食品农产品（猕猴桃）质量安全示范区”等。猕猴桃产业在水城区发展的特点较为突出，水城区政府也通过努力引导、通过实施生产基地建设使猕猴桃生产达到标准化。

（五）品牌化战略促进产业重构升级

水城区政府以构建区域公共品牌为目标，运用“弥你红・水城红心猕猴桃”推动猕猴桃实现从特色化向品牌化的过渡，打造出区域公共品牌与子品牌协同发展的运营模式。与此同时，水城区政府也积极鼓励猕猴桃产品的各类经营主体积极参与良好农业、绿色、有机认证的申报，引导并督促企业依据相关标准进行生产销售。将企业自有品牌归入区域品牌类别下的子品牌进行管理，这样可以加强品牌保护与品牌使用规范程度。运用品牌营销的方式，使市场效益得以提高，实现经济、旅游、社会、生态为一体的最大化价值，通过品牌化实施战略带动猕猴桃产业达到产业重构升级的目标。

三、猕猴桃产业发展成效

（一）产业发展规模化

经过二十多年的发展，水城猕猴桃实现了产业发展规模化，在这个过程中，水城区政府始终坚守“三变”政策，实现了“村庄、农户、企业”的共同发展，农户不再是简单的打工人，而是猕猴桃产业发展过程当中的拥有者，是猕猴桃基地的主要管理者，这种策略更加调动了农户工作的积极性与主动性，还巧妙地将分散的农户整合为一体进行规模化种植，实现了猕猴桃产业的大规模培育生产工作，也通过制定统一的猕猴桃生产标准，使原本普通的猕猴桃产品成为真正的商品，提高了猕猴桃种植效率，也改善了猕猴桃种植效果，带动产业朝着标准化、规模化方向良性发展。

（二）实现整体发展

在水城猕猴桃产业的发展过程中，企业和农户都是猕猴桃生产基地的拥有者，二者处于平等地位。过去，农户缺乏主人翁意识，仅仅以打工人的角色参与企业的规模化生产过程，农户的态度仅仅是重复性的、机械式的，由此产生的经济效益并不高。但当农户成为猕猴桃生产基地的拥有者之后，农户的态度转变为积极主动，通过利益共享的方式带动猕猴桃产业实现可持续发展。

（三）创造就业岗位，防止劳动力流失

水城猕猴桃产业的发展不仅可以通过猕猴桃产品留住部分青壮年劳动力，也可以带动其他相关产业发展，从而为当地年轻人创造更多就业机会，甚至吸引人才实现回流，让年轻劳动力在当地便可实现就业，在带动本地经济发展的同时，还可以化解人口老龄化与留守儿童问题，并提高水城区常住人口的生活质量。劳动人口通过学习相关农业知识，实现猕猴桃种植方法创新，成为新时代猕猴桃产业专业化人才，促进产业实现更好发展。

四、猕猴桃产业问题

（一）产业布局不合理，主栽品种较为单一

在产业发展初期，水城选择了销售单价较高、营养价值丰富的“红阳”猕猴桃为该地主栽品种。很多农户种植了该品种的猕猴桃，产业规模在水城

区政府的引导下迅速扩大。尽管在后期的发展过程中水城引进了"东红"猕猴桃品种，但是"红阳"猕猴桃依然是核心品种，并未形成优势互补、百花齐放的多品种猕猴桃布局，这种发展方式导致现在猕猴桃全产业头重脚轻、产品精深加工动能不足、产品附加值较低以及猕猴桃病虫害防治风险增加。

（二）骨干体系不健全，技术队伍较薄弱

东部农业产业园区是水城猕猴桃产业的主要管理服务机构，但是该园区的技术人员数量不多，骨干专家人数过少，难以满足整个猕猴桃产业发展的技术需求。此外，猕猴桃产业面临乡镇级别的技术人员短缺但产业发展技术员需求量较大的窘境，在面临产业发展难题时，只能通过临时邀请外地专家化解难题，例如从四川、云南邀请当地有名的种植技术人员传授相关发展经验等。这种技术人员与技术要求之间不匹配的问题会影响水城猕猴桃产业高质量发展。

（三）基地建设标准参差不齐

水城区对于猕猴桃产业基地建设的标准并不统一，也并未能够严格依据统一标准实施建园管护，从而导致各个猕猴桃基地建设水平参差不齐，即使是同一个猕猴桃种植基地，产品长势也并不统一，会出现个体产量可以达到理想产量标准但是平均产量较低的现象；也会存在虽然猕猴桃产量较高，但由于管护措施不到位，商品果率低、猕猴桃生产基地入不敷出的问题。如阿戛镇的猕猴桃，虽然种植的散户较多，但在果树成长过程中由于农户管理不到位，挂果率和商品果率都相对较低，从而影响效益收入。

（四）基础设施有待完善

水城区目前拥有的猕猴桃灌溉设施只有 1000 hm^2，由于该区农户难以通过自筹资金的方式解决水利灌溉问题，目前猕猴桃产业的面积仅占全区农产品种植面积的 1/10。全区猕猴桃产业主要位于河谷区域，虽然河谷可以提供猕猴桃产业所需部分水源，但猕猴桃产业与煤矿采矿区相重合，存在水源沉

降从而无法保水的问题；且猕猴桃果园距离水源点较远，出现干旱无法浇水、洪涝无法及时排水的难题。例如，都格、野钟、发耳等地区在 2019 年就因天气干旱导致猕猴桃鲜果无法及时得到灌输，直接造成经济损失超过 1 亿元，猕猴桃产量损失 3000 t 左右，占全区总产量 30% 的左右。

（五）市场体系不完善，品牌标准未统一

由于宣传水平有限，水城区对“水城猕猴桃”的品牌宣传推广力度不够，具有独特地域风味的地理标志产品在市场上处于“无人能识”的窘境，规模化销售模式、销售潜力有待进一步挖掘。而且，水城猕猴桃在实施全市猕猴桃产业的品牌标准时，并没有形成统一标准，导致市场品牌无法形成合力。

五、猕猴桃产业助推水城区经济发展策略

（一）实施猕猴桃品种结构调整，为区域经济发展注入新活力

引进新的猕猴桃品种，丰富猕猴桃的品种资源，可以改善猕猴桃产业布局单一的现状，为水城区经济的发展创造新的活力。可以通过两种途径实施调整：第一，改良原有经济效益不明显的猕猴桃种植品种，在不同海拔地区种植多样化的品种。第二，运用中国科学院、贵州科学院、贵州大学与贵州省农业科学院、中国农业科学院等科研院所的技术优势，培育、引进优良的猕猴桃新品种。

（二）扩充技术人才，完善技术服务体系

人才是促进区域经济发展的关键力量，完善水城区技术服务团队，可以助推水城区实现经济可持续发展，可以利用贵州科学院、贵州省农业科学院、贵州省重点大学、中国农业科学院与中国科学院等科研院所的人才优势，对水城猕猴桃产业从业人员定期实施技术培训，也可以通过人才引进的方式，壮大水城区科研技术队伍，各级科研院所间形成“科研院所+县技术

人才+乡技术人才+田间技术人才”的服务队伍。

（三）技术标准统一化，产品发展规范化

水城猕猴桃产业技术标准统一化是发展好产业的重要一环，可以通过严格依据标准实施产品管护、建设园区的方式，运用统一的标准实施产业发展培训，猕猴桃技术人员严格按照标准执行生产，进而在全区实现标准化的发展模式。

（四）完善基础配套设施建设

在水城区存在的灌溉问题方面，可以通过协调相关财政资金以解决农户资金问题，进而协调水利部门化解猕猴桃灌溉水源不足的难题，通过建设小山塘，弥补目前灌溉系统的缺陷。在猕猴桃果园的产品运输方面，可以尽可能争取相关农业项目与交通部门项目，尽最大可能减少猕猴桃在面临自然灾害时运输难、运输慢的问题。

（五）充分发挥龙头企业带动作用，积极开拓猕猴桃市场

为了能够带来更多的经济效益，水城区猕猴桃产业的龙头企业可以通过宣传广告投入、企业参展等方式扩大市场知名度。与此同时，需要提高农户和农村经纪人的市场意识，使农户和企业形成合力，共同在政府的引导下发展区域特色品牌，通过品牌的力量带动产品市场规模扩大。在原有市场发展的基础上，拓展网络销售渠道，运用大数据的力量增加水城猕猴桃的市场知名度和销售规模，推动水城猕猴桃走出贵州，走向更大的市场。

参考文献

[1] 水城县猕猴桃产业助推脱贫攻坚成效及经验启示 [J]. 理论与当代，2018，(12)：66-67.

[2] 李玉琼. 水城猕猴桃品牌建设分析 [J]. 种子科技，2018，36 (6)：16-17.

[3] 张辉，韩振诚，李苇洁，等. 水城县猕猴桃产业现状及发展建议 [J]. 安徽农学通报，2017，23 (8)：56-58.

[4] 罗亮亮. 红心猕猴桃正当“红” [J]. 当代贵州，2018，(24)：16-17.

主题报告

B4
水城猕猴桃地理标志产业发展报告

刘清庭　刘　芳　李万贵[1]

摘　要： 地理标志是一个地区自然影响、人文历史传承的结晶，富有经济价值和社会人文效益。水城猕猴桃获农业农村农产品地理标志登记、国家知识产权局地理标志产品保护，为《中欧地理标志保护协定》互认地理标志产品，现有用标主体38家，用标市场主体年产值4.71亿元，年销售额4.24亿元。地理标志保护条件制约、地理标志运用意识薄弱、地理标志推广力度不强等诸多因素制约着水城猕猴桃地理标志产业发展，地理标志价值难以体现。应加强水城猕猴桃地理标志运用监管、提升产品品质、建立地理标志品牌营销体系，加大水城猕猴桃地理标志宣传推广，深挖水城猕猴桃地理标志品质文化内涵，长远规划布局，拓展国内外市场，激发地理标志巨大价值，助推水城猕猴桃产业兴旺。

关键词： 水城猕猴桃；地理标志；产业发展

一、地理标志是农业产业发展通途

地理标志是现代知识产权的重要组成部分。地理标志相关概念最初以

1　刘清庭，女，贵州省社会科学院地理标志研究中心助理研究员，主要研究方向为地理标志、知识产权；刘芳，水城区农业农村局高级农艺师，主要研究方向为猕猴桃栽培与管理；李万贵，六盘水市农业农村局畜牧师，主要研究方向为农产品质量安全、畜牧技术推广。

“货源标记”（Indication of Source）和“原产地名称”（Appellation of Origin）被纳入1883年的《保护工业产权巴黎公约》，将货源标记、原产地名称与专利、商标等知识产权并列，使之具有独立的产权地位。直到1994年，世界贸易组织（WTO）通过《与贸易有关的知识产权协定》（TRIPS），将地理标志明确为和专利、商标等并列的七大知识产权之一，地理标志逐渐被世人熟知。

TRIPS第二十二条规定：“本协定所称，‘地理标志’是表明一货物来源于一成员领土或该领土内一地区或地方的标记，该货物所具有的质量、声誉或其他特性实质上归因于其地理来源。”我国在2001年12月1日实施的《中华人民共和国商标法》（简称《商标法》），将地理标志纳入保护对象，规定地理标志可以注册证明商标或集体商标。2005年7月15日，原国家质检总局颁布了《地理标志产品保护规定》（该规定是在原国家质量技术检验局于1999年颁布的《原产地域保护规定》和国家出入境检验检疫局于2001年颁布的《原产地标记管理规定》基础上，合二为一制定的）。2007年，农业部发布《农产品地理标志管理办法》。我国地理标志开始从法律和行政层面受到保护。

截至2022年，我国地理标志保护有三大主体，即国家知识产权局以《商标法》及其他相关法律保护的地理标志证明商标或集体商标，国家知识产权局以《地理标志产品保护规定》实施行政保护的地理标志产品，农业农村部以《农产品地理标志管理办法》进行登记的农产品地理标志。在《商标法》中，明确地理标志的定义为：“标示某商品来源于某地区，该商品的特定质量、信誉或者其他特征，主要由该地区的自然因素或者人文因素所决定的标志。”在《地理标志产品保护规定》中，明确地理标志的定义为：“是指产自特定地域，所具有的质量、声誉或其他特性本质上取决于该产地的自然因素和人文因素，经审核批准以地理名称进行命名的产品。”在《农产品地理标志管理办法》中，明确农产品地理标志定义为：“指标示农产品来源于特定地域，产品品质和相关特征主要取决于自然生态环境和历史人文因素，并以地域名称冠名的特有农产品标志。”综合三个主体对地理标志的定义来看，地理标志是在一个地域的自然环境或人文环境影响下形成的具有特定质量、信誉或其他特征的产品，这就决定了地理标志具有产地限制性、品质独特性和所有权集体性，具有重要的经济和人文价值。

我国地大物博、自然资源禀赋优越，各地独特的自然环境和人文风俗孕育了众多的农特产品，地理标志以其质量、文化的“特有性”和限定区域内的“集体性”在我国农特产品产业的发展中扮演着重要角色。这种重要角色主要体现在：一是通过地理标志获得产品自身的经济价值。地理标志产品体现了地理环境、产品质量、制作工艺和历史文化等方面的优良品质，因此地理标志不仅是一项知识产权，也是质量和品牌标志，这就意味着使用地理标志，即表示产品由特定环境、生产方式、历史人文等多因素叠加影响而具备某种特定品质、声誉承载，从而可以获得较高的经济价值。《地理标志农产品电子商务发展模式创新研究》显示，受保护地理标志产品经济效益平均提高 20%以上；二是通过地理标志保护促进相关产业聚集，提升产品的国内外竞争力。随着我国农业不断产业化、现代化，农业发展战略以高质量、优化结构和增加农民收入，注重传统投入与资本、技术集约相结合进行调整。我国呈现农业产业区域集群的发展模式。在农业产业集群中，基于当地独特自然条件和人文特色发展起来的农业产业占据重要地位，地理标志完全能在农业产业中占据主导产业位置，使得在该地区生产该产品具有较大优势。此外，地理标志的实施，产品行业相关质量控制、技术支持也随之发展，从而建立起企业、组织、协会、科研机构等相关支撑体系，实现区域优势产业聚焦，促进产业发展和结构升级；三是地理标志产业可以带动相关区域经济发展。地理标志的运用实施，将区域内具有地理标志生产能力的生产经营者向地理标志产品产业聚集，从而带动相关联行业的发展。新疆的库尔勒香梨，在申请地理标志商标后，香梨产业快速发展，占巴州农业产值的 22%左右，成为当地支柱产业。欧盟委员会 2020 年 4 月 22 日发布的一项研究显示，欧盟“地理标志”（GI）名称保护的农业食品和饮料产品销售额达 747.6 亿欧元，其中 1/5 以上来自欧盟市场以外的出口。有研究发现，具有受保护名称产品的销售价平均是未认证同类产品的2倍①。据《知识产权报》报道，2020年，我国地理标志专用标志使用市场主体直接产值总计6398.06亿元。地理标志为我国农业产业现代化发展带来诸多利好，对于带动地方发展特色产业，助力乡村振兴发挥重要作用，成为农业产业发展通途。

二、水城猕猴桃地理标志建设现状

（一）水城猕猴桃地理标志认证情况

水城猕猴桃有较长的种植历史，水城区内分布着大量野生猕猴桃资源，是中国重要的猕猴桃种质资源库。2000年，水城县民政局引进红心猕猴桃，在猴场镇建立种植示范基地。2004年，人工种植的猕猴桃开始挂果，比本地野生猕猴桃大得多、甜得多。同样的水果，因为品质不同，差价可以达到几十倍。从此，水城县的猕猴桃种植从猴场镇开始，不断蔓延到蟠龙、红岩、米箩等乡镇。至今，水城猕猴桃获农业农村部、国家知识产权局两部门双重地理标志保护，入选《中华人民共和国政府与欧洲联盟地理标志保护与合作协定》（以下称《中欧地理标志协定》）第二批中欧地理标志保护清单。

1. 农产品地理标志登记

2013年4月15日，经农业部第1925号公告，水城猕猴桃获农产品地理标志登记，登记证书持有人为水城县绿色产业服务中心，地域保护范围包括水城县所辖米箩乡、鸡场乡、都格乡、龙场乡、蟠龙乡、野钟乡、猴场乡、顺场乡、营盘乡、勺米乡、红岩乡、阿戛乡、杨梅乡、花戛乡、发耳镇、果布戛乡、新街乡17个乡（镇）。地理坐标为东经104°33′00″~105°15′00″，北纬26°03′00″~26°31′00″。2018年7月3日，经农业农村部第40号公告，水城猕猴桃农产品地理标志登记证书进行变更，登记证书持有人变更为水城县

① 墨菲．地理标志：价值750亿欧元的欧洲宝藏［J］．中国食品，2020（9）：156.

东部农业产业园区管理委员会，地域保护范围变更为六盘水市水城县所辖米箩镇、鸡场镇、都格镇、龙场乡、蟠龙镇、野钟乡、猴场乡、顺场乡、营盘乡、勺米镇、陡箐镇（含红岩乡）、阿戛镇、杨梅乡、花戛乡、发耳镇、果布戛乡、新街乡、玉舍镇共计 18 个乡（镇）。地理坐标为东经 104°33′00″~105°15′00″，北纬 26°03′00″~26°31′00″。

2. 地理标志产品保护

2014 年 9 月 2 日，经原国家质检总局 2014 年第 96 号公告，水城猕猴桃获地理标志产品保护，产地范围为贵州省水城县米箩镇、鸡场镇、都格镇、龙场乡、蟠龙镇、野钟乡、猴场乡、顺场乡、营盘乡、勺米镇、红岩乡、阿戛镇、发耳镇、坪寨乡、果布戛乡共 15 个乡（镇）现辖行政区域。

3. 中欧地理标志互认互保

2020 年 9 月 14 日，中国与欧盟正式签署《中欧地理标志协定》，水城猕猴桃被列入第二批中欧地理标志保护清单。2021 年 3 月 1 日，《中欧地理标志协定》正式生效，水城猕猴桃在协定生效后 4 年内完成欧盟地理标志技术规范审查，获得欧盟地理标志保护。

（二）水城猕猴桃地理标志运用现状

地理标志是助力乡村振兴、助推区域经济发展、推动传统产业转型升级的重要抓手，只有充分运用地理标志，才能发挥地理标志的作用，充分释放地理标志保护功能和品牌效应。水城猕猴桃自分别获得农产品地理标志登记和地理标志产品保护以来，围绕地理标志品牌开展保护和运用工作，使水城猕猴桃产品品质增效、品牌影响力扩大。

在地理标志使用方面。据统计，水城猕猴桃地理标志用标市场主体 38 家（见表 4-1）。经水城区东部农业产业园区管理委员会授权使用农产品地理标志公共标识 38 家，国家知识产权局核准使用地理标志公共标识 4 家。用标市场主体年产值约 4. 71 亿元，年销售额约 4. 24 亿元。

表 4-1 水城猕猴桃地理标志用标主体名单

单位：万元

序号	用标主体名称	用标类型	年销售额	年产值
1	贵州黔恒农业发展有限公司	农产品地理标志、地理标志保护产品	454	504
2	水城县泽能种养殖农民专业合作社	农产品地理标志、地理标志保护产品	605	672
3	水城县黔鹏生态农业发展有限公司	农产品地理标志、地理标志保护产品	454	504
4	贵州润永恒农业发展有限公司	农产品地理标志、地理标志保护产品	1512	1680
5	水城县瑞祥裕农业发展有限公司	农产品地理标志	378	420
6	水城县联育鸿种养殖农民专业合作社	农产品地理标志	756	840
7	贵州水城乐丰绿色产业发展有限公司	农产品地理标志	756	840
8	贵州富民果业科技有限公司	农产品地理标志	151	168
9	六盘水聚兴黔农业发展有限公司	农产品地理标志	454	504
10	水城县梓林种养殖农民专业合作社	农产品地理标志	76	84
11	水城县泰宁农业开发有限公司	农产品地理标志	151	168
12	六盘水朝辉农业发展有限公司	农产品地理标志	151	168
13	水城县绿美农业开发有限责任公司	农产品地理标志	454	504
14	水城县林祥种养殖农民专业合作社	农产品地理标志	151	168
15	水城县宏润种植基地	农产品地理标志	45	50
16	水城县中瑞种养殖实业有限公司	农产品地理标志	227	252
17	水城县鸡场巨丰种养殖农民专业合作社	农产品地理标志	76	84
18	水城县丰泽种养殖农民专业合作社	农产品地理标志	76	84
19	水城县荣昌种植农民专业合作社	农产品地理标志	605	672
20	贵州省绿色印象农业发展有限公司	农产品地理标志	151	168
21	水城县恒丰祥现代农业发展有限公司	农产品地理标志	227	252
22	水城县鸿源农业开发有限责任公司	农产品地理标志	529	588
23	水城县长丰绿色科技实业有限公司	农产品地理标志	756	840

续表

序号	用标主体名称	用标类型	年销售额	年产值
24	水城县金铃籽农业科技发展有限公司	农产品地理标志	756	840
25	水城县虹博种养殖农民专业合作社	农产品地理标志	91	101
26	水城县宏兴绿色农业投资有限公司	农产品地理标志	7560	8400
27	水城县南亚生态农业发展有限公司	农产品地理标志	227	252
28	六盘水市扶贫开发投资有限公司	农产品地理标志	907	1008
29	水城县绿野上品农业开发有限公司	农产品地理标志	76	84
30	水城县聚星种养殖农民专业合作社	农产品地理标志	60	67
31	贵州凯华营上农业发展有限公司	农产品地理标志	529	588
32	六盘水凉都猕猴桃产业股份有限公司	农产品地理标志	22680	25200
33	六盘水润佳农业开发有限公司	农产品地理标志	95	106
34	晏庭银家庭农场	农产品地理标志	15	17
35	罗光祥家庭农场	农产品地理标志	19	21
36	水城县益农农业生态种植场	农产品地理标志	38	42
37	水城县绿林种养殖农民专业合作社	农产品地理标志	45	50
38	六盘水众森鑫农业科技有限责任公司	农产品地理标志	113	126
合计			42406	47116

资料来源：水城区东部农业产业园区管理委员会、国家知识产权局官网。

在地理标志制度方面，2017 年，水城县人民政府办公室印发《水城猕猴桃地理标志产品管理办法》，针对水城猕猴桃地理标志产品（原国家质检总局渠道）专用标志的申请、使用和管理做出相关规定。2020 年 5 月 30 日，修订了《水城猕猴桃地理标志产品管理办法》，该办法将原来内容修订为针对水城猕猴桃地理标志（农业农村部渠道）专用标志申请、使用、管理相关规定。

在地理标志监管方面，六盘水市市场监督管理局印发《加强猕猴桃市场监管工作方案》，以高质量发展猕猴桃产业为目标，结合食用农产品和地理标志产品，根据《中华人民共和国食品安全法》《中华人民共和国食品安全法实施条例》《贵州省食用农产品销售监督管理办法（试行）》出具《猕猴桃原产地证明》；突出消费者权益保护，重点加强“弥你红”品牌保护及地理标志产品保护，依法依规督促种植户及经营户签订《生产经营诚信承诺书》。着力规范生产行为，建立健全猕猴桃追溯体系，加强标准化宣贯，加强猕猴桃产品抽检，每年在猕猴桃采收季节须完成不少于10个批次抽检任务；加大对抽检不合格产品（问题产品）的核查处置力度，加大对外地猕猴桃冒充本地猕猴桃行为的打击力度，突出打击伪造或者冒用认证标志行为、伪造产品的产地行为、伪造或者冒用他人的厂名厂址行为、在生产销售的产品中以假充真及以次充好等行为，保护地理标志保护产品的名优形象，维护经营者、消费者的合法权益。

在地理标志示范方面，水城县按照《关于开展贵州省农产品地理标志示范创建工作的通知》（黔农办发〔2017〕239号）、《关于扎实开展2017年省级农产品地理标志示范样板创建工作的通知》（黔农委函〔2017〕76号）的要求，水城县东部农业产业园区管理委员会围绕营造政策环境、强化品质管理、加强品牌建设、推进产业发展、增强物资保障等重点创建任务组织创建水城猕猴桃省级农产品地理标志示范样板。

三、水城猕猴桃地理标志保护条件分析

水城猕猴桃获农业农村部和国家知识产权局两大部门双重地理标志保护，从地理标志保护条件来看，两个渠道有相似之处，也有不同。水城猕猴桃实行农产品地理标志保护（农业农村部）的技术规范为经国家农业部公告的“《中华人民共和国农产品地理标志质量控制技术规范——水城猕猴桃》（编号AGI2013-01-1168）”，实施地理标志产品保护（国家知识产权局）的技术规范为经原国家质检总局2014年第96号公布的“水城猕猴桃质量技术要求”，两个地理标志类型保护条件要求见表4-2。

表 4-2　水城猕猴桃地理标志保护要求

保护要求	农产品地理标志（农业农村部渠道）	地理标志产品（国家知识产权局）
品种	无规定	“红阳”
生产方式	（1）产地选择：建立水城猕猴桃种植基地，应选择生态环境优良，外界隔离条件好，光照充足，水源相对充足，土壤有机质含量高、无污染，历年来病虫害发生少，相对集中连片，便于规模化生产的山地或坡地 （2）生产过程管理，即农业投入品方面的特殊使用规定：水城猕猴桃生产以有机肥为主，化肥为辅，化肥必须与有机肥配合使用，禁止施用硝态氨肥。生产过程中农药和化肥的使用必须符合 GB/T 18406. 2—2001 的规定 （3）产品采收及采后处理： ①水城猕猴桃采收前，需经手持测糖仪检测，可溶性固形物达到 6. 5% 以上，方可进行采收 ②水城猕猴桃采收后需及时进入保鲜库以方便包装 （4）记录要求：水城猕猴桃的生产过程要建立生产记录，对生产情况、病虫害发生情况、技术措施、农药化肥使用情况进行全面记载并妥善保存，以备查阅	（1）立地条件 产地范围内海拔≤1300 m，土壤质地为砂质壤土，地下水位在 1 m 以下，有机质含量≥1%，pH 为 6. 5~7. 0 （2）栽培管理 种苗繁育：以猕猴桃种子繁殖的实生苗为砧木，从纯正无检疫对象的健壮结果母株上采集接穗进行嫁接育苗 定植：落叶以后至翌年早春萌芽前（10 月下旬至次年 2 月中旬）。成龄园栽植株数≤835 株/ hm^2，雌雄株比例≤8：1 （3）整形：采用水平棚架或“T”形架整形 （4）土肥水管理：以有机肥为主，每公顷每年施腐熟有机肥≥40 t；禁止使用刺激果实膨大的各种生长调节剂 （5）花果管理：每公顷产量≤22. 5 t （6）环境、安全要求：农药、化肥等的使用必须符合国家的相关规定，不得污染环境 （7）采收和贮藏 果实可溶性固形物≥6. 2% 时采收，于晴朗天气的午前分期分批采果，果实采摘后，需在 24 小时内入库预冷、贮藏

续表

保护要求	农产品地理标志（农业农村部渠道）	地理标志产品（国家知识产权局）
感官质量	水城猕猴桃果形一致，果蒂新鲜，无畸形果；果面洁净，无病斑、无虫体或其他附着物；果皮色泽均匀；果肉淡黄色、果心乳白色，横切面有似太阳光的红色放射线；单果重量≥60 g	果实成熟后黄绿色，果面无毛，果皮薄、果肉黄绿色、果心红色，呈放射状图案；果肉细嫩、口感香甜清爽、酸度低
理化指标	维生素 C≥190 mg/100g，钙≥118.0 mg/kg，铁≥4.0 mg/kg，钠≥8.0 mg/kg，钾≥1940 mg/kg，镁≥116.0 mg/kg，磷≥170.0 mg/kg，天冬氨酸≥0.1%，谷氨酸≥0.1%，丙氨酸≥0.1%，精氨酸≥0.1% 注：在采收后常温下 15～20 天后熟后进行检验	抗坏血酸含量≥160 mg/100g，单果重≥85 g，采时可溶性固性物含量≥6.2%，可滴定酸含量≤1.4%

数据来源：1. 国家农业部批准水城猕猴桃实施农产品地理标志登记保护的公告（2013 年 1925 号）。
2. 原国家质检总局批准水城猕猴桃实施地理标志产品保护的公告（2014 年 90 号）。

从两个不同渠道的地理标志保护条件来看，农业农村部渠道批准的水城猕猴桃农产品地理标志，对品种无特殊规定，感官质量中要求单果重量≥60 g，理化指标规定了维生素 C、钙、铁、钠、钾、镁、磷、天冬氨酸、谷氨酸、丙氨酸、精氨酸含量；原国家质检总局渠道批准的水城猕猴桃地理标志产品，品种要求为“红阳”，感官质量与农业渠道表述大致符合，理化指标规定了抗坏血酸、单果重、可溶性固形物、可滴定酸含量。两种渠道对水城猕猴桃地理标志产品在品种、种植方式、特定品质（感官质量和理化指标）方面不完全统一，部分相同指标的要求标准不一致，如农业农村部渠道单果重量≥60 g，而原国家质检总局渠道单果重量≥85 g。

四、水城猕猴桃地理标志建设问题与策略

（一）水城猕猴桃地理标志建设存在问题

1. 地理标志推广工作意识不强，促进运用力度不足

水城猕猴桃自 2013 年获地理标志至今授权用标市场主体 38 家，多数市

场主体获得用标授权后，没有投入使用地理标志公共标识，无论是权利人、生产经营者，还是政府管理部门，对地理标志推广工作意识不强，促进运用力度不足。

2. 地理标志保护条件不一致，难以协调统一

制度性缺陷对地理标志保护造成的制约，虽是全国性的问题，也同样影响水城猕猴桃地理标志产业的健康发展。当前我国地理标志存在国家知识产权局、农业农村部的两个部门的保护体制，农业农村部地理标志和国家知识产权局地理标志的公共标识并不相同，使得企业在重复注册（登记）后，必然艰难抉择将何种标志放在产品包装上。同样，水城猕猴桃获得双重渠道地理标志保护，不同渠道地理标志使用条件不统一，使得市场主体选择使用双地理标志标识时，需要满足不同的规则条件，这无疑增加市场主体用标成本，从而降低了市场主体的用标积极性。而且由于保护条件不统一，使得水城猕猴桃地理标志产品的质量特色不尽相同，产品质量难以控制，在一定程度上会误导公众，影响公众对水城猕猴桃的正确认知，从而降低好感度。此外，地理标志制度在我国实施起步较晚，仅有二十多年，由于地方工作人员对地理标志认识不够全面，进行地理标志认证还处在探索阶段，对地理标志产品的培育和保护工作不够深入，对地方特色农产品的挖掘不够接地气，以及品种退化、检测技术等，致使对水城猕猴桃地理标志产品的分析不够透彻，水城猕猴桃技术指标制定过高，影响了水城猕猴桃地理标志标准制定和地理标志使用。例如，水城猕猴桃农业农村部的地理标志技术指标要求维生素 C 含量≥190 mg/100g，国家知识产权局的地理标志技术指标要求抗坏血酸含量≥160 mg/100g，这对水城猕猴桃来说是很难达到的，水城县政府后期印发的《水城猕猴桃地理标志管理办法》也有意将维生素 C 调整至≥50 mg/100g 以满足水城猕猴桃实际要求。

3. 地理标志内涵挖掘不够，品牌效应不明显

地理标志具有巨大的经济和人文价值，水城猕猴桃地理标志独特的品质特征、自然生态、人文挖掘深度不够，历史脉络和文化底蕴了解开发不深。人们对于水城猕猴桃的印象停在名称认知层面，对水城猕猴桃缺乏详细的了解，从而难以树立水城猕猴桃品牌形象、形成效应，不能激发地理标志经济

价值。

（二）水城猕猴桃地理标志发展对策

1. 加强地理标志专用标志使用

水城区地理标志管理部门、行业协会充分履行地理标志监管、推广工作职责，对符合条件的生产者普及和推广地理标志知识，推进地理标志专用标志的申请和规范使用，扩大地理标志产业规模，为市场拓展和产业链延伸奠定基础。对已授权的地理标志生产者，实施用标、产量、销售等动态监管、普查，摸清地理标志的实际发展情况，为地理标志产业发展提供规划依据。

2. 培育龙头企业，推动地理标志农产品产业化发展

充分发挥市场导向作用，积极扶持、培育地理标志龙头企业做大做强，以龙头企业在资金、技术、物流、渠道、宣传、营销等方面的优势，推动农户标准化种植水城猕猴桃，以龙头企业为主体吸收农户资源整合形成产业联合体，实现地理标志产品集中管理、规模生产、统一营销，建立产品溯源体系，解决产品同质化竞争、品质不统一的问题，共同打造区域地理标志品牌，有效打造供、产、销、储、运等完整产业链，实现产业融合发展。

3. 搭建地理标志品牌宣传推广体系，擦亮水城猕猴桃金字招牌

大力加强对外宣传，联合产区政府、行业协会、水城猕猴桃地理标志权利人、地理标志使用单位，形成多层次、多手段的宣传推介机制。在政府层面，应当对地理标志宣传推介工作高度重视，尽可能将其作为常态化工作，将其列入招商、宣传等活动的重要内容。在行业协会及地理标志权利人层面，努力构建品牌宣传平台，深挖水城猕猴桃品牌故事和内涵，统一宣传营销品牌和标识，通过各种节庆、展销等活动平台，提升地理标志品牌影响力。在企业层面，加强产品市场营销和宣传，积极探索有效的营销组合策略，线下参加大型展会、举办宣传推介活动、入驻商场、超市，打造实体化农旅融合项目，力推体验式营销，线上联合知名电商及产品开展营销、开辟公众号、开展直播带货等活动。通过线上线下结合，扩宽水城猕猴桃市场促进流通，不断提升地理标志品牌知名度，擦亮水城猕猴桃地理标志金字招牌。

4. 布局地理标志海外保护，拓展地理标志贸易新局面

抓住水城猕猴桃中欧地理标志互保互认的发展机遇，积极推动水城猕猴桃地理标志走向世界，把握“保护”和“贸易”两个节点，内部严控质量和加大保护力度，外部促进贸易发展，提升水城猕猴桃地理标志产品的知名度和市场占有率。凝聚政府管理部门、行业协会等各方力量，尽量在地理标志专用标志使用、出口流程熟悉、出口渠道拓展、产品国内外宣传、海外商事服务等方面为企业提供支持，进一步实现地理标志溢价，为水城猕猴桃地理标志产业的发展带来更广阔的空间。

参考文献

[1]《与贸易有关的知识产权协定》(TRIPS).

[2] 刘瑞锋. 新疆地理标志农产品：生产、消费与政策效应 [D]. 乌鲁木齐：新疆农业大学，2010.

[3] 墨菲. 地理标志. 价值 750 亿欧元的欧洲宝藏 [J]. 中国食品，2020 (9)：56.

[4] 袁月. 关于加强地理标志保护与品牌建设的几点对策：基于广东北部生态发展区地理标志保护现状分析 [J]. 新农业，2021 (14)：62-65.

B5

水城猕猴桃绿色食品产业发展报告

涂娟芝　袁　腾　祖　达[1]

摘　要： 水城猕猴桃是水城区的产业名片，推动水城猕猴桃绿色食品产业发展，引导水城猕猴桃绿色经济，是推动水城区经济发展的重要支柱产业之一。本报告从水城猕猴桃绿色食品认证基本情况、绿色防控标准、产地环境分析、绿色食品制度与管理、绿色食品标识与运用、绿色食品大数据管理、绿色产业发展问题及建议等方面进行分析研究，为今后进一步推动水城猕猴桃绿色食品产业发展奠定基础。

关键词： 水城猕猴桃；绿色食品；产业发展

一、水城猕猴桃绿色食品认证基本情况

（一）认证企业及规模

水城猕猴桃产业化较晚，由于初期发展相对落后，水城区猕猴桃绿色食品认证起步相对滞后，但发展迅速，从 2017 年 10 月水城县长丰绿色科技实业有限公司认证开始，截至 2022 年 1 月，已有 8 家猕猴桃企业（合作社）通过绿色食品认证，具体认证情况见表 5-1。

1　涂娟芝，女，贵州省社会科学院地理标志研究中心助理研究员，主要研究方向为食品质量安全；袁腾，六盘水市水城区东部农业产业园区管理委员会，农艺师，主要研究方向为植物病理；祖达，六盘水市农业农村局农艺师，主要研究方向为植物保护。

表 5-1　水城猕猴桃绿色食品认证企业及规模

序号	企业名称	产品名称	批准年产量（t）
1	水城县长丰绿色科技实业有限公司	猕猴桃	800
2	贵州黔恒农业发展有限公司	猕猴桃	500
3	水城县宏兴绿色农业投资有限公司	猕猴桃	350
4	水城县宏兴绿色农业投资有限公司	水城红心猕猴桃	1143
5	水城县恒丰祥现代农业发展有限公司	猕猴桃	1100
6	水城县南亚生态农业发展有限公司	猕猴桃	600
7	水城县绿美农业开发有限责任公司	红心猕猴桃	400
8	水城县虹博种养殖专业合作社	红心猕猴桃	200
9	水城县中瑞种养殖实业有限公司	红心猕猴桃	300

（二）水城猕猴桃绿色食品认证后产生的经济效益

水城猕猴桃通过认证后，平均单价提高了 2 元，年平均利润率从 27% 增长到 43%，提升了 16 个百分点，水城猕猴桃绿色食品认证前后销售及经济情况具体见表 5-2。

表 5-2　水城猕猴桃绿色食品认证前后销售及经济情况

序号	认证企业	批准产量（t）	认证时间	认证前售价（元/斤）	认证后售价（元/斤）	认证前年利润率（%）	认证后年利润率（%）	销售途径及主要销售地
1	水城县长丰绿色科技实业有限公司	800	2017 年 10 月 19 日	16	18	23	38	线上线下、商场和超市订单销售，销往贵州、云南、广东、上海等地

续表

序号	认证企业	批准产量(t)	认证时间	认证前售价(元/斤)	认证后售价(元/斤)	认证前年利润率(%)	认证后年利润率(%)	销售途径及主要销售地
2	贵州黔恒农业发展有限公司	500	2018年1月2日	16	18	28	44	线上线下、商场和超市订单销售，销往贵州、云南、广东、上海等地
3	水城县宏兴绿色农业投资有限公司	350	2019年9月17日	16	18	25	41	线上线下、商场和超市订单销售，销往贵州、云南、广东、上海等地
4	水城县宏兴绿色农业投资有限公司	1143	2021年4月14日	16	18	24	40	线上线下、商场和超市订单销售，销往贵州、云南、广东、上海等地
5	水城县恒丰祥现代农业发展有限公司	1100	2019年9月20日	16	18	24	39	线上线下、商场和超市订单销售，销往贵州、云南、广东、上海等地
6	水城县南亚生态农业发展有限公司	600	2020年3月27日	16	18	33	50	线上线下、商场和超市订单销售，销往贵州、云南、广东、上海等地
7	水城县绿美农业开发有限责任公司	400	2020年7月24日	16	18	27	43	线上线下、商场和超市订单销售，销往贵州、云南、广东、上海等地

续表

序号	认证企业	批准产量（t）	认证时间	认证前售价（元/斤）	认证后售价（元/斤）	认证前年利润率（%）	认证后年利润率（%）	销售途径及主要销售地
8	水城县虹博种养殖专业合作社	200	2021年6月2日	16	18	25	41	线上线下、商场和超市订单销售，销往贵州、云南、广东、上海等地
9	水城县中瑞种养殖实业有限公司	300	2022年1月19日	16	18	33	50	线上线下、商场和超市订单销售，销往贵州、云南、广东、上海等地

二、水城猕猴桃绿色防控标准

绿色防控指的是从农田生态系统整体出发，以农业防治为基础，积极保护利用自然天敌，弱化病虫的生存条件，提高农作物的抗虫能力，在必要的时候合理地使用相应化学农药，使用的农药须符合 NY/T 393—2020《绿色食品　农药使用准则》、T/SCMHT 001—2020《水城猕猴桃》，将病虫危害损失程度降到最低。绿色防控是保障农作物整个生长期间安全生长的重要手段。要持续控制水城猕猴桃各种病虫灾害，绿色防控是必要的手段。

遵循相关绿色防控标准能够为水城猕猴桃提供一个安全生长的环境。坚持预防为主，综合防治，按照猕猴桃病虫害发生的特点，以农业防治为基础，积极利用物理防治措施，推荐使用生物防治措施，必要时采取化学防治措施，在使用农药的时候，合理科学使用化学防治技术，有效控制病虫危害。

首先，需要注意的是水城猕猴桃在运输苗木、接穗时，要严格执行国家规定的检疫法规，防止危险性病虫害从外地引入当地。其次，需要根据病虫害的发生规律，提前在不同区域以小面积开展防治实验，为大面积防治提供依据。

水城猕猴桃病虫害农业防治措施：合理负载，科学修剪，加强肥水管理，增施有机肥；冬季清园，树干涂白。加强栽培管理，增施生态有机复合肥或充分腐熟的有机肥，增强树势，培养壮枝，提高树体自身的抗病虫害能力。及时修剪病虫枝、交叉枝、过密枝、隐蔽枝，疏除病虫果、畸形果、机械伤果，减少病虫害侵染源。落叶后结合冬剪彻底清园，刮除老树皮，清除落叶、杂草、病虫果，剪除病虫枝，集中烧毁，减少越冬病、虫基数；对主干涂白。

水城猕猴桃物理防治措施：在园内放置糖醋液、性诱剂、杀虫灯、树干缠草等方法诱杀害虫，或采取人工捕捉的办法消灭害虫。①利用灯光防治，对蛾类趋光性强的害虫，应采用灯光如杀虫灯、黑灯光诱杀成虫。②对尺蠖、蓑蛾类采用人工捕杀幼虫、成虫和虫茧。③对果蝇采用糖醋液（敌百虫、香蕉、蜂蜜、食醋以 10：10：6：3的比例配制成诱饵）诱杀。

水城猕猴桃生物防治措施：营造有利于天敌繁衍的生态环境，采取助育和人工饲放天敌（如捕食螨、食螨瓢虫、赤眼蜂、广腹细蜂等）的方式控制害虫；使用高效低毒的生物源农药预防病害的侵染、传播，并用选择性强的农药保护天敌；利用昆虫性外激素诱杀或干扰成虫交配。

水城猕猴桃化学防治措施：在喷施方法上改进喷药技术，提倡低容量喷雾。农药的使用参照 NY/T 393《绿色食品 农药使用准则》和 GB/T 8321.1—9《农药合理使用准则（一）~（十）》中有关的农药使用准则和规定执行，禁止使用未经国家有关部门批准登记的农药；禁止使用高毒、高残留或有三致作用的药剂。水城猕猴桃禁止使用农药的种类见表 5-3；选择不同类型、不同作用机理的农药交替使用。根据病虫害的发生规律和不同农药的持效期，选择适合的农药种类、最佳防治时期、高效施药技术进行防治。同时要了解农药毒性，使用选择性农药，减少对人、畜、天敌的毒害以及对产品和环境的污染。推荐使用微生物源、植物源、矿物源等杀虫杀菌剂及高效低毒农药。水城猕猴桃主要病虫害防治技术见表 5-4。

表 5-3　水城猕猴桃禁止使用农药的种类

禁止使用农药种类	甲拌磷（3911）、双硫磷（16505）、甲基对硫磷（甲基 1605）、内吸磷（1069）、久效磷、水胺硫磷、磷胺、甲胺磷、异丙磷、三硫磷、氧化乐果、磷化锌、磷化铝、甲其硫环磷、甲基异硫磷、氰化物、克百威、涕灭威、灭多威、氟乙酰胺、砒霜、杀虫脒、赛力散、溃疡净、氯化苦、401、六六六、滴滴涕、汞制剂、砷类
其他	其他高毒高残留农药、其他国家规定禁止使用的农药，从其规定

表 5-4　水城猕猴桃主要病虫害防治技术

病虫害名称	药剂	防治方法
溃疡病、软腐病	春雷·噻唑锌、春雷·王铜、春雷·噻霉酮、春雷·中生、噻霉酮、四霉素、富纳钙、硝酸钙、氯化钙、肟菌·戊唑醇	萌芽前喷施 40%春雷·噻唑锌悬浮剂、47%春雷·王铜可湿性粉剂、8%春雷·噻霉酮水分散粒剂、5%春雷·中生可湿性粉剂等杀菌剂，预防溃疡病；在伤流期出现病斑后，采用纵划线或刮出病斑后涂抹 1.6%噻霉酮膏剂或用 0.3%四霉素水剂 50 倍液+氨基酸 50 倍液涂抹病斑及枝干；花蕾期全株喷施杀菌剂、生物源诱导抗病物质预防软腐病，可选用异菌脲+氨基寡糖素+氨基酸叶面肥；幼果期（授粉后 15~20 天）全株喷施杀菌剂和钙肥，可选用富纳钙、硝酸钙、氯化钙等与四霉素、肟菌·戊唑醇等杀菌剂混合施用，提倡统防统治；采前 1 个月全株喷施钙肥、四霉素、戊唑醇防治软腐病
花腐病	噻唑锌、噻菌铜	改善花蕾部的通风透光条件，加强园地肥水管理，摘除病蕾病花；用噻唑锌、噻菌铜等药剂，在猕猴桃芽萌动期用全园喷雾，展叶期、花蕾期进行防治
根腐病	硫酸铜、噻菌铜悬浮剂、福美双可湿性粉剂	苗木定植用硫酸铜溶液或石灰水浸 10 分钟再栽；初发病植株，将病组织刮除，在土壤较干的情况下采用噻菌铜悬浮剂、福美双可湿性粉剂药液灌根，不同药剂交替使用；严重者将病株清出园区销毁，土壤用生石灰消毒
褐斑病、灰斑病、黑斑病	石硫合剂、代森锰锌、嘧菌酯	冬季翻土后喷施 3~5 波美度石硫合剂；6 月~7 月用代森锰锌、嘧菌酯进行树冠喷雾，喷施 2~3 次
实蝇	多杀霉素、阿维菌素、除虫菊素、甲基丁香酚	0.02%多杀霉素毒饵点喷投饵，0.1%阿维菌素浓饵剂诱杀，1.5%除虫菊素水乳剂喷雾树冠，甲基丁香酚引诱剂诱杀成虫

续表

病虫害名称	药剂	防治方法
蝙蝠蛾	苦皮藤素、氯虫苯甲酰胺、阿维·氯苯酰	选用1%苦皮藤素水乳剂、20%氯虫苯甲酰胺悬浮剂、6%阿维·氯苯酰悬浮剂，初龄幼虫在地面活动期在树冠下及树干基部进行喷雾防治，任选1~2种农药交替轮换使用
金龟子	辛硫磷	冬季清园翻土炕冬，冻死越冬幼虫；春季结合施春肥施用辛硫磷颗粒剂，杀死土中幼虫和蛹；成虫期，利用其趋光性、假死性等生物学特性，可用黑光灯或杀虫灯诱杀成虫，或傍晚采取人工摇树震落并捕捉后集中杀死，也可傍晚于果园开阔地带烧大火诱杀
叶甲	菊酯类杀虫剂	冬季清园，清除落叶及杂草，减少越冬虫源；发生期用菊酯类杀虫剂等药剂防治；5月中下旬，应随时关注田间虫害为害情况，必要时每隔10天喷施1~2次药剂

三、水城猕猴桃绿色产地环境分析

（一）气候条件

水城猕猴桃主产区属典型的高原亚热带季风气候，冬无严寒，夏无酷暑，气候温凉湿润，雨量充沛，无霜期310天，年日照时数1560小时，平均海拔1363 m，猕猴桃种植区域海拔最高有2865.2 m，海拔最低只有640 m，年平均气温15 ℃，有效积温4500 ℃~5600 ℃，年平均降水量800~1300mm，小气候特征相对显著，适宜红阳猕猴桃的栽培。

（二）水资源

由于水城猕猴桃种植地区位于亚热带季风气候带，水资源十分丰富，水城猕猴桃种植生产需要的灌溉水源可以得到满足。

（三）土壤条件

水城区现有的土地面积相对较广，土壤类型主要以黄棕壤、紫色土为主，土地肥力状况良好，无其他污染，满足红阳猕猴桃生长所需的土壤条件。

（四）自然环境条件

水城猕猴桃种植区域自然环境条件十分优越，据贵州省理化测试分析研究中心对水城猕猴桃种植区域环境空气、灌溉水及土壤环境质量单项污染指数的分析研究，得出的综合指数 $P_{均} \leqslant 1$（严控环境指标单项污染指数法评价）。良好的环境质量为水城猕猴桃绿色食品产业发展奠定了坚实的基础，适宜发展水城猕猴桃绿色产业。

四、水城猕猴桃绿色食品制度与管理

实现水城猕猴桃绿色产业全面发展，需要正在申请和已获得绿色食品标志使用权的猕猴桃种植企业严格按照相应的绿色食品相关标准制度组织生产和管理，推动还未认证的猕猴桃种植企业、合作社、农户统一按照绿色食品一系列制度管理执行。

从产地到产品的整个过程，按照绿色食品相关管理制度统一管理。包括：产地环境管理制度，投入品管理制度，种植过程管理制度，采收管理制度，包装、贮运管理制度、生产档案记录管理制度等一系列制度，统一管理。

（一）绿色食品水城猕猴桃产地环境管理制度

水城猕猴桃产地环境选择应符合 NY/T 391—2021《绿色食品　产地环境质量》准则要求，远离工矿区，远离垃圾场所，远离公路至少 5 km 以上，远离生活区。不得对基地造成污染，有害物质不得带入基地。建立绿色食品猕猴桃生产基地档案，并用专用档案盒进行归档处理，便于对基地进行实时动态管理，随时记录基地发生的各种情况，例如，基地图的绘制、基地编码、地块编号、水源位置、环境检测情况、基地污染状况、污染源、基地周边环境的变化状况、土壤改良措施、自然灾害状况、施肥进出库量、农药使用情况等。猕猴桃生产基地树立相关标识标牌，标牌内容包括种植产品名称、种植基地面积、种植基地负责人、种植基地地块图等，还可以添加几项关键种植技术，同时添加几项基地种植注意事项，例如，禁止任何组织或个人向猕猴桃种植基地排放污染物（倾倒废水、排放废气、固体废物垃圾或者是其他对种植基地环境有影响的有毒有害物质）。合理施肥，制订施肥计划，在猕猴桃种植生产过程中施用肥料，严格按照 NY/T 394—2021《绿色食品　肥料使用准则》相关要求进行合理选择、施用肥料。优先选择使用腐熟优质的有机肥料，尽量少施用化学肥料，非必要情况选择不施化学肥料；合理灌溉，制订灌溉计划，当基地雨水较多时，可以根据实际需要进行灌溉，土壤经常保持湿润状态即可，如需实施灌溉，要确保灌溉用的水是不受污染的，特别注意周边农户的污染水源流入猕猴桃种植基地。合理施用农药，根据猕猴桃病虫害发生情况，制定猕猴桃病虫害防治措施，选用农药符合 NY/T 393—2020《绿色食品　农药使用准则》相关要求，选用农药不仅需要在绿色食品生产允许使用农药清单里，更是需要作用在猕猴桃作物上，坚持绿色防控原则，尽量实施农业、物理、生物防治，非必要情况下，禁止使用任何化学农药。在施肥、施药结束后，及时清理，回收田间的废弃包装袋、农药瓶等，避免在猕猴桃生产过程中，这些废弃用品对基地环境造成影响，破坏基地环境。定期对大生产环境进行检测监控，在上级有关部门对农业作业区域的生态环境进行检测时，积极配合。

（二）绿色食品水城猕猴桃投入品管理制度

生产过程应符合国家颁布的 GB/T 8321.10—2018《农药合理使用准则+》NY/T 393—2020《绿色食品　农药使用准则》等生产资料使用准则以及相关生产操作规程要求。在猕猴桃种植生产过程中不得使用剧毒、高毒、高残留农药，同时国家明文规定不能用在果树上的农药，禁止使用。设置专门的农药库房，标识清楚绿色食品农药库房，并配置专业人员进行保管；农药入库前，农药保管人员须核对相关农药的数量、种类以及“三证”是否齐全，确认无误后，方可入库。在猕猴桃种植生产过程中，遇到病虫害尽量实施生物防治，使用生物农药，非必要情况下，尽量少用或者是不用化学农药。积极配合相关农业部门对猕猴桃农药残留的检测，按相关要求控制好猕猴桃农药残留超标；在猕猴桃病虫害发生期，向有关部门汇报情况，根据专业的技术人员的指导，科学用药；严格把控使用相关农药的安全间隔期，要上市的猕猴桃必须在农药的安全间隔期之外；科学合理使用农药，不允许任何人自行提高农药的使用浓度，更不得加量、频繁地使用农药；何时何地施用的农药，施用的是什么农药，做好详细记录，归档处理。严格按照 NY/T 394—2021《绿色食品　肥料使用准则》执行；根据猕猴桃生长的需要，进行合理平衡施肥，施用的肥料需要经过无害化处理。施肥遵循以腐熟农家肥、有机肥为主，其他肥料为辅的原则；施用多元素复合肥料，单元素肥料搭配施用，少施用。猕猴桃种植生产时，以施基肥为主，追肥为辅；何时何地施用的肥料，施用的是什么肥料，做好详细记录，归档处理。设置专门的肥料库房，并标识清楚绿色食品肥料专用库房，在库房中分区存放肥料，根据肥料用途进行分区堆放，保持仓库的干燥、阴凉，避免造成肥料变质。杜绝施用城市生活垃圾肥。

（三）绿色食品猕猴桃种植过程管理制度

为了加快绿色食品水城猕猴桃标准化基地的建设，保证水城猕猴桃的产品质量，各企业需根据实际种植情况，认真执行绿色食品猕猴桃种植过程管理制度，进一步规范猕猴桃种植。

（1）园区内实现专人专管，为园区提供长期人工保障。

（2）种植基地应有相关的技术人员，负责指导水城猕猴桃栽培管理，并定期参加相关技术培训，提升自身能力，解决水城猕猴桃种植技术上的难题。

（3）购买苗木时，要检查苗木疫病，避免购买到问题苗木，影响基地安全。

（4）定期改善园区土壤，清理园区杂草，修剪整形，保证园区内通风透气。

（5）种植密度合理，增加植株间的通风性及透光性。

（6）根据植株生长需要，合理施肥。优先使用农家肥及有机肥和高效、低毒的农药或绿色环保的生物农药，杜绝使用剧毒、高毒、劣质的农药及肥料。

（7）做好抗旱防洪工作，干旱时节及时浇水，雨季时节及时排水。

（8）严格做好病虫害防治工作，根据发病症状及季节，做好防控准备。

防治手段主要有农业防治、物理防治、生物防治、化学防治等。

（四）绿色食品猕猴桃采收管理制度

在猕猴桃可溶性固形物达到6.5%的时候采摘最为适宜。在采摘猕猴桃的时候，采摘员注意采摘工具的清洁，用手托住猕猴桃果，不能用手指按压果实，以免果实受伤易腐坏；采摘过程中，遇到病虫果、受伤果和畸形果，分开装，避免对好的果实产生影响，必须严格把控猕猴桃鲜果质量；设计专门的猕猴桃包装。包装应符合NY/T 658—2015《绿色食品　包装通用准则》的要求；采摘下来，直接进行销售到市场或者客户手中的猕猴桃产品，也需要严格控制产品的质量，要通过检验检测合格后，方可销售到市场。在采收这个过程中要做好相关记录，建立采收档案，做好猕猴桃产品采收、进库、出库以及销售记录，便于产品质量出现问题时进行质量溯源。

（五）绿色食品水城猕猴桃产品质量管理制度

水城猕猴桃产品质量应达到NY/T 844—2017《绿色食品　温带水果》标准要求，各企业建立猕猴桃产品检验检测制度，猕猴桃在上市前7~8天，有条件的企业，要对猕猴桃产品质量安全状况进行检测，条件不具备的企业，可以委托相关检测机构对猕猴桃产品质量安全状况进行检测，检测合格的产品方能上市销售；对于检测达不到相关标准要求的产品禁止上市，并在相关部门的协助下进行集中销毁。尤其有下列情况之一的猕猴桃产品禁止上市销售：

（1）农药残留超标的，检测出含有国家禁止使用的农药的，含有其他化学物质的。

（2）农药、重金属等有毒有害的化学物质残留不符合农产品质量安全标准的。

（3）含有致病性寄生虫、微生物或者生物毒素的，不符合绿色食品质量安全标准的。

（4）其他不符合绿色食品质量安全标准的。

（六）绿色食品猕猴桃包装、贮运管理制度

各企业严格按照绿色食品相关标准执行，猕猴桃产品包装的设计使用，应符合《绿色食品　包装通用准则》，猕猴桃产品贮存、运输应符合NY/T 1056—2021《绿色食品　贮藏运输准则》要求。猕猴桃产品仓储条件须保持通风、干燥，满足猕猴桃产品适宜临时贮藏不腐、不烂的温度、湿度；安排仓管人员经常检查仓库，若发现腐烂变质猕猴桃应立即清除；运输猕猴桃产品的材料要符合国家卫生及绿色食品标准要求，严禁使用有毒有害材料；建立猕猴桃产品销售记录，何时进库、出库，销往何地，销多少等，准确记录，并归档处理，以便以后质量溯源。

（七）绿色食品猕猴桃生产档案管理制度

各企业建立水城猕猴桃田间档案记录生产全过程的农事操作，以备核查。安排专门的田间档案管理员，专门负责指导、组织猕猴桃基地生产技术和农事生产记录相关工作；根据相关统一标准要求做好档案记录，并及时处理归档，放置专柜。相关档案妥善保存3年以上；猕猴桃种植生产使用的农药、肥料均须符合NY/T 393—2020《绿色食品　农药使用准则》，NY/T 394—2021《绿色食品　肥料使用准则》；使用农药记录应完整、真实，记录好使用农药的名称，包括通用名、登记证号、剂型、防治对象、时间、施用量、次数、安全间隔期等；施肥记录档案应完整、真实，内容包括肥料名称、登记证号、类型、施用量、施用方法等；做好种植、施肥、灌溉、用药、采收等各类农事生产记录，做好各批次猕猴桃采收情况、检测结果及销售去向记录工作；保持田间档案记录的真实性、时效性、正确性。同时也注意各记录须书面整洁，便于查询。

五、水城猕猴桃绿色食品标识与运用

（一）绿色食品商标

为了与其他普通的食品区别开，绿色食品实行标志管理。绿色食品由专

门的绿色食品标志来标识。绿色食品标志有特定的图形，主要由三部分构成：上方的太阳、下方的叶片和中心的蓓蕾。标志图形为正圆形，意为保护、安全。整个图形描绘了一幅明媚阳光照耀下的和谐生机，告诉人们绿色食品是出自纯净、良好生态环境的安全、无污染食品，能给人们带来蓬勃的生命力。绿色食品标志还提醒人们要保护环境和防止污染，通过改善人与环境的关系，创造自然界新的和谐。

绿色食品标志商标作为特定的产品质量证明商标，1996 年已由中国绿色食品发展中心在国家工商行政管理局注册，从而使绿色食品标志商标专用权受《商标法》保护，这样既有利于约束和规范企业的经济行为，又有利于保护广大消费者的利益。目前，绿色食品标志用在产品包装上主要有以下 7 种形式（见表 5-5）。

表 5-5　绿色食品标志使用形式

序号	绿色食品标志使用形式
1	绿色食品 GreenFood GFXXXXXXXXXXXX 经中国绿色食品发展中心许可使用绿色食品标志
2	绿色食品 GFXXXXXXXXXXXX 经中国绿色食品发展中心许可使用绿色食品标志
3	GreenFood GFXXXXXXXXXXXX Certificated By China Green Food Development Center
4	绿色食品 GreenFood GFXXXXXXXXXXXX

续表

序号	绿色食品标志使用形式
5	绿色食品 GreenFood GFXXXXXXXXXXXX
6	绿色食品 GFXXXXXXXXXXXX
7	GreenFood GFXXXXXXXXXXXX

2019 年，绿色食品标志图形及绿色食品中、英文组合著作权于 2019 年 4 月 17 日在国家版权局登记保护成功，有效期为 50 年。

（二）水城猕猴桃绿色食品标志使用管理

为加强水城猕猴桃绿色食品标志使用的保护，规范水城猕猴桃绿色食品标志使用，依据《中华人民共和国食品安全法》《中华人民共和国农产品质量安全法》《中华人民共和国商标法》《集体商标、证明商标注册和管理办法》《农产品包装和标识管理办法》等法律法规，以及《食品安全国家标准 预包装食品标签通则》标准规范，按照《绿色食品标志管理办法》的相关规定，相关企业须正确有效使用绿色食品标志。

经中国绿色食品发展中心审查合格许可、获得绿色食品标志使用权的单位为绿色食品标志使用人，在猕猴桃产品包括但不限于包装、标签、说明书、广告宣传、展览展销等市场营销活动中，以及办公、生产区域中应规范使用绿色食品标志，使用有效期为三年。三年期满进行续展，续展后方可继续使用绿色食品标志。相应企业按照《中国绿色食品商标标志设计使用规范手册 2021 版》有关规定，正确使用绿色食品标志。在有效使用期内，绿色食品管理机构每年对用标企业实施年检，组织绿色食品产品质量定点检测机构对产品质量进行抽检，并进行综合考核评定，合格者继续许可使用绿色食品标志，不合格者限期整改或取消绿色食品标志使用权。

获得绿色食品证书的企业在水城猕猴桃产品包装、标签、说明书上使用绿色食品标志时，应符合《农产品包装和标识管理办法》《食品安全国家标准预包装食品标签通则》（GB 7718—2011）及《绿色食品　包装通用准则》等相关规定。还要按照《中国绿色食品商标标志设计使用规范手册 2021 版》相关规定，同时使用绿色食品标志组合和绿色食品企业信息码。

获得绿色食品证书的企业在使用绿色食品标志的过程中，不得自行改变绿色食品标志形式或内容，或其获证产品包装、标签、说明书所载内容与证书载明内容不一致；不得有其他不规范使用绿色食品标志行为；不得在未经中国绿色食品中心许可的情况下擅自使用绿色食品标志；不得伪造使用绿色食品标志；不得使用与绿色食品标志相近、易产生误解的名称或标识及可能误导消费者的文字或图案标志，使消费者将该产品误认为绿色食品标志；不得对绿色食品标志专用权造成其他损害。出现相关不规范使用标志的，贵州省绿色食品发展中心会责令其限期整改，若期满不整改的，则会取消相关企业的绿色食品标志使用权。

获得绿色食品证书的企业在使用绿色食品标志的过程中出现以下几种情况的，中国绿色食品发展中心同样会取消其绿色食品标志使用权，必要时移交行政执法部门调查处理，或寻求司法途径解决：

（1）私自转借、转让、变相转让、出售、赠予绿色食品标志使用权的。

（2）在非获证产品包装、标签、说明书及其经营活动中使用绿色食品标志的。

（3）逾期未提出续展申请，或者申请续展未通过继续使用绿色食品标志的。

（4）连续两年被查出违规使用绿色食品标志的。

（5）不按规定使用绿色食品标志，并拒绝整改的。

（6）其他违反规定使用或损害绿色食品标志行为的。

绿色食品标志规范使用，有助于水城猕猴桃绿色产业持续健康发展。

六、水城猕猴桃绿色食品大数据管理

水城区境内种植生产的猕猴桃，从产地、生产过程、产品质量、包装贮运等方面进行全程可追溯管理。保障水城猕猴桃绿色食品基地产品质量安全，做到水城猕猴桃产品质量可追溯，实现水城猕猴桃绿色食品产业大数据管理。

猕猴桃种植企业生产基地必须按照生产的需要，统一建设，必须做好标识信息及记录台账，以保持绿色食品水城猕猴桃产品生产产地的可追溯性；猕猴桃种植过程中投入品的使用，须详细记录好出入库数量，相关记录归档保存三年以上；猕猴桃生产过程相关施肥、用药、除草等农事记录，采取规范的绿色食品农事记录表规范记录，归档保存三年以上；基地内生产的绿色食品水城猕猴桃必须单收、单运、单独保管，严禁混杂污染，收获前五天，各片生产管理者要上报绿色食品的采摘、收获时间，统一安排批次标签，以防混杂；企业管理负责人根据各项农事记录，对收获的猕猴桃产品要分级包装，不达标的产品要做好隔离和记录；达标的绿色产品，公司安排专人按照标准统一编号，统一包装；仓库保管员要定期对仓库进行检查和清理，保管过程中仓库保管员要严格按标准进行仓库管理，而且要做好完整的记录；绿色食品产品在分级包装过程中，要严格按照标准进行操作，每道工序都要标注标识，并做好记录；产品的销售要严格按照绿色食品追溯的要求，在国家农产品质量安全追溯管理信息平台注册，并在系统里详细记录产品种植者的相关信息，包括姓名、住址、联系方式、销售数量，同样线下也需要做好相关记录，档案至少保存三年，以免产品在出现问题的时候，可以线上、线下同时追溯，保障产品的质量随时可溯。

七、水城猕猴桃绿色食品产业存在的主要问题

（一）商品果率低

水城区良好的地势及气候环境造就了当地猕猴桃的优良品质，目前猕猴桃产业已成为水城区农业的支柱产业。但被认定为绿色食品的“红阳”猕

猴桃（红心猕猴桃）并不能适应整个水城的气候环境，在海拔 1300 m 以下表现良好，产量较高；在海拔超过 1300 m 的区域长势弱，产量低。种植品种单一，病虫害发生和蔓延会较快，处理不当将会引起全面减产。当前生产规模下，自然灾害、劳动力不足、基础设施不完善等都是导致水城猕猴桃商品果率降低的重要因素，影响了猕猴桃采收和销售。

（二）管理欠规范，品质不均

水城区猕猴桃种植标准未完全统一，管理欠规范，对绿色产品认识不足，部分企业（合作社）在绿色食品认证后未完全按管理要求进行种植管护，部分企业（合作社）尚未进行绿色食品认证，从而不能规范管理，因此造成果实商品性不均。例如，部分果农果实未套袋，而且没有防风设施，造成果实表面风斑较严重，影响果实外观。猕猴桃过早采摘会导致食用口感欠佳、营养成分欠缺，猕猴桃采摘过晚也容易导致贮藏时间变短，货架期变短。猕猴桃适宜的采摘时间常以果实可溶性固形物的含量来确定。在猕猴桃成熟季节，很多果农急于见效益，抢占市场，可溶性固形物含量在 6.0% 时就开始采摘，风味和营养价值都受到影响，不仅扰乱了市场，还破坏了水城红心猕猴桃的声誉。因此，猕猴桃可溶性固形物含量一定要达 6.5% 以上再进行采摘。

（三）科技投入不足

由于猕猴桃绿色产业栽培技术培训指导和服务不到位，导致不少农户未进行标准化管理和果园建设。很多猕猴桃果园在栽植猕猴桃时没有深翻土地，贵州的土壤 pH 在 7.0 左右，猕猴桃喜偏酸性土壤，需要采用硫黄粉和硫酸亚铁进行土壤改良，由于土壤改良较费人力物力，很多果农忽略此步骤；部分果农在猕猴桃栽植前未全园深翻整地及施足底肥；没有统一的修剪技术指导，对猕猴桃修剪不当，造成结果母枝不壮，预备枝不足，空间浪费，树体早衰，产量不高；还有部分果农不重视授粉树的选择及搭配，造成成年树不结果或结果不均，区域之间果品差异较大；有些果园排水设施不当，加上雨季到来之前未疏通沟道，连续降雨 5 天就会使猕猴桃受到不可逆转的伤害。以上的种种问题表明科技投入不足，技术支撑不到位。

水城猕猴桃主要以鲜果销售为主，红阳猕猴桃在常温下可贮藏 15~20 天，一旦过了这个期限，将会变软腐烂，经济效益降低。有研究表明每年猕猴桃因贮运不当造成腐烂的数量占总量的 25%以上，使其货架供应期大大缩短。当前，统一采收标准，防止野蛮采摘、规范采果时间、贮藏之前果实完全愈伤和分选是水城区实现高效贮藏必须解决的问题。

（四）政府绿色食品认证扶持和监管制度待优化

当前政府引导扶持企业在农户建园、改善园区基础设施、建设产学研基地、农旅一体化、品牌统一及统一销售方面做了大量的工作，但引导和扶持体系还不尽完善，生产关键环节的指导和监督还不到位，一些基础设施未充分利用和完善，缺乏高效的交易信息平台、营销宣传等相关配套服务设施。相关职能部门在猕猴桃生产、流通、加工等环节缺乏扶持政策和监管措施。

八、水城猕猴桃绿色产业化发展建议

（一）培育新品种与引进适应性品种并重

丰富的种质资源是猕猴桃绿色产业发展的根本。水城区猕猴桃资源十分丰富，野生资源有葛枣猕猴桃（Actinidia polygama）、京梨猕猴桃（A. callosa var. henryi）、硬齿猕猴桃（A. callosa）、中华猕猴桃（A. chinensis）、美味猕猴桃（A. chinensis var. deliciosa）、毛花猕猴桃（A. eriantha）等，在海拔高于 2000 m 的地区发现野生美味猕猴桃单果重达 50 g。所以要加大新品种培育和种植研发力度，在水城及全省筛选优异猕猴桃资源，选育适应水城区不同气候的新品种。一是为选育水城区的自主品牌做铺垫，二是使水城不同区域都有其相适应的品种。选育新品种是个漫长的过程，为填补前期猕猴桃品种不足的问题，根据水城区的环境引进或培育优良品种，搭配早、中、晚熟品种，延长猕猴桃市场供应时间以满足市场需求。

（二）加强基地现场管理，打造绿色品牌

随着猕猴桃消费群体的大众化，人们对猕猴桃产品的需求从量的追求，

转化到质的追求，因此水城区启动绿色猕猴桃计划，实施从种植园到超市的全程质量监控。绿色与健康已经成为时代的主流，“绿色猕猴桃”有着广阔的市场潜力和发展前景。水城注重绿色发展，不断提升水城猕猴桃品牌竞争力和影响力。第一，充分做好各猕猴桃园的水源、土壤的有害物质含量检测，保障猕猴桃符合绿色生长要求的自然条件。第二，在栽培管护上实施精确施肥和配方施肥，增施有机肥和生物菌肥，如喷施钙硼肥可增加果实的品质和耐储性。精准施肥、勿施氯吡脲、少施农药。第三，加强产品质量检测，保证实时符合绿色认证条件，为水城猕猴桃产业的快速、健康、可持续发展奠定基础。

（三）科技推动绿色发展

加快农业高新技术的推广和应用，是发展水城猕猴桃绿色产业的先导和动力，更是水城猕猴桃产业安全健康长远发展，走出贵州、走向世界的根本出路。首先，建立标准化示范园，进一步强化果农的标准化建园意识，探索研究猕猴桃标准化生产综合配套技术，加快规范建园、配方施肥、科学修剪、人工授粉、合理负载、果实套袋、果园生草、病虫防治、生态示范等关键生产技术的应用，使生产水平、果品质量上档次。现阶段产学研基地已建成标准化示范园，并多次作为水城猕猴桃种植培训的现场教学基地。加强产学研合作，开展关键技术攻关，提高生产水平，促进猕猴桃产业优化升级。其次，加强果农培训，制定适应水城区的标准化建园手册，免费发放给果农，鼓励农技人员直接参与各个村的猕猴桃栽植并进行技术指导。加强与高校和科研单位的合作，把最新和最高效的栽培管理技术传授给果农，为果农的种植技术提供支撑。最后，进一步深化猕猴桃包装保鲜、储运及加工技术研究，鼓励相关企业对猕猴桃深加工的研究，制作猕猴桃饮料、罐头，猕猴桃酒，研究适合超市仓储和货架的保鲜包装及配套技术。针对不同品种的果形、颜色、商品档次使用匹配保鲜、包装、标识及环保包装材料；开展果实套袋，病虫无公害综合防治以及与早熟、高产、优质栽培相衔接的采后气调保鲜、催熟等技术研发。充分发挥猕猴桃的品牌影响力，为猕猴桃大规模生产的后续销售提供保障。

（四）政府加强引导，提供坚实保障

由于农户认知水平相对欠缺，管理意识不强，政府和企业需要加强绿色食品管理体系的宣传、支持和技术指导。政府通过优化制度约束条件，出台激励措施，鼓励企业打造猕猴桃绿色种植示范区，打造优质、高产和标准化的绿色种植示范基地，从而引导企业将分散的种植户、经营户联系和组织起来，将技术、服务和管理方式传递下去，把省内外先进的技术和管理经验带进水城，为水城猕猴桃绿色产业种植、生产加工、销售提供坚实的保障。

参考文献

[1] 汤佳乐，黄春辉，冷建华，等. 不同采收期对金魁猕猴桃果实品质的影响［J］. 中国南方果树，2011，41（3）：110-113.

[2] 祝美云，党建磊. 壳聚糖复合膜涂膜保鲜猕猴桃的研究［J］. 果树学报，2010，27（6）：1006-1009.

[3] 潘俊峰，曾华，李志国，等. 都江堰猕猴桃主产区果园土壤肥力状况调查与评价［J］. 中国农学通报，2014，30（10）：269-275.

[4] 吴迪，彭熙，李安定，等. 水城县主要猕猴桃果园土壤养分分析及酸碱度改良方法探讨［J］. 贵州科学，2014，32（4）：94-96.

[5] 陈杰忠. 果树栽培学各论［M］. 4版. 北京：中国农业出版社，2011.

[6] 张琛，张慧琴，肖金平，等. 三个品种猕猴桃实生苗的耐涝性比较［J］. 浙江农业学报，2013，25（5）：1007-1012.

[7] 王玉萍，饶景萍，杨青珍，等. 猕猴桃3个品种果实耐冷性差异研究［J］. 园艺学报，2013，40（2）：341-349.

[8] 陈金印，付永琦，刘康. 1-MCP处理对美味猕猴桃果实采后生理生化变化的影响［J］. 江西农业大学学报，2007，29（6）：940-947.

[9] 王绍华，杨建东，段春芳，等. 猕猴桃果实采后成熟生理与保鲜技术研究进展［J］. 中国农学通报，2013，29（10）：102-107.

[10] 龚新明，关军锋，张继澍，等. 钙、硼营养对黄冠梨品质和果面褐斑病发生的影响［J］. 植物营养与肥料学报，2009，15（4）：942-947.

B6

水城猕猴桃有机产品产业发展报告

彭渊迪　龙　幔　陈毓贤[1]

摘　要： 有机食品认证，是现代农业发展中一项必要的工作措施，是实现"从田地到餐桌"全过程有监管、有规范、有依据、可追溯、为官方认证认可的一种产品质量安全保障制度。水城猕猴桃作为知名的猕猴桃品牌，保障和提升其产品的质量安全是产品生产和产业发展中必不可少的关键性工作环节。截至2021年，水城猕猴桃取得有机食品认证企业数量为13家，共计认证面积5000亩以上。本报告拟在统计分析水城猕猴桃有机食品认证情况，从而了解水城猕猴桃实施有机食品认证的具体情况和实施有机认证所取得的成效。

关键词： 水城猕猴桃；有机认证；质量安全；效益

一、水城猕猴桃有机认证背景

（一）产业基础

水城猕猴桃，又称水城红心猕猴桃，是国内比较知名的猕猴桃品牌，是贵州产业中一张亮丽的名片，一道熠熠生辉的风景线。水城猕猴桃，产自水城地区，因水城而得名，是水城传统优质果品的代表。

水城猕猴桃作为贵州红心猕猴桃中的代表，成为中国猕猴桃的几大主要

1　彭渊迪，女，贵州省社会科学院地理标志研究中心助理研究员，主要研究方向为食品质量安全、品牌建设；龙幔，六盘水市水城区东部农业产业园区管理委员会，农艺师，主要研究方向为植物保护方向；陈毓贤，六盘水市农业产业技术服务中心农艺师，主要研究方向为农技推广。

产区之一，在业界享有很高声誉和知名度。2014 年 1 月 14 日六盘水市被中国野生植物保护协会授予“中国野生猕猴桃之乡”荣誉称号。水城猕猴桃种植历史悠久，当地优异的野生猕猴桃资源为水城猕猴桃的发展奠定了基础。根据《中国猕猴桃》记载，“水城区是贵州野生猕猴桃的主要产区”，如今，在水城区很多高海拔乡镇还存有大片的野生猕猴桃树，水城区的玉舍公园、米箩镇磨盘山、猴场乡、鸡场乡等地分布的野生猕猴桃种类达贵州猕猴桃的 2/3 以上。

水城猕猴桃品质特色突出，果肉细腻，汁多味甜，果香味浓郁。而这些突出的品质特色来源于水城当地的自然环境，水城当地独特的水热种植条件赋予了水城猕猴桃这些突出的特色品质，使其形成有别于其他猕猴桃的风味和品质。水城一直以来就是山区农业地区，是典型的喀斯特冷凉山区，地势分割剧烈，平均海拔高，是贵州日照最多的地区之一，年平均气温 15℃，年日照时数 1300~1500 小时，昼夜温差大。在猕猴桃结实膨果期，白天气温为 30 ℃~35 ℃，能有效提高猕猴桃植株的光合作用进而累积内涵物质，入夜气温下降至 10 ℃~15 ℃，夜晚的低温有效降低了猕猴桃植株的呼吸作用，减少了其对养分的消耗，从而促进了猕猴桃糖类物质和风味物质的转化和积累。并且水城冬天气温较低，不利于病虫害发生，也就减少了农药的使用，大大提高了猕猴桃的质量安全。正是这些自然因素与人文因素共同造就出了不一样的水城猕猴桃，使其成为猕猴桃中的精品。

水城猕猴桃经过 20 余年的产业发展，水城猕猴桃产业覆盖全区 19 个乡镇，成为当地农民脱贫致富的重要产业。水城猕猴桃种植面积 11.2 万亩，覆盖农户 3.73 万户 14.22 万人。销售范围覆盖周边城市，通过电商以及快递，水城猕猴桃被不断地销往北京、上海、广州、深圳等各大城市，绝大部分品尝过水城猕猴桃的顾客，都对水城猕猴桃赞不绝口，成为水城猕猴桃的回头客，自发地推荐起水城猕猴桃。“水城猕猴桃”已成为贵州省知名的区域公共品牌。目前从事“水城猕猴桃”生产的企业有 20 多家，其中省级龙头企业有 5 家，市级龙头企业有 8 家，规模以上的企业有 7 家，农民专业合作社有 23 家。其中，六盘水凉都果蔬有限公司的“凉都红心”牌水城猕猴桃、水城县鸿源农业开发有限责任公司的“黔宏”牌水城猕猴桃被授予了

“贵州省著名商标”的称号。2016 年水城成功创建国家有机产品认证示范区。

正是在这样的背景下，实施并发展水城猕猴桃有机产品认证，成为必要的优化措施。越是产业发展迅速，产品越是受到欢迎之时，保证并维护产品品质就越是重中之重，需要重点关注并进行相关质量安全认证工作的统筹安排。

（二）认证条件

1. 自然生态环境

水城猕猴桃种植区域自然环境条件优越，经贵州省理化测试分析研究中心对水城猕猴桃种植区范围内的空气、灌溉水、土壤环境质量进行检测分析，根据“严控环境指标单项污染指数法评价”检测分析得出水城猕猴桃种植区范围内的空气质量、灌溉水质量、土壤质量等单项污染指数 $P_{均} \leqslant 1$，这就为水城猕猴桃有机产品的认证奠定了基础。有了自然生态环境的保障，满足了有机产品对产地环境的要求，才有进行水城猕猴桃有机认证的可能性。

2. 基础设施建设

水城猕猴桃种植基地农业基础设施建设完好，水、电、路基础设施已全部建设完备，基地内的机耕道，引、排水工程，作业道已全部建设完成，达到全面覆盖，大部分基地还建设实施了水肥一体化配套工程，水肥排灌问题得到进一步优化，化肥使用量减少，利用率得到大幅提升，产品品质得到保证，同时释放了劳动力，减少了人工成本。做到最少的人为干预，运用更为精准的管护设备和技术，实施有机生态种植管护，为有机产品生产提供了保障性的硬件设施，能更好地支持水城猕猴桃实施有机产品认证。

3. 有机生态种植管护

水城猕猴桃产业发展初期，水城区农业农村局便严格执行国家的植保方针，组建了 150 人的有机防控队伍，针对水城猕猴桃生产主体开展有机认证的意义以及重要作用的宣贯工作，并培训和指导水城猕猴桃生产主体实施有机种植和管护，在水城猕猴桃种植园实施安装太阳能杀虫灯、安装机动喷雾器、种草防草、放置糖醋液和性诱剂、树干缠草、人工捕捉害虫等物理、生物病虫害防控方式。通过培训，水城猕猴桃种植户及生产主体学会并掌握了科学种植猕猴桃的技术以及有机认证的理念。科学技术是一切质量的核心，严格的管护是一切安全的前提，有了技术和理念的双重加持，能更好地预防水城猕猴桃重大病虫害的发生，为水城猕猴桃有机认证做好充分技术准备。

4. 生产主体

截至 2021 年，水城区引进和培育猕猴桃生产主体 140 家，其中公司 43 家（省级及以上龙头企业 13 家）、合作社 35 家、生产大户 62 家，部分生产主体见表 6-1。有了庞大的生产责任主体，有机认证就有了申请主体，健全、有效的结构组织和管理措施保证了水城猕猴桃有组织、有规范地进行有机生产。

表 6-1　水城猕猴桃生产主体统计（部分）

序号	生产主体名称	产销类型	注册资金（万元）	龙头企业
1	贵州润永恒农业发展有限公司	企业	3000.00	省级
2	水城县鸿源农业开发有限公司	企业	500.00	省级以上
3	水城县华荣农业开发有限公司	企业	100.00	市级
4	六盘水市永恒粮油贸易有限公司	企业	1500.00	省级以上
5	水城县长丰绿色科技实业有限公司	企业	2000.00	省级以上
6	六盘水超海农业技术开发有限公司	企业	100.00	市级
7	六盘水凉都果蔬有限公司	企业	1500.00	省级以上
8	水城县恒丰祥现代农业发展有限公司	企业	1000.00	市级
9	广丰农业发展有限公司	企业	153.00	市级
10	六盘水东润农牧业发展有限公司	企业	200.00	省级
11	水城远通农业科技发展有限公司	企业	500.00	否
12	水城县米箩繁荣种养殖场	企业	300.00	否
13	水城县中瑞种养殖实业有限公司	企业	1000.00	否
14	六盘水三足鼎农牧产业有限公司	企业	1000.00	否
15	贵州九雨农业科技发展有限责任公司	企业	3000.00	否

续表

序号	生产主体名称	产销类型	注册资金（万元）	龙头企业
16	贵州君豪鑫达农业发展有限责任公司	企业	2000.00	否
17	水城县嘉禾种植农民专业合作社	农民合作社	100.00	否
18	水城县蓬发种养殖农民专业合作社	农民合作社	1000.00	否
19	水城县米箩乡亮河养猪专业合作社	农民合作社	65.00	否
20	水城县建康种养殖农民专业合作社	农民合作社	100.00	否
21	贵州水城银盘种养殖农民专业合作社	农民合作社	200.00	否
22	水城县米箩合力烤烟综合农民专业合作社	农民合作社	5.50	否
23	水城县菊红种养殖农民专业合作社	农民合作社	30.00	否
24	水城县恒润种养殖农民专业合作社	农民合作社	100.00	否
25	水城县家富种养殖农民专业合作社	农民合作社	60.00	否
26	水城县瑜祥种养殖农民专业合作社	农民合作社	25.00	否
27	水城县丰业种养殖农民专业合作社	农民合作社	100.00	否
28	水城县润鑫种养殖农民专业合作社	农民合作社	50.00	否
29	水城县贤诚农机服务农民专业合作社	农民合作社	20.00	否
30	水城县牂牁江种养殖农民专业合作社	农民合作社	200.00	否
31	水城县恒润种养殖农民专业合作社	农民合作社	200.00	否
32	水城县永润种养殖农民专业合作社	农民合作社	200.00	否
33	水城县太昌绿色科技农民专业合作社	农民合作社	500.00	否
34	水城县祥龙种养殖农民专业合作社	农民合作社	50.00	否
35	水城县格支惠农种养殖农民专业合作社	农民合作社	70.00	否
36	水城县刚健种养殖农民专业合作社	农民合作社	80.00	否
37	水城县东海种植农民专业合作社	农民合作社	300.00	否
38	水城县长兴鸿发生态种养殖农民专业合作社	农民合作社	50.00	否
39	水城县俊松种植农民专业合作社	农民合作社	100.00	否
40	水城县阿箩种养殖农民专业合作社	农民合作社	5000.00	否
41	米箩镇刘燕	种养大户	—	否
42	米箩镇陈石德	种养大户	—	否
43	米箩镇李秀学	种养大户	—	否

续表

序号	生产主体名称	产销类型	注册资金（万元）	龙头企业
44	米箩镇钱学军	种养大户	—	否
45	米箩镇周顺勇	种养大户	—	否
46	米箩镇李军	种养大户	—	否
47	米箩镇彭勇	种养大户	—	否

注：数据来源水城区农业农村局、水城区市场监督管理局。

二、有机产品认证

（一）何为有机认证

中国有机产品认证属于产品认证的范畴，根据《中华人民共和国认证认可条例》《有机产品认证管理办法》（国家质量监督检验检疫总局2004年第67号令）和中国合格评定国家认可委员会相关认可准则CNAS—CC23：2006《〈产品认证机构通用要求〉有机产品认证的应用指南》的要求以及国际通行做法，有机认证程序一般包括认证申请和受理（包括合同评审）、文件审核、现场检查（包括必要的采样分析）、编写检查报告、认证决定、证书发放和证后监督等主要流程。

申请者书面提出申请认证时，根据《有机产品认证实施规则》的规定，应向有机认证机构提交下列材料：①申请者的合法经营资质文件，如营业执照、土地使用证、租赁合同等；②申请者及有机生产、加工的基本情况，如申请者名称、地址和联系方式，生产、加工规模，包括品种、面积、产量、加工量等描述；③产地（基地）区域范围，包括地理位置图、地块分布图、地块图；④申请认证的有机产品生产、加工、销售计划；⑤产地（基地）、加工场所有关环境质量的证明材料；⑥有关专业技术和管理人员的资质证明材料；⑦保证执行有机产品标准的声明；⑧有机生产、加工的质量管理体系文件；⑨其他相关材料。

按照原国家质检总局《有机产品认证管理办法》、国家认监委《有机产品认证实施规则》等法律法规和 GB/T 19630—2019《有机产品生产、加工、标识与管理体系要求》，企业要想将自己的产品作为有机产品销售，必须通过有机认证。国家认监委（CNCA）网站上对获批的认证机构给予公布。只有获得 CNCA 批准并公布的认证机构才是合法的可从事认证活动的机构（见表 6-2）。

表 6-2 CNCA 批准并公布的有机产品（农产品）认证机构名单

序号	认证机构名称	机构批准号
1	中国质量认证中心	CNCA-R-2002-001
2	方圆标志认证集团有限公司	CNCA-R-2002-002
3	中鉴认证有限责任公司	CNCA-R-2002-007
4	浙江公信认证有限公司	CNCA-R-2002-013
5	杭州万泰认证有限公司	CNCA-R-2002-015
6	新世纪检验认证有限责任公司	CNCA-R-2002-016
7	北京中大华远认证中心有限公司	CNCA-R-2002-020
8	北京中安质环认证中心有限公司	CNCA-R-2002-028
9	北京世标认证中心有限公司	CNCA-R-2002-038
10	北京联合智业认证有限公司	CNCA-R-2002-043
11	北京大陆航星质量认证中心股份有限公司	CNCA-R-2002-045
12	挪亚检测认证集团有限公司	CNCA-R-2002-051
13	北京恩格威认证中心有限公司	CNCA-R-2002-053
14	凯新认证（北京）有限公司	CNCA-R-2002-069
15	福建东南标准认证中心有限公司	CNCA-R-2002-083
16	黑龙江省龙技检验校准认证中心	CNCA-R-2002-089
17	北京中绿华夏有机产品认证中心有限责任公司	CNCA-R-2002-100
18	中环联合（北京）认证中心有限公司	CNCA-R-2002-105
19	杭州中农质量认证中心有限公司	CNCA-R-2003-096
20	山东世通国际认证有限公司	CNCA-R-2003-104
21	北京东方纵横认证中心有限公司	CNCA-R-2003-114

续表

序号	认证机构名称	机构批准号
22	北京五洲恒通认证有限公司	CNCA-R-2003-115
23	上海英格尔认证有限公司	CNCA-R-2003-117
24	辽宁方园有机食品认证有限公司	CNCA-R-2004-122
25	北京华夏沃土技术有限公司	CNCA-R-2004-129
26	新疆生产建设兵团环境保护科学研究所	CNCA-R-2004-131
27	西北农林科技大学认证中心有限责任公司	CNCA-R-2004-133
28	南京国环有机产品认证中心有限公司	CNCA-R-2004-134
29	中食联盟（北京）认证中心	CNCA-R-2004-136
30	北京华测食农认证服务有限公司	CNCA-R-2007-150
31	北京中合金诺认证中心有限公司	CNCA-R-2007-151
32	吉林省农产品认证中心	CNCA-R-2013-142
33	重庆金质质量认证有限公司	CNCA-R-2013-162
34	华中国际认证检验集团有限公司	CNCA-R-2014-164
35	山东国鉴认证有限公司	CNCA-R-2014-174
36	杨凌食品农产品质量安全认证中心有限公司	CNCA-R-2015-185
37	深圳市深大国际认证有限公司	CNCA-R-2015-187
38	华信创（北京）认证中心有限公司	CNCA-R-2015-189
39	北京新纪源认证有限公司	CNCA-R-2015-198
40	华余国际标准检验认证（北京）有限公司	CNCA-R-2016-229
41	潍坊海润华辰检测技术有限公司	CNCA-R-2016-233
42	谱尼测试集团股份有限公司	CNCA-R-2016-236
43	山东海峡质量技术服务有限公司	CNCA-R-2016-241
44	中标合信（北京）认证有限公司	CNCA-R-2016-242
45	亿盛认证有限公司	CNCA-R-2016-243
46	深圳华凯检验认证有限公司	CNCA-R-2016-246
47	山东诚标认证技术有限公司	CNCA-R-2016-247
48	欧希蒂认证有限责任公司	CNCA-R-2016-249
49	杭州格律认证有限公司	CNCA-R-2016-254
50	中正国际认证（深圳）有限公司	CNCA-R-2016-258

续表

序号	认证机构名称	机构批准号
51	新疆中信中联认证有限公司	CNCA-R-2016-260
52	普研（上海）标准技术服务有限公司	CNCA-R-2016-261
53	深圳汇鑫达国际认证有限公司	CNCA-R-2016-270
54	贵州奥博特认证有限公司	CNCA-R-2016-281
55	中欧联合检验认证有限公司	CNCA-R-2016-283
56	华鉴国际认证有限公司	CNCA-R-2016-284
57	奥鹏认证有限公司	CNCA-R-2017-293
58	杭州锐德认证技术有限公司	CNCA-R-2017-301
59	华纳时代检测认证有限公司	CNCA-R-2017-308
60	安徽国科检测科技有限公司	CNCA-R-2017-311
61	亿信标准认证集团有限公司	CNCA-R-2017-318
62	上海传信认证有限公司	CNCA-R-2017-329
63	西南商检国际认证有限公司	CNCA-R-2017-330
64	北京绿林认证有限公司	CNCA-R-2017-334
65	辽宁通正检测有限公司	CNCA-R-2017-336
66	浙江中航认证有限公司	CNCA-R-2017-351
67	黑龙江斯坦得认证有限公司	CNCA-R-2017-352
68	广东中之鉴认证有限公司	CNCA-R-2017-354
69	南京农大认证服务有限公司	CNCA-R-2017-359
70	北京中农绿安有机农业科技有限公司	CNCA-R-2017-361
71	中绿国证（北京）认证中心有限公司	CNCA-R-2017-375
72	安徽中青检验认证服务有限公司	CNCA-R-2018-380
73	黑龙江省信和认证有限责任公司	CNCA-R-2018-389
74	浙江清华长三角研究院	CNCA-R-2018-399
75	上海时迎认证服务有限公司	CNCA-R-2018-420
76	华兴检验认证有限公司	CNCA-R-2018-436
77	食药环检验研究院（山东）集团有限公司	CNCA-R-2018-438
78	河北晟标质检技术服务有限公司	CNCA-R-2018-439
79	青岛格夫认证有限公司	CNCA-R-2018-452

续表

序号	认证机构名称	机构批准号
80	黑龙江省国泰产品质量安全认证中心有限公司	CNCA-R-2019-480
81	博物风土（北京）认证服务有限公司	CNCA-R-2019-495
82	江苏天圭认证有限公司	CNCA-R-2019-512
83	北京卓冠盈国际检验认证服务有限公司	CNCA-R-2019-515
84	世纪科环检验认证（北京）有限公司	CNCA-R-2019-523
85	青岛海智食安技术有限公司	CNCA-R-2019-557
86	中农慧眼（苏州）有机产品认证有限公司	CNCA-R-2020-654
87	国中欣认证检测有限公司	CNCA-R-2020-671
88	北京安恒认证有限公司	CNCA-R-2020-680
89	北京联食认证服务有限公司	CNCA-R-2020-681
90	北京标联众恒认证有限公司	CNCA-R-2021-744
91	绿康华夏（北京）认证有限公司	CNCA-R-2021-752
92	国珩检验认证有限公司	CNCA-R-2021-774
93	上海鸿越认证服务有限公司	CNCA-R-2021-791
94	辽宁通正认证有限公司	CNCA-R-2021-830
95	中穗国际认证（广州）有限公司	CNCA-R-2021-845
96	盛世海认证有限公司	CNCA-R-2021-947
97	赛旺检验检测认证有限公司	CNCA-R-2021-952
98	江西科佑质量认证有限公司	CNCA-R-2022-961
99	中绿嘉泰（北京）认证有限责任公司	CNCA-R-2022-973
100	上海天祥质量技术服务有限公司	CNCA-RF-2002-07
101	上海禾邦认证有限公司	CNCA-RF-2005-40
102	北京爱科赛尔认证中心有限公司	CNCA-RF-2006-45
103	湖南欧格有机认证有限公司	CNCA-RF-2013-47
104	美安康质量检测技术（上海）有限公司	CNCA-RF-2017-77

注：数据来源国家认监委官网。

从有机发展历程来看，有机食品认证历经了三阶段发展进程。100 多年前，国外一些专家学者根据食物与人类的关系，从食物的种植、生产和人类的食用关系中第一次提出了有关有机农业的概念，直到 1972 年国际有机农业运动联盟（IFOAM）成立，明确提出了有机农业的概念和概论，被誉为有机认证的初时代，是有机认证的第一阶段。20 世纪 70 年代，全球相关部门陆续开始制定和出台有机认证的法规和标准，并大力推广实施，通过推广认证、开发技术、开拓市场，使得有机认证得到有效的发展，这个阶段被视作有机认证的发展推广时代，是有机认证的第二阶段。

目前，有机认证进入质量发展阶段，也就是有机认证的第三阶段，第三阶段的有机认证主要是通过实施和推广有机认证的措施和理念，维护人与自然之间的和谐发展，促进作物自然生长达到产品质量安全，保护周围自然环境，强化全球生态环境的可持续性发展。

与全球有机食品发展相比，我国有机食品起步较晚。与有机认证相比，我国率先进行的是绿色食品认证，并成立了中国绿色食品发展中心。1993 年我国加入国际有机运动联盟。2002 年中国绿色食品发展中心组建了中绿华夏有机食品认证中心，作为农业部推进有机农业和有机产品认证工作的专门机构。此后有机认证逐渐得到推广和扩大，有机认证机构也逐步扩大。

2017 年，“中央一号文件”明确提出，引导企业争取国际有机农产品认证，加快提升国内绿色、有机农产品认证的权威性和影响力。党和国家的重视为我国有机食品事业的发展奠定了良好的政策环境。从 2017 年开始，有机食品博览会每年将推出一个有机特色省，同时推出一个主宾国。以此来扩大有机产品认证的影响力。

目前，我国共有 24402 家企业获得有机认证，有机产品标志发放量为 26 亿枚，而且这个数量还在不断增加。贵州省共有 1379 家企业获得有机认证，有机产业，带来的不仅只是经济效益，更多的是产业可循环的生态发展，对于全球农业发展以及人类健康而言是一项伟大而意义深远的农业工程。

（二）有机认证的意义

有机认证区别于国内其他优质农产品认证，有机食品认证只关注整个生产过程的安全与生态，如和有机认证极其相似的绿色食品认证相比较，最大的差别是，前者强调有机农业生产方式，并在其生产和加工过程中，绝对禁止使用农药、化肥、生长调节剂、食品添加剂、防腐剂等人工合成的化学物质，后者则允许有限制地使用这些物质。实施有机认证，是通过实施有机农业技术，从而获得有机食品，然后又反过来推动和维护有机农业的发展。

有机农业，是一个广泛的概念，指的是动、植物的生产过程中，不使用化学合成的农药、化肥、除草剂、生长调节剂、饲料添加剂等物质，不使用基因工程生物及其产物，而是遵循自然规律和生态学原理，采用一系列可持续发展的农业技术（包括作物秸秆还田、人畜禽粪尿经发酵腐熟用作肥料、绿肥、选用抗性品种、合理耕作、轮作、间作、多样化种植、天敌防虫、采用生物和物理方法防治病虫草害等），协调种植业和养殖业的平衡，维持农业生态系统持续稳定的一种农业生产方式。有机农业生产体系的建立，需要一个转换过程，在有机认证中称为转换期。

有机食品则是特指来自有机农业生产体系，根据有机认证标准生产、加工，并经独立认证机构认证的农产品及其加工产品。包括粮食、食用油、蔬菜、水果、畜禽产品、水产品、奶制品、蜂产品、茶叶、酒类、饮料、调味料等。除有机食品之外，还有有机工业品，如有机纺织品、化妆品、林产品、家具、生物农药、有机肥料等。有机食品的生产要比普通食品难得多，有机食品的生产需要建立全新的生产体系，采用相应的有机替代技术，这也才有了有机食品的安全健康保证。

在这个有机农业生产系统中，人类作为实施者也是最大的受益者，有机生产中所必要的空气、土壤、水源、动物、植物和人类形成一条有机生态链、生态的土壤→优质的植物→健康的动物→人类的健康。

综上所述，有机农业与环境保护、可持续发展、食品安全、人类健康、社会经济等新时代、新发展的主题紧密相连，受到世界范围内越来越多的重视，凸显出越来越重要的地位。

因此，水城猕猴桃实施有机认证，发展有机食品产业具有十分深远的意义，不仅是遵循农业产业发展方向，倡导有机可循环发展，还在于通过实施有机认证，一是可向社会提供更加安全、品质更好的水城猕猴桃，满足消费者对优质生活的需求；二是有利于农村和自然生态环境的保护，减少不可再生资源的消耗，促进我国农业可持续发展；三是可以解决水城猕猴桃在销售过程中可能遇到的某些“质量要求壁垒”，有了有机认证就是持有了质量安全的通行证，扩大了水城猕猴桃销售端，发展水城猕猴桃高端销售；四是有了有机认证，可提高水城猕猴桃的出口销售，提升其在国际上的竞争力；五是实施有机认证，需要更多的技术人员，有助于解决农村人口就业，增加农民、加工企业和贸易单位的收入。

三、水城猕猴桃有机认证情况

随着水城猕猴桃产业增效式发展，水城猕猴桃产业不断扩大，其生产主体也随之壮大，在2008年之前便有企业进行了水城猕猴桃有机产品认证，之后也陆续有企业进行了水城猕猴桃有机产品的认证，只是随着认证期限的来临，有部分企业疏于关注，没有及时进行续展认证，导致原本的有机认证过期，这也是目前水城猕猴桃有机认证所存在的一个比较凸显的问题。经核查，截至2021年，有效的水城猕猴桃有机认证企业有13家，具体情况见表6-3。

表6-3　水城猕猴桃有机产品认证情况

序号	认证企业	认证亩数（公顷）	认证基地位置	认证时间	认证机构	联系人
1	贵州润永恒农业发展有限公司	36.67	六盘水市水城区米箩镇俄戛村	2016年4月22日	中绿华夏有机食品认证中心	胡君
2	水城县长丰绿色科技实业有限公司	50.27	六盘水市水城区猴场乡补那村	2018年1月4日	中国质量认证中心	蒋劲松
3	六盘水市扶贫开发投资有限公司	13.33	六盘水市水城区倮么村	2018年11月14日	北京五洲恒通认证有限公司	王志
4	水城县鸿源农业开发有限责任公司	18.8	六盘水市水城区鸡场镇坪地村	2018年11月14日	北京五洲恒通认证有限公司	夏虎翼

续表

序号	认证企业	认证亩数（公顷）	认证基地位置	认证时间	认证机构	联系人
5	水城县泽能种养殖农民专业合作社	12	六盘水市水城区都格镇龙井村	2018年11月16日	北京五洲恒通认证有限公司	杜国能
6	六盘水聚兴黔农业发展有限公司	10	六盘水市水城区野钟乡野钟村	2018年11月16日	北京五洲恒通认证有限公司	杨成富
7	水城县宏兴绿色农业投资有限公司	8.66	六盘水市水城区果布戛乡高石坎村	2018年11月21日	北京五洲恒通认证有限公司	刘宇
8	贵州水城乐丰绿色产业发展有限公司	6.66	六盘水市水城区顺场乡大发村	2018年12月5日	北京五洲恒通认证有限公司	李魁
9	水城县绿野上品农业开发有限公司	33.33	六盘水市水城区坪寨乡彝族坪寨村	2019年12月18日	北京中合金诺认证中心有限公司	齐爱
10	水城县云贵种养殖农民专业合作社	100	六盘水市水城区野钟乡新发村	2019年12月6日	北京中合金诺认证中心有限公司	唐明军
11	贵州富明果业科技有限公司	13.33	六盘水市水城区米箩镇俄戛村	2020年11月13日	北京五洲恒通认证有限公司	韩振诚
12	水城县联育鸿种养殖农民专业合作社	20	六盘水市水城区发耳镇新光村	2020年11月13日	北京五洲恒通认证有限公司	王明杨
13	水城县瑞祥裕农业发展有限公司	11.16	六盘水市水城区米箩镇草果村	2020年12月25日	北京五洲恒通认证有限公司	黄蔚然
合计	13家生产主体	334.21				

注：数据来源水城区农业农村局。

根据表6-3中水城猕猴桃有机产品认证情况，水城猕猴桃生产的龙头企业，基本都进行了有机产品认证，很好地体现出了龙头企业在产业发展中的引领带头作用，龙头企业能更好地执行产品质量安全生产的监管，联农带农，缔结更有益的利益联结机制，开发并生产出高端产品，大大提高水城猕猴桃质量保证、品牌知名度以及经济收益。

获得有机认证后，13 家企业生产的水城猕猴桃商品，均按照《有机产品认证管理办法》全部带标上市。在其认证的基地，也设置了标识牌，并严格按照有机生产要求进行生产。

进行有机认证后，13 家企业在水城猕猴桃销售额以及销售范围上均有所提高和扩大，具体情况见表 6-4。

表 6-4 13 家有机认证企业的销售及经济情况

序号	认证企业	认证前售价（元）	认证后售价（元）	认证前年利润占比（%）	认证后年利润占比（%）	销售途径及主要销售地
1	贵州润永恒农业发展有限公司	16	18	23	38	线上线下、商场和超市订单销售，销往贵州、云南、广东、上海等地
2	水城县长丰绿色科技实业有限公司	16	18	21	36	
3	六盘水市扶贫开发投资有限公司	16	18	21	36	
4	水城县鸿源农业开发有限责任公司	16	18	24	40	
5	水城县泽能种养殖农民专业合作社	16	18	12	26	
6	六盘水聚兴黔农业发展有限公司	16	18	18	33	
7	水城县宏兴绿色农业投资有限公司	16	18	22	38	
8	贵州水城乐丰绿色产业发展有限公司	16	18	29	45	
9	水城县绿野上品农业开发有限公司	16	18	35	52	

续表

序号	认证企业	认证前售价（元）	认证后售价（元）	认证前年利润占比（%）	认证后年利润占比（%）	销售途径及主要销售地
10	水城县云贵种养殖农民专业合作社	16	18	21	36	线上线下、商场和超市订单销售，销往贵州、云南、广东、上海等地
11	贵州富明果业科技有限公司	16	18	21	36	
12	水城县联育鸿种养殖农民专业合作社	16	18	23	38	
13	水城县瑞祥裕农业发展有限公司	16	18	14	28	

注：数据来源水城区农业农村局以及各销售企业。

根据表 6-4 所提供的各项经济数据，可以明显发现，其生产的水城猕猴桃获得有机认证后，产品产地出产单价涨了 2 元，13 家企业年利润全部得到提升，销售终端覆盖北京、上海、深圳等一线城市，部分高端产品进入一线城市的高端商城和有机食品专门销售店。这给企业和水城猕猴桃产业带来了直观的高收益，水城猕猴桃有机认证的经济价值得以彰显。

不仅如此，根据《有机产品认证管理办法》的规定，有机认证产品须每年对产品和产地进行检测，以保证所认证的有机产品符合有机产品的质量要求。水城猕猴桃有机产品认证以来，水城区相关工作部门以及认证检测机构均严格按照《有机产品认证管理办法》的要求，对其进行监督管理和抽样检测，水城猕猴桃的有机产品生产、使用情况以及产品质量均合格，符合有机产品相关要求。并在该过程中发现，通过实施有机认证，水城猕猴桃种植基地及周边其他作物种植基地肥料和农药的使用量呈逐年下降趋势，地力条件变好，周围自然生态环境也越来越好，生物多样性明显增多，有机认证的生态效益得到体现。

水城区人民政府与农业农村局也极为重视水城猕猴桃有机认证的发展。水城县人民政府于 2017 年制定并印发了《水城县加强品牌建设实施方案（2017—2020 年）》，强调以“生态产业化和产业生态化先行示范县”为建设理念，大力支持有机农产品发展，打造标准化、生态化农业，并出台了相关品牌认证和有机认证奖励办法，激励相关企业进行有机认证。其中水城猕猴桃生产企业，水城县长丰绿色科技实业有限公司获得猕猴桃有机认证证书1张奖励7万元、水城县鸿源农业开发有限责任公司获得猕猴桃有机认证证书1张奖励7万元、水城县木城种养殖农民专业合作社获得猕猴桃有机认证证书1张奖励7万元、贵州润永恒农业发展有限公司获得猕猴桃有机转换证书1张奖励3万元、水城县蟠龙联合农民专业合作社获得猕猴桃有机转换证1张奖励3万元、水城县院坝种养殖农民专业合作社获得有机转换证1张奖励3万元。

奖励资助的方式大大提高和激发了企业开展水城猕猴桃有机认证的决心，也进一步巩固了企业执行水城猕猴桃有机生产的监督管理力度和责任心。

综上，水城猕猴桃具备实施有机认证极为优异的基础条件，进行水城猕猴桃有机认证的生产主体，已经受到了有机认证带来的经济和生态环境双向收益，而且这种收益还在不断衍生和扩大。当地政府工作部门也对水城猕猴桃有机认证工作极为重视和支持，水城猕猴桃生产主体，目前有机认证比例仅为43%，还有极大的认证空间，下一步工作可针对水城猕猴桃生产主体，扩大有机认证的宣传和作用，并进行典型案例的宣传，以龙头企业带动其他企业，激励和增加水城猕猴桃有机认证工作的实施开展，打造水城猕猴桃有机生态产业。

B7

水城猕猴桃综合标准体系建设报告

姚　鹏　耿礼祥　肖　春[1]

摘　要： 制定水城猕猴桃标准体系是产业现实需要，为加快发展特色优势农业产业，水城区委、区政府围绕水城猕猴桃这个重要的传统优势产业，以标准化工作为抓手，发挥其科技保障支撑作用，推动水城猕猴桃产业提质增量。制定可操作性强的水城猕猴桃系列标准，有利于在水城区内规范猕猴桃生产的产地环境条件、种植技术、病虫害防治、采收、产品质量、储运等全过程的技术指标及管理体系，实现对猕猴桃从栽培、采摘、产品到储存及运输等各环节全方面覆盖的质量控制，更好地提高种植采摘技术含量和管理水平，有利于提高水城猕猴桃的整体质量水平，确保高产、高效、安全栽培以及产品质量和安全。

关键词： 水城；猕猴桃；标准

制定水城猕猴桃标准体系，有助于水城猕猴桃产业的健康可持续发展。一方面，可以保证水城猕猴桃产品的种植生产和质量安全，树立良好的产品品牌形象；另一方面，能够提升水城猕猴桃产品的市场竞争力和占有率，带动农民增收致富。猕猴桃作为全省山地特色高效农业产业体系建设和特色优势种植业，符合贵州省标准化行政主管部门制定的《2021 年地方标准化项目立项指南》立项重点第（一）条现代农业的项目要求。水城猕猴桃标准体系在制定的过程中，要以当前水城猕猴桃产业的发展需求及急缺的技术支

1　姚鹏，男，贵州省社会科学院助理研究员，主要研究方向为地理标志；耿礼祥，六盘水市水城区东部农业产业园区管理委员会，工程师，主要研究方向为植物栽培；肖春，六盘水市水城区东部农业产业园区管理委员会，农艺师，主要研究方向为植物保护。

撑，结合已发布的关于猕猴桃的国家标准、行业标准及地方标准，确立该标准体系由生产和产品两个标准板块组成。生产板块包括产地环境条件、种植技术规范、病虫害防治规范；产品板块包括采收与储运技术规程及水城猕猴桃质量标准。通过对水城猕猴桃生产及产品系列标准的制定，为水城区猕猴桃产业的发展提供有力的技术支撑，从而促进水城猕猴桃产业实现规模化、规范化及标准化发展。

一、标准编制意义

制定水城猕猴桃标准体系是产业现实需要，根据贵州省政府《关于我省实施西部大开发战略的初步意见》的发展任务要求，以及贵州省标准化行政主管部门制定的《2022年地方标准化项目立项指南》要求，为贯彻落实省政府、省市场监督管理局关于加快发展贵州特色优势农业产业的部署要求，水城区委、区政府围绕水城猕猴桃这个重要的传统优势产业，开展一系列标准化研究工作，强力推动水城猕猴桃产业提质增量。

制定水城猕猴桃标准体系可以为产业发展提供技术保障，制定可操作性强的水城猕猴桃系列标准，有利于在水城区内规范猕猴桃生产的产地环境条件、种植技术、病虫害防治、采收、产品质量、储运等全过程的技术指标及管理体系，实现对猕猴桃从栽培、采摘、产品到储存及运输等各环节全方面覆盖的质量控制，更好地提高种植采摘技术含量和管理水平，有利于提高水城猕猴桃的整体质量水平，确保高产、高效、安全栽培以及产品质量和安全。该标准体系是一个覆盖产地环境条件、种植技术、病虫害防治、采收、产品质量、储运等全过程的猕猴桃产业技术标准体系有利于提升区域内水城猕猴桃产品的总产量、总产值，为推进猕猴桃产业规模化发展提供技术支持；也有利于合理扩大区域内猕猴桃规模种植面积，大幅度提升农业整体效益；有利于推进传统农业向现代农业的转型升级，促进一、二、三产业融合发展，提高猕猴桃种植农户经济收入和生活水平，增加农民收入，改善农户生活质量，以达到带动区域内经济增长的目的。同时该标准体系的制定实施也有助于推进区域内产品品牌建设。通过规范和提高猕猴桃的种植、病虫害防治、采收、储运等技术及管理水平，保证了猕猴桃的产品质量安全，有助于提高产品质量和品牌的社会认可度。推动农业产业结构优化升级，促进经济增长，推进水城猕猴桃产品在省内外市场的销售，为产、供、销发展提供保障。

二、标准编制原则

（一）编写依据

本综合标准体系依据 GB/T 1.1—2020《标准化工作导则　第 1 部分：标准化文件的结构和起草规则》、GB/T 17924—2008《地理标志产品　标准通用要求》、《地理标志产品保护规定》及原国家质检总局《质检总局关于批准对深州蜜桃等产品实施地理标志产品保护的公告（2014 年第 96 号）》中的“地理标志产品　水城猕猴桃”质量技术的要求和规定编写。

（二）猕猴桃相关国家标准

依据国家关于猕猴桃质量和安全等方面的政策法规。目前，国内已建立相关的国家标准有 2 项，分别为 GB 19174—2010《猕猴桃苗木》和 GB/T 40743—2021《猕猴桃质量等级》。GB 19174—2010《猕猴桃苗木》标准规定了猕猴桃苗木的质量要求、检验方法、检验规则以及保管、包装和运输要求，适用于 1～2 年生的猕猴桃实生苗、自根营养系苗和嫁接苗。GB/T 40743—2021《猕猴桃质量等级》规定了猕猴桃鲜果的规格、等级、检验方法、判定规则、包装和标识，适用于中华猕猴桃原变种和美味猕猴桃变种品种果实的分级。

（三）猕猴桃相关行业标准

目前国内现行有效的猕猴桃相关行业标准有 19 项，一共涉及农业、出入境检验检疫、轻工、林业、国内贸易 5 个行业，其中以农业标准占比最大，达到了 12 项，具体统计情况见表 7-1。

表 7-1　猕猴桃相关行业标准状况

序号	行业	标准编号	标准名称	发布时间
1	农业	NY/T 3861	猕猴桃主要病虫害防治技术规程	2021 年
2		NY/T 3762	猕猴桃苗木繁育技术规程	2020 年
3		NY/T 3639	中华猕猴桃品种鉴定 SSR 分子标记法	2020 年
4		NY/T 1392	猕猴桃贮藏技术	2007 年
5		NY/T 1794	猕猴桃等级规格	2009 年
6		NY/T 2351	植物新品种特异性、一致性和稳定性测试指南　猕猴桃属	2013 年
7		NY/T 2324	农作物种质资源鉴定评价技术规范　猕猴桃	2013 年
8		NY/T 1392	猕猴桃采收与贮运技术规范	2015 年
9		NY/T 2933	猕猴桃种质资源描述规范	2016 年
10		NY/T 1464. 72	农药田间药效试验准则　第 72 部分：杀菌剂防治猕猴桃溃疡病	2018 年
11		NY/T 425	绿色食品　猕猴桃	2000 年
12		NY/T 5108	无公害食品　猕猴桃生产技术规程	2002 年
13	出入境检验检疫	SN/T 4849. 6	出口食品及饮料中常见小浆果成分的检测方法　实时荧光 PCR 法　第 6 部分：猕猴桃	2017 年
14		SN/T 3764	猕猴桃举肢蛾检疫鉴定方法	2013 年
15	轻工	QB/T 4629	猕猴桃罐头	2014 年
16		QB 1391	猕猴桃酱罐头	1991 年
17		QB/T 2027	猕猴桃酒	1994 年
18	林业	LY/T 1841	猕猴桃贮藏技术规程	2009 年
19	国内贸易	SB/T 10058	猕猴桃酱	1992 年

资料来源：根据“国家标准化管理委员会行业标准信息服务平台”（https://hbba.sacinfo.org.cn/）中的数据，由作者统计整理得到。

（四）猕猴桃相关地方标准

目前国内现行有效的猕猴桃相关地方标准有 139 项，其中贵州省地方标准有 33 项，占全国总量的 24%，在 33 项贵州省地方标准中包括有 22 项省级地方标准和 11 项六盘水市地方标准，具体统计情况见表 7-2。

表 7-2　贵州省猕猴桃相关地方标准状况

序号	标准编号	标准名称	发布时间	备注
1	DB52/T 1503. 18	贵州猕猴桃 第 18 部分：猕猴桃浓缩果汁生产技术规程	2020 年	省级地方标准
2	DB52/T 1503. 17	贵州猕猴桃 第 17 部分：贵长猕猴桃贮藏保鲜技术规程		
3	DB52/T 1503. 16	贵州猕猴桃 第 16 部分：红阳猕猴桃贮藏保鲜技术规程		
4	DB52/T 1503. 15	贵州猕猴桃 第 15 部分：贵长猕猴桃果品分级技术规程		
5	DB52/T 1503. 14	贵州猕猴桃 第 14 部分：红阳猕猴桃果品分级技术规程		
6	DB52/T 1503. 13	贵州猕猴桃 第 13 部分：猕猴桃果品质量安全与风险监控技术规程		
7	DB52/T 1503. 12	贵州猕猴桃 第 12 部分：猕猴桃农药安全使用技术规范		
8	DB52/T 1503. 11	贵州猕猴桃 第 11 部分：猕猴桃园杂草生态调控技术规程		
9	DB52/T 1503. 10	贵州猕猴桃 第 10 部分：猕猴桃主要虫害绿色防控技术规程		
10	DB52/T 1503. 9	贵州猕猴桃 第 9 部分：猕猴桃溃疡病及软腐病绿色防控技术规程		
11	DB52/T 1503. 8	贵州猕猴桃 第 8 部分：金圆猕猴桃适宜区立地环境条件及栽培技术规程		
12	DB52/T 1503. 7	贵州猕猴桃 第 7 部分：贵长猕猴桃栽培技术规程		

续表

序号	标准编号	标准名称	发布时间	备注
13	DB52/T 1503. 6	贵州猕猴桃 第 6 部分：红阳猕猴桃适宜区立地环境条件及栽培技术规程	2020 年	省级地方标准
14	DB52/T 1503. 5	贵州猕猴桃 第 5 部分：山地猕猴桃水肥一体化技术规程		
15	DB52/T 1503. 4	贵州猕猴桃 第 4 部分：山地猕猴桃施肥技术规程		
16	DB52/T 1503. 3	贵州猕猴桃 第 3 部分：猕猴桃苗木繁育技术规程		
17	DB52/T 1503. 2	贵州猕猴桃 第 2 部分：猕猴桃品种选育技术规程		
18	DB52/T 1503. 1	贵州猕猴桃 第 1 部分：猕猴桃种质资源田间保存技术规程		
19	DB52/T 1319	葡萄（猕猴桃）钢混泥柱平顶棚架搭建技术规程	2018 年	
20	DB52/T 985	地理标志产品 修文猕猴桃	2015 年	
21	DB52/T 715. 1	红阳猕猴桃生产技术规程	2011 年	
22	DB52/T 714	红阳猕猴桃	2011 年	
23	DB5202/T 010	猕猴桃主栽品种鲜果质量标准	2018 年	六盘水市地方标准
24	DB5202/T 009	猕猴桃贮藏保鲜与运输技术规程		
25	DB5202/T 008	猕猴桃主栽品种果实采收标准		
26	DB5202/T 007	猕猴桃病虫害控制技术标准		
27	DB5202/T 006	猕猴桃整形修剪与花果管理技术规程		
28	DB5202/T 005	猕猴桃土、肥、水管理技术规程		
29	DB5202/T 004	猕猴桃果园建设技术规程		
30	DB5202/T 003	猕猴桃苗木质量标准		
31	DB5202/T 002	猕猴桃育苗技术规程		
32	DB5202/T 001	猕猴桃生产技术标准体系		
33	DB5202/T 013	地理标志产品 郎岱猕猴桃	2019 年	

资料来源：根据“国家标准化管理委员会地方标准信息服务平台”（https://dbba.sacinfo.org.cn/）中的数据，由作者统计整理得到。

（五）猕猴桃相关团体标准

现行有效的猕猴桃相关团体标准有 40 项，共有 29 个社会团体组织发布，具体统计情况见表 7-3。

表 7-3　猕猴桃相关团体标准状况

序号	团体名称	标准编号	标准名称
1	四川省蒲江县猕猴桃协会	T/PJMHT 3-2022	蒲江猕猴桃病虫害高标准绿色防控技术规程
2		T/PJMHT 2-2022	蒲江高标准绿色猕猴桃施肥技术规程
3		T/PJMHT 1-2022	蒲江柑橘、猕猴桃、茶叶土壤改良技术规程
4		T/PJMHT 2022-0510	蒲江猕猴桃病虫害高标准绿色防控技术规程
5	山东省食品工业协会	T/SDFIA 33-2022	风河源猕猴桃质量控制规范
6	山东标准化协会	T/SDAS 343-2022	猕猴桃农药化肥减量增效技术规程
7	浙江省农产品质量安全学会	T/ZNZ 107-2022	猕猴桃生产技术规范
8	浙江省绿色农产品协会	T/ZLX 026-2021	绿色食品 猕猴桃生产技术规范
9	浙江省品牌建设联合会	T/ZZB 1557-2020	猕猴桃酿造酒
10	凤凰县旅游品牌发展协会	T/FHLY 0001-2022	凤凰红心猕猴桃
11	湖南省食品科学技术学会	T/HNSKJX 009-2021	猕猴桃果脯加工技术规程
12		T/HNSKJX 008-2021	猕猴桃果酒（发酵型）加工技术规程
13	沂南县农产品产销协会	T/YNCXXH 009-2021	沂南县猕猴桃标准化生产技术规程
14	红河九红产业发展协会	T/HHJH 004-2021	红河州农产品流通规范：猕猴桃
15	茂县农村合作经济组织联合会	T/MXNHZL 1-2021	地理标志产品 茂县猕猴桃
16	贵州省食品工业协会	T/GZSX 075-2021	道真特产 猕猴桃

续表

序号	团体名称	标准编号	标准名称
17	马边彝族自治县猕猴桃行业协会	T/MBYZZZXMX 01-2021	马边猕猴桃
18	重庆市万盛经济技术开发区农产品技术推广协会	T/WSJKNX 2-2020	地理标志产品 黑山谷猕猴桃
19	重庆市地理标志发展促进会	T/CQDB 0011-2020	地理标志产品 彭水猕猴桃
20	重庆市南川区茶叶协会	T/CQSNCQCYXH 23-2020	南川区猕猴桃种植技术规程
21	林芝市质量协会	T/LZZLXH 022-2020	地理标志产品 林芝猕猴桃
22	峨边彝族自治县峨岭云边公用品牌协会	T/ELINGYUNBIAN 007-2020	桃和猕猴桃采收、贮藏及保鲜技术规程
23		T/ELINGYUNBIAN 004-2020	绿色食品 猕猴桃生产技术规程
24	苍溪县猕猴桃协会	T/CXMHT 3-2020	地理标志产品 苍溪红心猕猴桃贮藏保鲜技术规程
25		T/CXMHT 2-2020	地理标志产品 苍溪红心猕猴桃施肥准则
26		T/CXMHT 1-2019	地理标志产品 苍溪猕猴桃
27	中国食品工业协会	T/CNFIA 116-2020	猕猴桃（果/米）酒
28	湖南省食品科学技术学会	T/HNSKJX 001-2020	“红阳”猕猴桃采收技术规程
29		T/HNSKJX 002-2020	“红阳”猕猴桃贮藏技术规程
30	水城县猕猴桃产业协会	T/SCMHT 001-2020	水城猕猴桃
31	四川省生态农业发展促进会	T/STNY 001-2019	生态农业产品 鑫中天猕猴桃
32	淄博市博山区猕猴桃产业协会	T/BSMHT 001-2019	博山猕猴桃生产技术规程
33	丽水市生态农业协会	T/LSSGB 001-022-2019	丽水山耕：猕猴桃贮运操作规程
34	杨凌有机农业大联盟	T/YOFU 14-2019	有机猕猴桃生产质量控制技术规范

续表

序号	团体名称	标准编号	标准名称
35	罗城仫佬族自治县红心猕猴桃协会	T/LCMHT 02-2018	罗城红心猕猴桃产地环境条件
36		T/LCMHT 01-2018	罗城红心猕猴桃生产技术规程
37		T/LCMHT 03-2019	罗城猕猴桃主要病虫害防治规程
38		T/LCMHT 04-2019	罗城猕猴桃采后处理和贮运技术规程
39	罗城仫佬族自治县电子商务协会	T/LCDS 003-2020	猕猴桃流通技术规范
40	水城区猕猴桃产业协会	T/SCMHT 001-2020	水城猕猴桃

资料来源：根据“全国团体标准信息平台”（http://www.ttbz.org.cn/）中的数据，由作者统计整理得到。

从以上的发布标准来看，近年来猕猴桃标准化建设呈现迅猛发展的趋势，水城猕猴桃急需一个更为适用且更为精准的标准体系来指导及支撑产业的发展，水城猕猴桃标准体系的制定是在已发布的相关国家标准、行业标准及贵州省地方标准的基础上，突出适用于水城区的猕猴桃生产标准。

三、标准内容说明

水城猕猴桃标准体系主要由 5 个标准组成（见表 7-4），形成了一个较为完整的控制链，可以很好地服务和指导水城猕猴桃产业的发展。该综合标准体系的相关标准的起草与编制是以猕猴桃相关的国家、行业及贵州省地方标准为基础，结合水城区在生产猕猴桃过程中的自身特点，标准体系中的标准内容以保证不与现行的国家标准、行业标准及地方标准相违背，并最大限度体现水城区内生产猕猴桃过程中有别于其他地区的特点及猕猴桃产品的特有性指标，具备科学的严谨性以及在标准适用范围内的通用性。该综合标准体系中相关标准的起草与编制是以水城猕猴桃的种植、产品应用为指导，围绕种植及产品展开标准制定，具有很强的可操作性和实用性。该综合标准体系是猕猴桃产业相关科研部门、生产企业及农民合作社经过多年的生产经验总结编制而成，是专业为水城猕猴桃生产量身打造的具有管理作用和指导作用的综合标准体系。全区相关产业管理部门和相关企业对标准的实用性有很强烈的要求，在标准实用性随机调查中，该综合标准体系的实用性也得到了广泛的支持与认可。

表 7-4 水城猕猴桃标准体系

序号	标准名称
1	产地环境条件
2	种植技术规范
3	病虫害防治规范
4	采收及储运技术规范
5	水城猕猴桃

（一）产地环境条件

1. 范围

该文件主要规定了水城猕猴桃产地环境条件的种植区域、环境空气质量、灌溉水质量、土壤环境质量、土壤肥力要求及取样方法等技术要求，适用于水城猕猴桃种植区域内的产地环境。

2. 规范性引用文件

该文件主要引用了相关国家标准、行业标准（农业、环境、林业、水利）等共计 30 项。国家标准有 14 项，如 GB/T 6920—1986《水质 pH 值的测定 玻璃电极法》等。行业标准有 16 项，包括有农业标准、环境标准、林业标准以及水利标准，其中农业标准有 5 项，如 NY/T 396—2000《农用水源环境质量监测技术规范》；环境标准有 8 项，如 HJ 479—2009《环境空气 氮氧化物（一氧化氮和二氧化氮）的测定 盐酸萘乙二胺分光光度法》；林业标准有 2 项，分别为 LY/T 1233—1999《森林土壤有效磷的测定》、LY/T 1236—1999《森林土壤速效钾的测定》（作废）；水利标准有 1 项，为 SL 355—2006《水质 粪大肠菌群的测定—多管发酵法》。以上引用的国家标准和行业标准中均没有标明标准的发布实施日期，引用的标准如有最新版的修订（包括所有的修改单），则引用其修订后的标准以适用于本文件。

3. 种植区域限定

水城猕猴桃的种植区域限定根据原国家质检总局《质检总局关于批准对深州蜜桃等产品实施地理标志产品保护的公告（2014 年第 96 号）》“地理标志产品　水城猕猴桃”质量技术要求中确定的保护范围进行确定，即水城猕猴桃的种植区域限定于贵州省水城县米箩镇、鸡场镇、都格镇、龙场乡、蟠龙镇、野钟乡、猴场乡、顺场乡、营盘乡、勺米镇、红岩乡、阿戛镇、发耳镇、坪寨乡、果布戛乡共 15 个乡镇现辖行政区域。

4. 要求

该文件的编制首先是依据水城区猕猴桃种植区域内自身的自然环境条件而确立，再结合参考农业标准 NY/T 391—2013《绿色食品　产地环境质量》、NY/T 5010—2016《无公害农产品　种植业产地环境条件》及贵州省地方标准 DB52/T 1503. 6《贵州猕猴桃　第 6 部分：红阳猕猴桃适宜区立地环境条件及栽培技术规程》、DB5202/T 004《猕猴桃果园建设技术规程》中的各项要求最终编制完成。标准中对产地的空气、灌溉水及土壤作出相关指标要求，在灌溉水质量要求中，各项指标在 NY/T 5010—2016《无公害农产品　种植业产地环境条件》的基础上还加入了“化学需氧量”及“粪大肠杆菌”，上述两项指标在猕猴桃生长中也起到至关重要的作用，会影响猕猴桃产品的质量品质。在对土壤质量要求中，除了常规的土壤环境质量要求外，还加入对土壤肥力的相关要求，特别是对土壤有机质及全氮量的要求，水城猕猴桃的种植区相对于临县的猕猴桃产区，由于地理环境的优势，其土壤有机质含量均能达到或超过 15 g/kg，故在标准中设立了有机质含量≥15 g/kg，而且在种植区坡度指标设立为 15°，这样更适于猕猴桃果树的生长及养分吸收，有力地保障了水城猕猴桃产品质量品质的稳定性。

5. 采样规则

灌溉水的采样规则以 NY/T 396—2000《农用水源环境质量监测技术规范》的要求执行，土壤以 NY/T 1121. 1—2006《土壤检测　第 1 部分：土壤样品的采集、处理和贮存》的要求执行，环境空气以 NY/T 397—2000《农区环境空气质量监测技术规范》的要求执行。

（二）种植技术规范

1. 范围

该文件主要规定了水城猕猴桃苗木繁育、分级标准、起苗、假植、包装运输、定植等技术要求，适用于水城猕猴桃的种植，其他省份猕猴桃种植区可参照执行。

2. 苗木繁育

水城猕猴桃的苗木繁育采用嫁接方式进行繁殖，选用中华猕猴桃和美味猕猴桃两个品种作为嫁接的砧木。嫁接取芽选用生长良好、无病虫害、结果率高、果实大小均匀且风味好的植株。嫁接时间在 12 月中下旬至第二年的 2 月上旬，选用单芽枝腹接法进行嫁接。起苗时间在 11 月下旬至 12 月中旬，起苗后对地上部分和地下部分进行适当的修剪整理，并以出圃规格对苗木进行分级处理，最后按 50 株苗木为 1 扎收集捆绑。苗木挖出后，如果来不及定植，应进行假植。苗木经检疫消毒后，如需外运，应立即包装，包装材料以轻质、坚韧并能吸水保湿、不易迅速发热发霉的材料为好，运输途中防止暴晒、风干及冷冻。长距离运输途中还应注意根部浇水保湿。

3. 定植

苗木移栽定植时间在 12 月上旬至第二年的 2 月中旬。定植前进行整地，将土壤深翻 40～50 cm，根据土壤情况判别是否需要进行改良，如需改良，则在深翻土壤后撒入适量改良剂，然后将土壤耙细耙平，确保土壤细碎、疏松，放线开挖定植穴，定植带两边预留厢沟位置。密度为 4 m×3 m，为了提高早期亩产，株行距可选 2 m×3 m，随着树龄增大，可以隔株间伐，至 4 m 株距作为永久性密度。授粉树配置比例以雌雄比 6∶1 至 8∶1 为宜，选择花粉量大、亲和力强、花期基本契合的授粉雄株；同时也可以将授粉树集中栽种，待花期时进行人工授粉。

定植穴规格为 60 cm×60 cm×50 cm，挖好后每穴施腐熟有机肥 25～50 kg、过磷酸钙 0.5 kg，土壤与肥料拌匀回填深度为 20 cm 左右，再回填 10 cm 左右生土耙平。定植穴耙平后在穴正中做高和宽均为 15～20 cm 的窝心。移栽时将苗的根系整理疏散伸直，均匀放置在定植穴窝心并扶正，及时在根系上培熟土到嫁接部，培紧后缓慢向上提苗，根颈培成圆碟状、浇足定根水。为了防止果园渍水，洼地和坡地务必沿等高线方向设置厢沟，以防雨季果园渍水。

苗木定植后，在嫁接口以上确保留足 3~5 个健壮的芽的地方剪掉接穗，后期观察芽的萌发和生长情况及时抹去多余的芽，有利于成活及健旺生长。如定植的是实生苗，则需适当保留主干上的分枝，有利于促进根系发育，一旦后期高接成活，则将除去全部分枝。

（三）病虫害防治规范

1. 苗木检疫

种植园禁止从疫病区调运苗木、接穗、果实和种子，苗木质量应符合 GB 19174—2010《猕猴桃苗木》的规定。

2. 防治原则

遵循“预防为主，综合防治”植保方针，以“农业防治、物理防治、生物防治为主，化学防治为辅”为防治原则。

3. 农业防治

增加有机肥的使用量，增强树势，提高树体抗病虫性。适时合理修剪，达到通风透光的目的，剪除病虫为害的枝条、幼果和新梢，并带出果园，集中烧毁或深埋，冬季彻底刮除主干、主蔓上的老皮、翘皮和病疤，并集中清理烧毁。合理负载，及时疏花疏果，以缓和树势。清洁果园，摘掉树上的僵果，树体主干涂白，结合施肥深翻树盘土壤。

4. 物理防治

可采用安装杀虫灯诱杀，悬挂黄板诱虫，放置糖醋液诱杀，绑扎诱虫带，果实套袋等方式进行防治。

5. 生物防治

使用生物源农药防治猕猴桃多种病虫害，保护和利用病虫害天敌，达到以虫治虫的目的。通过人工饲放天敌来控制害虫的发生，如捕食螨、食螨瓢虫、赤眼蜂、广腹细蜂等。

6. 化学防治

根据病虫的生物学特性和发生危害特点，选择使用生物源农药、矿物源农药、中毒低毒有机合成农药，禁止使用剧毒、高毒、高残留（或有三致作用）以及未在农业行政管理部门登记用于果树或猕猴桃的农药。

（四）采收及储运技术规范

1. 采收

避免雨天和预后采收。晴天时，避开高温和有露水的时候采收。采前10天果园不能灌水。雨后3~5天不能采收。果实应成熟一批采收一批，做到适时无伤采收。整个采收过程中严防机械损伤，轻采轻放。采收中剔除有明显伤害症状、畸形、等外果，严防机械损伤，轻采轻放。采收后果实应及时装入周转箱，并避免阳光暴晒。适宜采收期评价参考指标见表7-5。

表7-5　适宜采收期参考指标

参考指标	范　　围
可溶性固体物含量	≥6.2%
果实生育期	各产区可根据调查和试验数据，确定适合当地各猕猴桃品种采收的平均发育天数
果实硬度	80%以上果实的硬度开始下降
果梗与果实分离的难易	80%以上的果实果柄基部形成离层、果实容易采收
果面特征变化	80%以上的果实果面特征如颜色发生变化、茸毛部分或全部脱落等
种子颜色	呈现黄褐色
干物质含量	≥15%
果肉色度角	对于黄肉种，果肉色度角在≤103°

注：不同品种或同一品种在不同产地及不同年份，适宜采收期各不相同。确定某一品种的适宜采收期，应综合考虑以上因素，通过仪器检测和生产者经验来综合确定。

2. 贮藏

贮藏前需对猕猴桃进行挑选，除去小果、烂果、病虫果、畸形果等。果个过大，产自幼树，采后长时间常温下放置的果实，灌水过多或雨季采收的果实，过熟果或未熟果都不宜长期贮藏。特级和一级猕猴桃果实建议单层托盘包装，果实之间应隔开。果实采收装箱后，应逐步降温（15℃、10℃、5℃预冷）后再送入目标温度贮藏库中进行贮藏。果实入库前需对贮藏库的相关设备进行检查，以确保贮藏库正常运行。库温控制在（0+0.5℃），空气相对湿度为90%~95%。气调库贮藏的 O_2 和 CO_2 浓度分别控制在2%~3%、3%~5%。包装好的果实分批集中入库，每日入库量不超过库容量的25%。包装箱码垛要合理，保证冷却循环良好。货垛堆码要牢固、整齐，堆码方式按库内气流循环方向进行确定，各堆码货垛以产地、品种、等级进行划分，并悬挂标志。

贮藏库环境内的温度、湿度和气体应进行常态化检测，可分为自动人工监测。自动监测运用计算机管理，监测指标有温度、湿度、O_2 和 CO_2 浓度。人工监测需在库内放置温湿度仪或干湿温度计，每天定时检测一次，用二氧化碳、氧气气体检测仪检测 O_2 和 CO_2 浓度，3~5天检测一次，并做好记录。根据客户需求或贮藏效果监测超过允许范围时应及时出库，腐烂、软化及其他不符合上市要求的果实不应重新包装上市。

3. 运输

运输方式主要分为非控温和控温运输，非控温运输应对货物进行遮盖，如篷布等其他覆盖物，并具备防热、防冻、防御的相应措施；控温运输应将冷藏温度控制在适宜范围内，一般以1℃~10℃为宜。采收后直接销售的果实，如果是进行中、长途运输，则需对果实进行预冷处理，确保果实无田间热。各种运输方式中果实都必须用包装箱进行包装，每箱果实重量宜控制在20 kg以内。运输工具应清洁、卫生、无异味、无污染，严禁与其他有害、有毒、有异味的物质混装混运。

（五）水城猕猴桃质量标准

“水城猕猴桃”作为水城区的区域性品牌，其终端产品一直是参照相关国家标准及行业标准的要求来执行，其在市场流通销售虽然没有问题，但并不能体现“水城猕猴桃”自身内在有别于其他猕猴桃品牌的特征品质，未能展现其作为区域性品牌和地理标志产品的品牌优势，水城猕猴桃产品标准的制定会规范“水城猕猴桃”的内在品质，为“水城猕猴桃”的区域性品牌打造提供有力保障。

1. 感官要求

根据《质检总局关于批准对深州蜜桃等产品实施地理标志产品保护的公告（2014年第96号）》“地理标志产品 水城猕猴桃”质量技术要求中的感官要求：果实成熟后黄绿色，果面无毛，果皮薄、果肉黄绿色、果心红色、呈放射状图案；果肉细嫩、口感香甜清爽、酸度低，同时结合当前水城猕猴桃在销售过程中已进行的分级销售的现象，标准中对水城猕猴桃的感官进行了分级，分级的依据首先是公告中的感官描述，再结合市场对水城猕猴桃的认知，对果形、果面、果皮色泽、风味、果肉色泽、缺陷、单果重等7个方面进行了特级、一级、二级的分级，水城猕猴桃感官要求具体情况见表7-6。

表7-6 水城猕猴桃感官要求

项目	特级	一级	二级
果形	果形一致，果蒂新鲜，无畸形果	果形一致，果蒂新鲜，无畸形果	果形一致，果蒂新鲜，无畸形果
果面	果面洁净，果毛均匀。无病斑，无虫体或其他附着物	果面洁净，果毛均匀。无病斑，无虫体或其他附着物	果面洁净，果毛基本均匀。无病斑，无虫体或其他附着物
果皮色泽	色泽均匀	色泽均匀	色泽基本均匀
风味	果汁多，味甜，清香，风味浓	果汁多，味甜，香，味浓	味甜，香
果肉色泽	果肉淡黄色、果心乳白色，横切面有似太阳光的淡红色放射线	果肉淡黄色、果心乳白色，横切面有似太阳光的淡红色放射线	果肉淡黄色、果心乳白色
缺陷	不允许有一般缺陷果和严重缺陷果	不允许有严重缺陷果。一般缺陷果不超过3%	不允许有严重缺陷果。一般缺陷果不超过5%
单果重	≥90 g	75~90 g	60~75 g

数据来源：原国家质检总局关于批准对深州蜜桃等产品实施地理标志保护的公告（2014年第96号）。

2. 理化指标

在《质检总局关于批准对深州蜜桃等产品实施地理标志产品保护的公告

（2014 年第 96 号）》“地理标志产品　水城猕猴桃”质量技术要求中的理化指标要求为：抗坏血酸含量≥160 mg/100g，采时可溶性固性物含量≥6.2%，可滴定酸含量≤1.4%，根据公告中对“地理标志产品　水城猕猴桃”理化指标的要求，同时结合多批次样品的检测检验，对检验数据进行综合分析处理，最终拟定水城猕猴桃的理化指标为抗坏血酸含量≥160 mg/100g，采时可溶性固性物含量≥6.2%，可滴定酸含量≤1.4%，可溶性总糖≥13.0%。在公告规定的要求之上，还增加了对可溶性糖指标的要求，可溶性糖主要包括葡萄糖、果糖、蔗糖，它是植物品质的重要构成性状之一，特别是以鲜食为主要目的的相关水果产品，可溶性糖的含量大小对果实的风味品质会产生非常大的影响。在鲜食水果中，通常含糖量高，含酸量适中的水果果实的风味更为浓郁，品质也更好，而含糖量较低且含酸量适中的水果风味较淡，品质不高。所以，可溶性糖的含量高低对水果果实的品质有着重要的意义。经多批次的检测，水城猕猴桃中可溶性总糖含量较高且稳定，其不但突出了水城猕猴桃优越的质量品质，更反映了其感官描述中的口感香甜的特点。

B8

水城猕猴桃品牌示范区建设报告

彭渊迪　陈胤旭[1]

摘　要： 本报告所指的水城猕猴桃品牌示范区是一个广义上的概念及泛称，指的是水城区人民政府以及相关行政管理部门，根据水城猕猴桃产业发展实况，依托水城猕猴桃这一知名的区域公共品牌，根据不同渠道示范区申请创建要求，经批准创建、实施创建、项目验收、创建成功等环节，获批准的各类示范区。本报告通过实地调研，数据收集，汇总分析水城猕猴桃品牌示范区建设的相关情况，拟在了解和掌握水城猕猴桃品牌示范区实际创建情况以及所关联的项目实施情况。

关键词： 水城猕猴桃；品牌；示范区；农业园区

一、前　言

水城猕猴桃品牌示范区，是在水城猕猴产业已经发展到一定程度，具备必要的一些基础优势，并且具有极大的产业发展可能性和市场认可度的情况下，根据不同渠道（批准创建行政部门）创建示范区的要求，由水城区人民政府或水城区农业农村局或其他相关对口的行政管理部门作为申请人，开展示范区创建申请，并经创建申请、批准创建、项目实施、中期检查、项目验收、创建成功等环节，公告批准的不同等级、不同形态和称号的示范区。

1　彭渊迪，女，贵州省社会科学院地理标志研究中心助理研究员，主要研究方向为食品质量安全、品牌建设；陈胤旭，六盘水市水城区东部农业产业园区管理委员会，党工委副书记，主要研究方向为果树管理。

根据创建示范区的基础条件和创建要求。创建过程中实施项目的主要侧重方向以及创建后的主要示范成效，可将示范区分为标准化示范区、地理标志示范区、农业产业化示范区、绿色食品认证发展现行示范区、有机产品认证发展现行示范区、品牌示范区、现代农业示范区等。根据验收批准创建的行政机构等级，这些示范区又可分为国家级和省级。

对于标准化示范区、地理标志示范区、农业产业化示范区、绿色食品认证发展现行示范区、有机产品认证发展现行示范区、品牌示范区、现代农业示范区等示范区，大方向上都可统称为农业示范园区。发展农业园区是我国农业进入 21 世纪一个必然的发展趋势，是新形势下，农业产业发展的一个必然的结果，农业园区的建立主要是运用现代化手段改善农业生产条件、生产技术、经营管理和生态环境，逐步推进农业现代化建设，推动农业增长方式转变，促进农业增效、农民增收。而示范园区则是在农业生产条件、生产技术、经营管理和生态环境等有一定基础的条件下进行建设，示范区创建工作巩固和促进农业园区产业综合性发展，并进一步将该产业的相关方面，如标准化种植技术运用，绿色有机生态技术运用，龙头企业示范，连农组农建立农业产业组织，一、二、三产业融合，品牌示范推广等方面进行更精准的优化和打造，以起到真正的示范引领和带头作用。

“十三五”期间，水城区立足自身资源优势，严格遵循“三律三区四结合”，精准布局山地特色现代农业产业，形成了“以长效为中心、短平和养殖为两翼”的现代农业产业模式，共发展猕猴桃、刺梨和茶叶为主的长效特色产业园区 114.79 万亩，成功培育了八大支柱产业，创建了贵州省第一个国家级现代农业产业园区，建成水城猕猴桃基地 11.2 万亩，荣获中国特色农产品优势区、国家级出口食品农产品质量安全示范区。按照“强龙头、创品牌、带农户”的思路，采取“龙头企业+合作社+农户”的组织方式，水城区围绕三大产业培育省级以上龙头企业 16 家、规模以上龙头企业 72 家，培育发展农业企业 133 家，农民专业合作社 582 家。充分发挥龙头企业懂市场、合作社懂农民、农民懂土地的优势，通过“三变”股份纽带，把千家万户的农民群众与千山万水的产业基地、千变万化的社会市场紧密对接起来、有效组织起来，参与产业种植、管护和经营，全区通过“三变”改革，农业产业利益联结农户 11. 84 万户 43. 17 万人。农民增收渠道不断拓宽，农民实现稳定增收，产业扶贫效益明显提升。总体上，水城猕猴桃、刺梨、茶叶、食用菌、桃花蛋鸡、温氏养猪、烤烟、精品水果八大亿元级产业发展突飞猛进，“弥你红”水城红心猕猴桃荣获 2019 年北京世博会优质果品大赛金奖。水城区围绕“1+10”现代农业产业园建设，成功创建了国家级出口猕猴桃质量安全示范区、国家级出口茶叶质量安全示范区、国家级农业标准化示范区、国家级有机产品认证示范创建区，水城区现代农业产业园被认定为首批国家现代农业产业园。

近几年来，水城区立足实际，以科技创新为抓手，坚持统筹城乡发展，着力打造水城猕猴桃现代农业园区，基本形成以猕猴桃产业基地、种子种苗、猕猴桃加工、休闲观光为一体的特色现代化农业，水城区把加快现代农业园区建设作为建设现代城郊农业的突破口，大胆探索，周密部署，全面推进，实现了农业增效、农民增收，成效明显。水城区更是将水城猕猴桃产业作为主要农业产业大力发展，打造标准化、品牌商标、地理标志示范园区。

水城猕猴桃品牌示范园区利用自身环境、基础条件以及区域位置等优势通过合理规划成功建设出了多个知名的品牌示范区，它的成功之处为其他品牌示范区提供了很多启示，值得深度学习和研究，对于今后水城猕猴桃农业园区的建设有积极的参考价值，也对其他产品产业示范区的创建具有积极的借鉴价值。通过对水城猕猴桃品牌示范区进行实地调研、数据收集，笔者逐渐了解到水城猕猴桃产业发展情况以及品牌示范区建设的基础情况，现将水城猕猴桃品牌示范区建设的相关情况进行如下的汇总分析。

二、水城猕猴桃品牌示范区建设情况

水城猕猴桃品牌示范区创建情况如表 8-1 所示。

表 8-1　水城猕猴桃品牌示范区创建情况

序号	示范区名称	建设基地位置	创建时间	级别
1	水城猕猴桃产业示范园区	米箩镇倮么、俄戛、草果 3 个村和猴场乡红星、打把、补那、长寨、猴场、小田坝 6 个村，辐射周边 18 个乡镇	2013—2017 年	省级
2	水城猕猴桃俄戛乡种植标准化示范区	米箩镇俄戛村	2014—2016 年	省级
3	水城猕猴桃猴场乡种植标准化示范区	水城区猴场乡、米箩镇等乡镇	2012—2015 年	省级
4	水城猕猴桃国家级农业标准化示范区	米箩镇俄戛村、阿戛镇松绿村	2020—2022 年	国家级
5	水城区国家现代农业产业园	水城区米箩镇、阿戛镇、猴场乡、蟠龙镇等乡镇	2018 年—至今	国家级
6	水城区全国绿色食品原料（猕猴桃）标准化生产基地	水城区米箩镇、阿戛镇、猴场乡、蟠龙镇等乡镇	2021 年—至今	国家级
7	水城猕猴桃农产品地理标志保护工程	水城区米箩镇、阿戛镇、猴场乡、蟠龙镇等乡镇	2017—2018 年	省级
8	水城猕猴桃地理标志产业化促进项目	水城区米箩镇、阿戛镇、猴场乡、蟠龙镇等乡镇	2018—2020 年	省级

三、水城猕猴桃品牌示范区简介

（一）水城猕猴桃产业示范园区

水城猕猴桃产业示范园区是贵州省重点打造的现代高效农业示范园区，由米箩核心区和猴场特色示范区组成，为“一园两区”布局。规划面积 65760 亩，覆盖米箩镇 3 个村和猴场乡 6 个村，辐射周边 18 个乡镇，分为种植示范基地、产学研基地、深加工基地、布依风情生态园和米箩现代农业观光园 5 个功能区。园区土地以山地和丘陵地貌为主，喀斯特地形地貌特征典型，地势切割较大，立体气候明显，自然资源丰富，民族风情浓郁，交通便捷，区位条件优越，适合多种农作物生长和生态农业、休闲农业、乡村旅游发展。园区以水城红心猕猴桃为主导产业，规划区和辐射区适宜猕猴桃种植面积15万亩。截至2021年，已建成猕猴桃基地3.85万亩、产学研基地及技术培训基地800亩，6800亩园区猕猴桃已进入挂果期，亩产鲜果达1000 kg，亩产值达4万元。通过升级打造，园区综合实力进一步增强，示范带动效应进一步扩大，农业现代化水平进一步提高，农业综合效益进一步凸显。

作为省委、省政府重点打造的现代高效农业示范园区之一，坚持政府推动与市场导向、产业发展与乡村旅游、生态环境与文化传承、经济效益与社会效益相结合的原则，紧紧围绕基础设施建设、市场主体培育、优势产业发展、环境升级打造、特色城镇建设和发展模式探索做文章，突出产业关联和多产业融合发展，坚持把园区建成景区、把基地建成景点，致力于将园区打造成为特色农业集聚区、生态文明先行区、新农村建设示范区、休闲农业与乡村旅游集散地。

园区建设地点位于水城区米箩、猴场等乡镇，其中核心区设在水城区米箩镇草果、俄戛、米箩、倮么四村，总面积137.41 km^2，总人口30600人，距双水42 km。东与阿戛镇接壤，西与勺米镇相连，南与果布戛、野钟、杨梅等乡交界，北与盐井乡毗邻。地势呈南高北低走势，最高海拔2400 m，最低海拔880 m。

园区规划总投资28.84亿元，现已投入资金达10.28亿元，占计划的35.6%，建成猕猴桃园区面积17600亩，进入挂果期猕猴桃园区面积6800亩；建成产学研基地200亩；荷花池120亩、智能温室科技展厅6300 m^2、温室大棚23000 m^2，管委会办公楼350 m^2，接待中心1600 m^2、休闲广场4500 m^2、停车场26000 m^2 等。入驻龙头企业11个，按规模分：省级4个、市级3个、其他4个；按建设情况分：投产4个、在建7个。年总产值1.325亿元，年创税收1204万元，季节性用工及就业人数达3260人次，有效带动当地农户发展，增加收入。

园区经过3~5年的建设，建成了集猕猴桃、茶叶、蔬菜、花卉、精品水果等农作物优质高产培育、种苗引进繁育、现代物流、农业高新技术示范、农业观光、生态旅游和农产品加工为一体的大型现代化农业生产示范基地。进入稳定生产年后，已建园区总产值达到 41730 万元，其中农产品种植产值 22080 万元、农产品深加工产值 5000 万元、服务业产值 14650 万元，分别占园区总产值的 52.91%、11.98%、35.11%。通过园区项目的合理布局、产业结构的科学组配、生态环境的综合整治，农村居民区发展以现代农业景观为内容的休闲观光服务，建成生产持续发展、生活不断富裕、生态日益改善的循环型农业协调发展示范区。全部园区建成后，稳定生产年，园区总产值将达到 123000 万元以上，其中，猕猴桃产值 70000 万元、优质猕猴桃品种展示和苗木繁育基地产值 3000 万元、猕猴桃深加工产值 10000 万元、布依风情生态旅游园产值 40000 万元。

水城猕猴桃 2007 年获得中国（江西）果品及苗木展销会“猕猴桃”类金奖，2008 年，水城猕猴桃产业园的“黔宏牌”红心猕猴桃被选为北京奥运会指定果品。2010 年，水城猕猴桃被列为“中国 2010 年上海世博会指定果品”，2013 年，向国家农业部申报“水城猕猴桃”地理标志，并获批复。现代农业园的建成，将成为“玉马生态旅游经济带”上重要的一环，并与北盘江大峡谷、纸厂乡啰咪期度假村、前进村乡村旅游、玉舍国家级森林公园、海坪彝族火把节、百车河科技农业示范区、阿戛凉都温泉等旅游景点形成环形旅游带，米箩镇及猴场乡将以气候、水土等资源优势，形成休闲观光的综合旅游度假区。辐射猴场、蟠龙、阿戛、勺米、野钟、顺场等乡镇发展猕猴桃园区 7 万亩以上，带动 11500 户 41200 人参与猕猴桃种植，农民人均纯收入达 10000 元以上，同时辐射带动周边及水城区现代农业生产，提高产业水平，产业集约度达到 70% 以上。水城猕猴桃产业示范园实现农业高新技术推广和农业科技成果转化，推进水城区现代化农业又好又快地发展，新技术覆盖率达到 80% 以上，科技贡献率达到 40% 以上。实现一、二、三产业相互渗透，共同发展，农业循环经济蓬勃发展，园区特色农产品加工率达到 60% 以上。

（二）水城猕猴桃米箩镇种植标准化示范区

水城猕猴桃俄戛村种植标准化示范区是在水城猕猴桃产业示范园区的基础上，由贵州润永恒农业发展有限公司投资建设并组织实施的水城区米箩镇万亩猕猴桃产业示范基地，该示范区是六盘水市 2012 年农业产业重点项目推介暨投资洽谈会上的招商引资项目，项目位于水城区米箩镇俄戛村。水城区欲通过开展猕猴桃生产种植综合标准化，完善水城区猕猴桃生产标准体系，示范带动我省实现猕猴桃产业从生产到销售全过程的综合标准化，实现更好的监控和管理，加快推进猕猴桃产品生产的优质化进程，提高猕猴桃产品的质量和市场竞争力，满足消费者对猕猴桃产品的品质要求。

贵州润永恒农业发展有限公司在发展特色猕猴桃产业的同时，计划将在田间套种半夏等嗜阴性中药材及行间育苗，充分利用土地的闲置空间，提高土地的利用率和产出率，从而更好地实现“农业增效、农民增收”的项目建设目标。这对水城区乃至六盘水市加快现代农业发展，推进社会主义新农村建设，加快传统农业向现代农业转变的步伐，产生积极而深远的影响，对实现猕猴桃生产标准化、产业化、集约化具有战略意义。

水城区米箩镇下辖俄戛、米箩、倮么、铜厂和草果 5 个村，截至 2016 年 3 月，全镇已建成猕猴桃种植面积 15950 亩，其中俄戛村已建成 6600 亩，顺利完成农业综合标准化示范区 4000 亩的建设目标；2018 年底，完成 10000 亩的水城猕猴桃生产基地。按预期单位产量：2000 公斤/亩，年总产量 2 万吨，优质果品率增加到 80%。按平均单价 20 元/公斤计算，年总产值 4 亿元，示范户人均增收 2000 元。通过示范区的建设和发展，最终人均预期收入增加至 5300 元/年。同时，通过园区示范作用，带动和辐射周边 5 个乡镇新建猕猴桃 3 万亩。全区 11.2 万亩猕猴桃全部投产后，将实现产值 80 亿元以上，此外，公司将通过延长产业链，对生产的鲜果进行深加工，加工猕猴桃饮料及猕猴桃果干等，以提高附加值，从而进一步提高经济效益。

水城区米箩镇相关猕猴桃生产企业（单位）严格按照 Q/RYH0002—2015《水城猕猴桃产地环境条件》、NY 5107—2002《无公害食品——猕猴桃产地环境条件》、NY/T 425—2000《绿色食品　猕猴桃》等水城猕猴桃标准体系其他相关标准进行种植与生产，严格管控农药的配置与使用，确保猕猴桃产品质量达到国家规定相关标准及水城猕猴桃地理标志产品质量要求相关规定标准。同时水城猕猴桃在增加有机肥料的使用量的同时逐渐降低化学肥料的使用量，逐渐用有机肥代替化学肥料，循序改善和提高土壤肥力。

由于水城猕猴桃种植园区多以荒坡、台地、退耕地为主，且猕猴桃根系发达，植株健壮，枝叶茂盛，可以大大增加植被覆盖率。果园春季绿树成荫，夏季繁花似锦，秋季硕果累累，冬季生机蕴含，再通过农业先进技术的导入，无害化生产技术的应用等，保持水土，维持和改进当地农业生态环境，产生较好的绿色生态效益，实现生态环境的良性循环，使资源得到高效、合理利用，促进各项产业可持续发展。

水城区米箩镇俄戛猕猴桃种植第八批国家级农业综合标准化示范区经过多年的努力，取得了良好的示范效果。俄戛猕猴桃示范区建立了一支高技术含量的标准化人才队伍，农民的标准化意识得到显著提高；猕猴桃产品质量符合绿色无公害及国家地理标志产品等相关质量要求标准；同时带动地方经济增长，实现人均纯收入年均 17.9% 的增长率；实现生态环境的良性循环，使资源得到高效、合理利用，促进各项产业可持续发展。

（三）水城猕猴桃猴场乡种植标准化示范区

水城猕猴桃猴场乡种植标准化示范区、水城猕猴桃产业示范园区是“一园两区三大功能”其中的两区之一。水城区猴场乡猕猴桃标准化种植示范区位于贵州省水城区猴场乡，是六盘水市主要的优质猕猴桃生产基地，标准化示范基地现有连片猕猴桃面积 8600 余亩，预计建设完成 15000 亩，其中长丰公司种植 5560 亩，分布在补那、红星、长寨三个村；凉都果蔬公司种植 1050 亩，分布在猴场、红星、小田坝三个村；合作社种植、老百姓种植共 2250 亩。具有一定的生产规模和标准生产的基础，有集约化、产业化发展优势，产品商品程度较高。在园区内种植“海沃德”“红心”“早金”等优质品种的猕猴桃，再添加套种半夏等嗜阴性中药材及行间育苗，充分利用土地的空间，提高土地的利用率。同时，套种中药材将可以提高每亩土地的收益，经济效益较为可观。

水城猕猴桃猴场乡种植标准化示范区的建立，旨在通过开展猕猴桃生产标准化示范，完善贵州省猕猴桃生产标准体系，实现贵州省猕猴桃区域性或全产业链标准化生产和管理，从而加快猕猴桃产品生产的优质化进程，提高猕猴桃的质量、产量和安全水平，适应消费者对猕猴桃产品需求变化及市场竞争的要求；猴场乡猕猴桃种植标准化示范区以“优良品质”为目标，通过系统分析猕猴桃品种选育、种植、生产、加工、管理、服务等各个环节与优良品质相关的要素，建设注重产、学、研的合作，采用国内先进技术，在猴场乡建设标准化生产基地，将先进技术转化为技术标准。并通过整体协调，建立以“优良品质”为目标的标准综合体。通过标准技术制定、实施及培训推广，带动我省猕猴桃生产向规模化、科学化、标准化方向发展，不断提高生产、加工、流通各个环节的标准化管理水平，提高项目区广大果农的综合素质和农业标准化生产意识，从整体上提升猕猴桃产品的市场竞争力和占有率。由此促进整个产业增效、农民增收。

水城猕猴桃猴场乡标准化种植示范区的实施主体为猴场乡人民政府，水城区长丰绿色科技实业有限责任公司作为该示范区的核心种植企业，提供示范区的猕猴桃种植技术的支持，长丰公司拥有固定员工 35 人，其中：中高级管理人员 3 人，中级以上农业技术职称技术人员 3 人。并聘请来自陕西、四川等猕猴桃种植发展较快地区的猕猴桃专家常驻示范区，加大了对技术人员的培训力度，使猕猴桃种植技术方面得到增强。

通过建立猕猴桃生产综合标准化示范区，推进猕猴桃实施标准化生产，充分发挥标准化在规范农业生产、经营、管理、服务等方面的重要作用，提高农业生产整体技术和管理水平，保障农产品质量安全和有效供给，实现农业产业化；并建立了品种选育、育苗、栽培管理、肥料配比、农药使用、采收、包装、运输、贮存和加工等标准体系。

水城猕猴桃猴场乡种植标准化示范区预期示范户数 2500 户左右，基地猕猴桃种植面积最终达 15000 亩。预期单位产量：2000 公斤/亩，年总产量 3 万吨，优质果品率增加到 80%。按平均单价 20 元/公斤计算，年总产值 6 亿元，示范户人均增收 2000 元。通过示范区的建设和发展，最终人均预期收入可增加至 5500 元/年。按照“因地制宜、突出特色、统一规划、合理布局”的原则，园区全部投产后，保守估计，年产值可达 50 亿元以上。同时，通过园区示范，带动和辐射周边乡镇新建猕猴桃园区 3 万亩，其余适宜种植猕猴桃乡镇新建猕猴桃园区 2 万亩。全区猕猴桃示范区全部投产后，将实现年产值 80 亿元，此外，通过延长产业链，对生产的鲜果进行深加工，加工猕猴桃饮料及猕猴桃果干等，以提高附加值，从而进一步提高经济效益。猕猴桃标准示范基地建成后，为所在地区的农业生产和农村经济发展提供了新品种、新技术、新信息，成为现代农业先进技术的展示窗口及辐射源，将充分发挥试验示范、生产销售、辐射带动等多种功能作用。示范区使优质高效农业技术得到推广，增加农民收入，拉动区域农业及农村经济的发展；同时示范区生产适销对路的地方特色精品水果，满足城乡人民生活需要，提高人民生活水平和生活质量。

（四）水城猕猴桃国家级标准化种植示范区

2020 年 4 月，六盘水市农业科学研究院联合水城区东部农业产业园区申报的《国家猕猴桃种植标准化示范区》获国家标准化委员会立项批准。自项目实施以来，六盘水市农业科学研究院对项目目标任务进行分解，强化部门联动与分工合作，各项工作有序推进。

截至 2020 年 11 月，项目主要完成以下五个方面的内容。一是完成猕猴桃抽样检测 68 份，产品质量合格率 100%。二是开展宣传报道 21 次，其中省级以上新闻媒体 3 次，市级新闻媒体 18 次。三是开展技术培训 5 次，培训 600 余人次；发放《田间生产技术操作手册》《猕猴桃管理年历》《田间生产记录本》共 2000 份。四是发布《水城猕猴桃》团体标准，《地理标志产品　水城猕猴桃》申报获贵州省市场监管局批准立项。五是开展猕猴桃测产及“标准化果园评选”。下一步，将严格按照《国家农业标准化示范区管理办法》开展示范区建设工作，统筹推进猕猴桃标准化建园、测土施肥及病虫害管理等标准技术的实施，提升果品质量、增加经济效益。

“第十批国家猕猴桃种植标准化示范区”的创建，项目依托水城区绿美农业开发有限责任公司阿戛猕猴桃种植基地为核心示范基地，通过开展国家猕猴桃种植标准化示范建设，做好标准化种植栽培推广工作，示范带动全县猕猴桃标准化管护，实现水城猕猴桃从生产到销售全过程标准化、规范化，加快猕猴桃产品生产的优质化进程，提高猕猴桃的质量和安全水平，促进农业增效、农民增收。该项目的实施，是推动水城猕猴桃产业良性发展的必要保证，对水城区乃至六盘水市加快现代农业发展，推进社会主义新农村建设，加快传统农业向现代农业转变的步伐，实现猕猴桃生产标准化、产业化、集约化具有战略意义。

创建工作领导小组一行首先到核心示范基地查看了猕猴桃生产情况，绿美农业开发有限责任公司负责人就猕猴桃基地的春耕生产、园区建设、灌溉设施、春季管护、物联网建设情况等做了详细介绍。工作组现场讨论了《国家猕猴桃种植示范区建设实施方案》，就建立农产品质量安全追溯体系，完善生产过程监督，建立关键控制点，开展技术培训及带动就业等细节进行详细讨论。同时针对《六盘水市猕猴桃生产技术标准体系实施细则》编制工作提出合理建议。核心示范基地负责人保证，公司将按照《国家猕猴桃标准化示范项目建设实施方案》开展标准化建设，依据《六盘水市猕猴桃生产技术标准体系实施细则》组织实施标准，使整个猕猴桃生产从品种的选育、栽培、田间管理、平衡施肥、病虫草害综合防治、采收、加工等全过程都置于标准体系的规范和控制中。同时做好生产记录，对试验示范进行数据采集、分析、整理，在实施过程中总结经验，为创建工作提供示范建设经验。创建工作领导小组将进一步加大建设力度，做好猕猴桃种植标准化技术推广工作，推动全县猕猴桃产业标准化发展，强化标准化意识，实现水城猕猴桃从生产到销售全过程规范化、标准化，让农业标准化建设再上新台阶。

（五）水城区国家现代农业产业园

水城区国家现代农业产业园被认定为首批国家现代农业产业园，系我省第一家获此殊荣的农业产业园。2019 年农业农村部、财政部启动了首批国家现代农业产业园认定工作。经产业园创建绩效自评、所在区（县）申请认定、省级审核推荐、创建绩效评价、现场考察等程序，国家现代农业产业园建设工作领导小组办公室研究提出首批 20 个国家现代农业产业园拟认定名单。

贵州水城区国家现代农业产业园是在水城区猕猴桃产业示范园基础上创建的，主导产业为猕猴桃、茶叶；2019 年，产业园覆盖该区 5 个乡（镇）23 个行政村，涉及农户 15.16 万人，涵盖 3 个园区、11 个市场、5 个研发中心，生产、加工、物流、研发、示范、服务功能齐全，布局统筹合理，是水城区现代农业核心区域。

园区自创建以来，先后荣获国家有机产品认证示范创建区、全国休闲农业与乡村旅游示范点和贵州省重点现代高效农业示范园区等殊荣，2013 年以来连续 5 年获贵州省农业园区综合绩效考评第一名，被列为全国农村改革试验区、农村一、二、三产业融合发展试点，具有良好的创建国家现代农业产业园的基础条件。园区按照“产加销、贸工农一体”的思路，大力推进一、二、三产业融合发展，进一步扩展农业发展空间，挖掘农业休闲、旅游、康养等多种功能，实现生产生活生态有机融合。2019 年已建成气调保鲜库（冷库）14 座，库容量达 2.6 万吨，引进选果设备 2 条，配备冷链物流车 14 辆；建成果酒加工厂 1 座、果汁加工厂 1 座，年产能达 13 万吨，加工产值达 24.1 亿元。

值得一提的是，由于质量上乘，品质可靠，以水城猕猴桃为原料的猕猴桃酒获得美国 FDA（Food and Drug Administration）认证，获准进入美国市场。2018 年 9 月，350 吨“凉都弥你红”水城猕猴桃出口俄罗斯，成为贵州省出口俄罗斯“第一金果”。

水城区国家现代农业产业园紧紧围绕打造“三变”改革升级版为目标，持续深化改革，坚持以改革思路和市场化手段，盘活土地、房屋等资产，让沉睡的资源活起来、分散的资金聚起来，建成带动农户持续增收的试验田和样板区，持续激发产业园发展新活力。以“三变”改革创新引领为驱动，形成企业连集体、股份连农户、协会连产业、标准连基地、品牌连市场的“五连”融合发展新模式，搭建产业持续健康发展的联农带农机制，深入推进巩固拓展脱贫攻坚成果与乡村振兴有效衔接。

水城区国家现代农业产业园的建设紧扣乡村振兴战略实施和巩固脱贫攻坚成果，以推进农业供给侧结构性改革为主线，以提高质量效益和竞争力为中心，以推进项目建设为重点，以精细化管理为保障，不断促进产业生产、加工、物流、研发、示范、服务等环节融合发展。

2021 年以来，谋划产业园发展项目共 41 个，总投资 392300 万元，争取到位资金 2018.77 万元，涵盖猕猴桃果园引灌、节水灌溉等基础设施建设。截至 2022 年，推进完成现代农业产业园引灌工程 81000 亩，节水灌溉 29 个基地（果园20000亩），果园运输通道146千米，果园物联网10000亩，正在推进实施3个节水灌溉项目、2个引灌工程项目。采取项目扶持、贷款贴息、果园保险财政分担等扶持政策，引进和培育集生产、加工、销售为一体的产业化发展经营主体。截至目前，引进和培育经营主体140家，其中公司43家（国家级龙头企业1家、省级龙头企业12家）、合作社35家，大户62家。

坚持“线上线下”双轮驱动，不断拓展产品营销渠道，建成线下交易市场4个，品牌店50余个；签订10余家地区代理、3家出口代理，产品进入加拿大、俄罗斯等国家和地区。建成区电商中心，在天猫、京东等平台开设旗舰店，形成线下线上、产地终端、直销代理、国内国外营销渠道布局。

与中国科学院、贵州大学、贵州轻工业科学研究所等科研单位合作，不断加大研发力度，丰富产品种类突出产品开发，延伸产品链，成功开发猕猴桃果酒、蒸馏酒、果汁等系列产品。建成2个产品加工园，达到酒类5000 t、果汁及其他产品13万t的产能。积极引进适宜山地作业的农机具，加快农业机械化步伐。无人植保飞机、单轨运输机等新装备广泛推广应用。突出采后贮藏保鲜，建成冷链物流中心4个，预冷库26个，总库容量达2.8万吨，冷藏车50辆，水果分选线2条。

全面推行“一控两减三基本”，采取智能节灌与简易节灌相结合等方式，大力推广节水灌溉；建成有机肥厂1个，全面推行施用有机肥，化肥施用量大幅下降；全面推广秸秆粉碎还田，资源综合利用率大幅提升。坚持生态产业化、产业生态化发展理念。成功创建猕猴桃“国家级出口食品农产品质量安全示范区”“国家有机产品认证示范创建区”“中国特色农产品优势区”“国家现代农业科技示范展示基地”“国家火炬特色产业基地”，猕猴桃产品荣获“生态原产地产品保护证书”。强化质量安全追溯，46家入园企业接入省农产品质量安全追溯信息平台，24家企业获ISO9001认证。率先推进果园物联网建设，全面实施果园绿色防控，果品抽检合格率100%，绿色、有机、地理标志产品认证比例达87%。打造“协会+实体”的融合发展模式，实现“品种、标准、品牌、包装、收购、销售”的“六统一”，企业间市场、技术、品牌等要素互联互通、共创共享。

2021 年推进实施的猕猴桃“吨产园”平均单产达 1. 02 t/亩，“红阳猕猴桃”品种最高亩产量达 2. 28 t，单株最高产量达 140 斤，产品质量、产量得到进一步提高。

四、小　结

综上所述，水城猕猴桃产业发展迅猛，产业态势向多元化、标准化、品质化的现代化园区发展，水城猕猴桃农产品地理标志保护工程获省级农产品地理标志示范样板称号，并获得 80 万元补助费用的奖励。水城猕猴桃地理标志产业化促进项目也取得显著成效。水城区全国绿色食品原料（猕猴桃）标准化生产基地创建成功。通过实施水城猕猴桃品牌示范园区的建设，完成了以下几方面的产业升级：

一是围绕生产标准化，建设一批高标准的生产基地。以“中国醉美百里猕猴桃谷”为核心，以龙头企业为纽带，按照规模化、专业化、生态化、标准化、集约化推进猕猴桃基地建设。2021 年，全区猕猴桃种植规模已达到 11. 2 万亩，与 2017 年相比，产业规模增加了 1. 8 万亩；提升猕猴桃低产果园 6. 5 万亩。通过特色农产品优势区建设，产量和果品品质得到了明显提高，市场竞争优势更加明显。水城猕猴桃以其独特的品质优势、口感深受消费者喜爱，价格公斤均价稳定在 25 元以上。

二是围绕加工现代化，产业园建成万吨果品分级包装生产线 1 条，升级改造包装分选线 1 条；新建干货仓库（包装车间）2000 平方米；建成“弥你红”生态食品加工园，实现果酒（通过了美国 FDA 认证）、蒸馏酒 5000 吨、饮料等 2000 吨的产能。同时抓好果干、果脯等猕猴桃系列产品研发和生产，目前各类产品已进入市场，且市场反响比较好，发挥了水城猕猴桃的产业优势。

三是围绕仓储物流一体化，产业园已建成 1000 吨以上库容冷链物流中心 4 个，猕猴桃保鲜库 17 座，总库容量 2 万吨；新增冷链物流车 7 辆；新建了六盘水市东部城区农产品批发市场、米箩产地猕猴桃交易市场，产地交易市场（产地猕猴桃集散中心）达 4 个。产品实现从仓储保鲜、分选包装到冷链运输一体化。

四是科技支撑力量不断增强。2013 年以来，先后与贵州科学院、贵州省农业科学院、中国科学院武汉植物园、中国农业科学院郑州果树研究所、贵州大学、贵阳学院等科研院校合作，在产学研基地建设、新技术新品种引进示范、成果转化、种质资源收集保存、加工、贮藏保鲜等方面得到有力的支撑。

五是品牌建设与市场营销体系。紧紧围绕“统一品种、统一标准、统一品牌、统一包装、统一价格、统一销售”的“六统一”发展模式，形成六盘水市猕猴桃产业发展的“集约模式”，所有参与者均按照国家现代化园区标准统一建设，以绿色无公害的要求进行种植管理，以“凉都弥你红”作为统一品牌进行包装销售，保证产出猕猴桃具备优良的品质。

六是建立质量控制体系。积极组织辖区内企业入驻国家农产品质量安全可追溯信息平台，做好绿色、有机、地理标志农产品保护登记认证工作，加强对有毒有害农资的监督检查。截至 2022 年，已经完成 46 家企业（合作社）入驻国家农产品质量安全可追溯信息平台。

七是建设和运行新型机制。建立“产业工作专班+园区管委会+平台公司+产业协会+农户”的工作机制。成立了猕猴桃产业发展专班，由水城区东部农业园区管理委员会，全面负责产业规划和项目申报等；由国有平台公司为产业发展提供投融资支持，负责品牌营销等；猕猴桃产业协会、猕猴桃商会协同齐抓共管、持续发展。

B9

水城猕猴桃品质分析报告

姚　鹏　韩振诚　刘清庭　涂娟芝[1]

摘　要： 水城猕猴桃产地是贵州省最大的红心猕猴桃生产基地、全国优质猕猴桃主要供给区。其果实味甜芳香，肉质细嫩，风味浓郁，富含有维生素 C、有机酸、糖以及多种矿物质等营养成分，具有丰富的营养价值，早已成为人们喜爱的果品之一。本报告分别针对水城猕猴桃的产地环境品质、感官品质、理化品质以及安全品质，利用相关性分析、主成分分析和聚类分析等方法分析水城猕猴桃品质特征，以期为水城猕猴桃品质的科学评价以及进一步品种选育、栽培及加工利用提供参考。

关键词： 水城；猕猴桃；品质分析

猕猴桃果实味甜芳香，肉质细嫩，风味浓郁，富含有维生素 C、有机酸、糖以及多种矿物质等营养成分，具有丰富的营养价值，早已成为人们喜爱的果品之一。贵州省是国内猕猴桃栽培种植的主要省份之一，猕猴桃资源十分丰富，种植区域遍及贵阳市、六盘水市、遵义市等，尤以贵阳市修义县和六盘水市水城区最为集中，水城猕猴桃产地更是贵州省最大的红心猕猴桃生产基地、全国优质猕猴桃主要供给区。水城猕猴桃产地获批创建“国家现代农业产业园”，被评为“国家级出口农产品质量安全示范区”“国家有机产品认证示范创建区”“贵州省农业（猕猴桃）标准化示范基地”和“生态原产地产品保护创建基地”，满足猕猴桃生长对环境条件的需求，特别适宜

1　姚鹏，男，贵州省社会科学院助理研究员，主要研究方向为地理标志；韩振诚，贵州科学院山地资源研究所助理研究员，主要研究方向为猕猴桃遗传与育种；刘清庭，女，贵州省地理标志研究会助理研究员，主要研究方向为地理标志、知识产权；涂娟芝，女，贵州省地理标志研究会助理研究员，主要研究方向为食品质量安全。

优质猕猴桃的规模化种植、产业化经营。目前，对水城猕猴桃的品质分析研究还较为稀少，也鲜有相关论文的发表与报道，十分缺乏对水城猕猴桃品质评价的较为系统的研究。本报告选择水城猕猴桃为研究对象，利用相关性分析、主成分分析和聚类分析等方法分析水城猕猴桃产地环境品质、感官品质、理化品质以及安全品质等品质特征，以期为水城猕猴桃品质的科学评价以及进一步品种选育、栽培及加工利用提供参考。

一、产地环境品质分析

（一）土壤特征

水城区地处从云贵高原向黔中山原丘陵过渡的梯级状大斜坡地带，广泛分布着适合猕猴桃生长的富硒微酸性土壤。境内地势呈阶梯状起伏，总体西北高，东南低，海拔多在1100~1900 m，最低海拔645 m，最高海拔2865.2 m。地貌以山地为主，占全区总面积的68%。猕猴桃广泛分布在这些山地及河边。水城区土肥站、六盘水市土肥站万有强、陈强等人对水城猕猴桃主产区土壤肥力及微量元素含量进行测定和评价得出，核心产区米箩镇土壤pH为4.0~7.7，有机质含量47~68 g/kg，全氮含量2.33 g/kg，有效磷含量10.10 mg/kg，速效钾含量达到了126.87 mg/kg。

总体上，产区土壤有机质和氮素含量相对较高，速效钾含量较丰富，这对水城猕猴桃优质高产起到了很大的作用，而土壤有效磷有待补充，难以满足猕猴桃的生长需求，应适当增加磷肥的施用并注意追肥的时间和方式。但部分土壤养分分布极度不均，土壤肥力差异较大，在种植过程中要注意土壤的培肥，科学合理施肥，根据养分差异对基地进行区域化管理。

（二）气候特征

水城区位于贵州西部、中国凉都六盘水市腹地，境内山高谷深、沟壑纵横，冬无严寒，夏无酷暑，气候温和，雨量充沛。年平均气温15℃，夏季平均气温19.7℃，年平均降水量800~1300 mm。2005年，经中国气象学会组织，由中国科学院、北京大学、国家环境保护总局等单位成立的专家委员会进行论证认为“六盘水市（水城）夏季凉爽、舒适、滋润、清新、紫外辐射适中”，可称“中国凉都”，是名副其实的天然大空调、生态大氧吧。水城区海拔落差较大、地貌地形多样，山区小气候类型较为明显，特殊的自然气候造就了水城猕猴桃的特殊品质，这主要体现在水城区海拔高差大，水城猕猴桃种植区域的海拔在 700～1300 m，属温凉湿润的高原亚热带季风气候，立体气候明显，无霜期 310 天，年日照时数 1560 小时，年总积温 4950℃，年平均气温 15℃，有效积温 4500℃～5600℃，能够满足猕猴桃生长发育需要。

水城区年平均降水量 800～1300 mm，降水充沛，雨势缓和，降水时空分布不均，主要集中在 4～9 月，有明显的干季和湿季，冬半年降水较少，夏半年雨水较多；年平均相对湿度 83%；充沛的降水和优越的湿度条件，为猕猴桃的生长发育提供了有利的水分条件。水城境内属于低纬度高海拔地区，气温平均日较差大，月平均日较差在 6.0 ℃～10.6 ℃，年平均日较差在 6.0 ℃～8.1 ℃，由于当地昼夜温差大，生长季节白天气温在 25 ℃～30 ℃，这有利于猕猴桃植株的生长和进行光合作用，夜间气温可降到 10.0 ℃～15.0 ℃，降低了植株的呼吸作用，减少其养分的消耗，有利于糖分和养分的积累，提高水城猕猴桃果品的甜度和风味，造就了水城猕猴桃优良的品质。

水城猕猴桃果实生长期较长，比较有利于果实的品质形成。水城区温度基本从冬季 1 月中旬就开始回升，平均温度在 8℃以上，从 2 月上旬开始，已经基本超过 10℃以上，水城降水较多，有利于猕猴桃生长；夏季平均气温在 20 ℃～22 ℃，有助于猕猴桃果实迅速膨大发育；9 月上旬平均气温 20.5 ℃，猕猴桃成熟。猕猴桃一般需要 500～700 小时正常休眠，才能顺利进行以后的生理活动和进入各个物候期。休眠期需要有 20～30 天在温度 7.0 ℃以下，否则次年发芽不整齐，花芽有枯死脱落现象。水城区 9 月以后温度开始逐渐降低，到 11 月温度下降至 10℃以下时，猕猴桃进入落叶休眠期，保证猕猴桃休眠充足。水城区从冬季后期过渡到春季时升温较快，夏季温度较低，降水多，雨热配合比好，对于果实糖分形成比较有利。

（三）不利的气候因素

水城区地处贵州西部春旱区，春季常出现持续少雨干旱、冰雹等天气。春天的干旱在一定程度上影响猕猴桃的新梢生长、开花、坐果，造成产量减少。春季冰雹对猕猴桃植株、花朵、果实造成直接的机械损伤，不仅影响当年产量，对来年产量也会造成影响。水城区冬季凝冻会增加病害风险。

此外，根腐病、褐斑病为水城猕猴桃的主要病害。因此，规模种植水城猕猴桃，应综合考虑产区局部气候条件、气象灾害、土壤、水源等各方因素，加强水利灌溉设施建设、人工防雹工作，提高水城猕猴桃生产科技和设施水平，以应对农业灾害风险。

二、感官品质分析

根据果肉颜色，猕猴桃主要分为绿肉、黄肉、红心三种，当前在全球范围内主要以绿肉和黄肉品种的栽培面积最大，占总量的90%以上。国际上商品化的红肉猕猴桃主要来源于中国。原国家质检总局发布的《质检总局关于批准对深州蜜桃等产品实施地理标志产品保护的公告（2014年第96号）》对“地理标志产品　水城猕猴桃”的感官要求为：“果实成熟后黄绿色，果面无毛，果皮薄、果肉黄绿色、果心红色、呈放射状图案；果肉细嫩、口感香甜清爽、酸度低。”水城猕猴桃主要为“红阳”猕猴桃品种。在贵州省地方标准DB52/T 714—2011《红阳猕猴桃》中对感官要求作出了特级、一级和二级的要求，具体要求见表9-1。

表9-1　DB52/T 714—2011《红阳猕猴桃》感官要求

项目	特级	一级	二级
果形	圆柱形，果形整齐，果蒂新鲜	圆柱形，果形一致，果蒂新鲜	圆柱形，果形一致，果蒂较新鲜
果面	果面洁净，果毛均匀一致。无病斑，无虫体或其他附着物	果面洁净，果毛均匀一致。无病斑，无虫体或其他附着物	果面洁净，果毛基本均匀。无病斑，无明显的虫体或其他附着物

续表

项目	特级	一级	二级
果皮色泽	褐绿色，色泽均匀	褐绿色，色泽均匀	褐绿色，色泽基本均匀
风味	果汁多，味甜，清香，风味浓	果汁多，味甜，清香，风味浓	果汁较多，味甜，清香，风味较浓
果肉色泽	果肉淡黄色、果心乳白色，横切面有似太阳光的淡红色放射线	果肉淡黄色、果心乳白色，横切面有似太阳光的淡红色放射线	果肉淡黄色、果心乳白色，横切面有似太阳光的淡红色放射线
缺陷	不允许有一般缺陷果和严重缺陷果	不允许有严重缺陷果。一般缺陷果不超过3%	不允许有严重缺陷果。一般缺陷果不超过5%
果实单果重（g）	≥85	70~85	50~70
串级率（以串级果的个数计）（%）	≤3	≤5	≤7

资料来源：原国家质检总局关于批准对深州蜜桃等产品实施地理标志产品保护的公告（2014年第96号）

在国家标准 GB/T 40743—2021《猕猴桃质量等级》中的感官要求：形变总面积；色变总面积；果实表面水渍印、泥土等污染总面积；轻微擦伤、已愈合的刺伤、疮疤等果面缺陷总面积；空心、木栓化或者果心褐变等果肉缺陷总面积；单果重等指标的要求，具体要求见表 9-2。

表 9-2　GB/T 40743—2021《猕猴桃质量等级》感官要求

项目		等级		
		特级	一级	二级
形变总面积（cm^2）		无	≤1	≤2
色变总面积（cm^2）		无	≤1	≤2
果实表面水渍印、泥土等污染总面积（cm^2）		无	≤1	≤2
轻微擦伤、已愈合的刺伤、疮疤等果面缺陷总面积（cm^2）		无	≤1	≤2
空心、木栓化或者果心褐变等果肉缺陷总面积（cm^2）		无	≤1	≤2
单果重（g）	小果类型	≥75	60~75	40~60
	大果类型	≥90	75~90	50~75

在行业标准 NY/T 425—2000《绿色食品　猕猴桃》中的感官要求，果形：具有该品种特征果形，果形良好，无畸形果；色泽：全果着色，色泽均匀，具该品种特征色泽；果面：果面洁净，无损伤及各种斑迹；果肉：多汁，软硬适度，具该品种特征颜色；风味：酸甜适度，香或清香；成熟度：应达到生理成熟，或完成后熟。行业标准 NY/T 1794—2009《猕猴桃等级规格》对基本要求及感官要求作出了相应的规定，基本要求为果形端正，无畸形果，果面完好，无腐烂；洁净，无明细虫伤和异物；无变软，无明显皱缩；无异常外部水分；无异味；鲜食采收期可溶性固形物含量应达到 6.2% 以上。在感官要求上分为特级、一级和二级三个等级，特级：具有本品种全部特征和固有外观颜色，无明显缺陷；一级：具有本品种特征，可有轻微颜色差异和轻微形状缺陷，但无畸形，表皮缺陷总面积不超过 1 cm^2；二级：果实无严重缺陷，可有轻微颜色差异和轻微形状缺陷，但无畸形，可有轻微擦伤，果皮可有面积之和不超过 2 cm^2 已愈合的刺伤、疮疤。

通过与以上标准中对猕猴桃感官要求的规定及与水城猕猴桃感官特征进行对比，水城猕猴桃在感官上的最大特点为果实表面无毛，果皮薄，果心红色，呈放射状图案，果肉汁多，香甜清爽。水城猕猴桃的果实表面无毛是由其品种决定的，在直接食用过程中也就不会带来误食表皮上的绒毛造成不良的口感。

三、理化品质分析

猕猴桃果实富含维生素 C、氨基酸、糖、挥发性风味物质等多种营养成分，具有提升免疫功能、治疗肝脏疾病、改善消化不良、抑制肿瘤等功效，对人体健康具有促进作用，因此深受消费者喜爱。目前国内外对猕猴桃的研究，主要集中在栽培技术与病虫害方面，对其营养品质的研究较少且仅局限于常规营养成分。本报告以在 DB5202/T 020—2022《地理标志产品　水城猕猴桃》保护范围内（水城区现辖行政区域）核心种植基地采集多份水城猕猴桃样品为研究材料，送至具有检测资质的检测单位“农业农村部农产品质量安全监督检验测试中心（重庆）”“农业农村部蔬菜水果质量监督检验测试中心（广州）”“贵州省农产品质量安全监督检验测试中心”，分别就可溶性固形物、可滴定酸、总糖、维生素 C、钙、钾等多种矿物质元素指标进行了检测。以系统性地对“地理标志产品　水城猕猴桃”的营养品质进行分析及评价，为消费者在日常食用选择和营养搭配上提供一定的参考。

（一）样品采集

在对水城猕猴桃的理化品质相关指标的测定中，为保证数据准确性，在“地理标志产品　水城猕猴桃”的保护范围区域内，同时结合水城猕猴桃产区的聚集点，以乡镇或生产企业为单位，在成熟季节随机采集了 7 个批次的水城猕猴桃果实样品进行检测，以达到检测数据的真实性及准确性。样品采集情况见表 9-3。

表 9-3　水城猕猴桃样品采集情况

序号	样品来源单位	样品生产地点
1	水城县恒丰祥现代农业发展有限公司	猴场乡格支村
2	水城县宏兴绿色农业投资有限公司	野钟乡野钟村
3	水城县虹博种养殖农民专业合作社	鸡场镇坪地村
4	水城县绿美农业开发有限责任公司	阿戛镇松绿村、阿戛村
5	水城县南亚生态农业发展有限公司	野钟乡发射村
6	水城县中瑞种养殖实业有限公司	杨梅乡群联村
7	水城县长丰绿色科技实业有限公司	猴场乡

（二）可溶性固形物的测定

可溶性固形物是食品行业的一个常用技术参数，水果中的可溶性固形物通常是指果实汁液中能溶于水的固态物质，包括糖类、有机酸、矿物盐类、可溶性蛋白、果胶、色素和维生素等。测定可溶性固形物可以衡量水果成熟情况，以便确定采摘时间，其为衡量果实风味品质和成熟度的指标之一。为拓宽猕猴桃销售市场范围，在果实采摘后通常都存在着一定时间的储存和运输环节，可溶性固形物含量从采摘到销售时存在着一定的变化，所以在检测该指标时通常划分为生理成熟期和后熟期两个时间点进行检测。

可溶性固形物含量的测定方法引用行业标准 NY/T 2637—2015《水果和蔬菜可溶性固形物含量的测定 折射仪法》，经“农业农村部农产品质量安全监督检验测试中心（重庆）”“农业农村部蔬菜水果质量监督检验测试中心（广州）”“贵州省农产品质量安全监督检验测试中心”检测（见表 9-4），水城猕猴桃可溶性固形物含量的总平均值为 10.6%（生理成熟期）、15.9%（后熟期）。

表 9-4 水城猕猴桃可溶性固形物含量测定结果

<table>
<tr><th rowspan="2">序号</th><th rowspan="2">样品来源单位</th><th rowspan="2">检测单位</th><th colspan="2">可溶性固形物含量（%）</th></tr>
<tr><th>生理成熟期</th><th>后熟期</th></tr>
<tr><td>1</td><td>水城县恒丰祥现代农业发展有限公司</td><td rowspan="6">农业农村部农产品质量安全监督检验测试中心（重庆）</td><td>7.1</td><td>13.1</td></tr>
<tr><td>2</td><td>水城县宏兴绿色农业投资有限公司</td><td>6.3</td><td>12.2</td></tr>
<tr><td>3</td><td>水城县虹博种养殖农民专业合作社</td><td>9.7</td><td>16.2</td></tr>
<tr><td>4</td><td>水城县绿美农业开发有限责任公司</td><td>21.7</td><td>22.4</td></tr>
<tr><td>5</td><td>水城县南亚生态农业发展有限公司</td><td>6.4</td><td>12.4</td></tr>
<tr><td>6</td><td>水城县中瑞种养殖实业有限公司</td><td>13.5</td><td>16.8</td></tr>
<tr><td>7</td><td rowspan="3">水城县长丰绿色科技实业有限公司</td><td>贵州省农产品质量安全监督检验测试中心</td><td>—</td><td>18.0</td></tr>
<tr><td>8</td><td rowspan="2">农业农村部蔬菜水果质量监督检验测试中心（广州）</td><td>9.8</td><td>—</td></tr>
<tr><td>9</td><td>10.2</td><td>—</td></tr>
<tr><td colspan="3">平均值</td><td>10.6</td><td>15.9</td></tr>
</table>

在所测得水城猕猴桃样品中，可溶性固形物含量（生理成熟期）最低为 6.3%，最高为 21.7%，平均值为 10.6%；后熟期最低为 12.2%，最高为 22.4%，平均值约为 15.9%。基于以上数据的汇总分析，在此次检测的水城

猕猴桃可溶性固形物含量中，水城县绿美农业开发有限责任公司送样的检测数据偏高，这可能与样品的后熟成熟度有很大关系，即成熟度过高造成检测的可溶性固形物含量过高，但总体的平均值是较为合理的。

（三）酸的测定

水果中的酸是品质的重要构成性状之一，是影响果实风味品质的重要因素。对于鲜食品种的水果，高糖中酸，风味浓，品质优。因此，水果中酸的定量研究对果树的品质育种具有重要意义。水果中的酸可以刺激人体的消化腺分泌消化液，有利于对食物的消化，增进食欲；水果中酸度的保持，对维生素 C 含量的稳定性具有保护性作用；同时其也可以增加钙肠道溶解度，可以促进对钙的吸收。

总酸的测定方法引用国家标准 GB 12456—2021《食品安全国家标准　食品中总酸的测定》，经“农业农村部农产品质量安全监督检验测试中心（重庆）”“农业农村部蔬菜水果质量监督检验测试中心（广州）”检测（见表 9-5），水城猕猴桃总酸含量平均值约为 1.0%。

表 9-5　水城猕猴桃总酸含量测定结果

序号	样品来源单位	检测单位	总酸含量（%）
1	水城县恒丰祥现代农业发展有限公司	农业农村部农产品质量安全监督检验测试中心（重庆）	0.91
2	水城县宏兴绿色农业投资有限公司		0.98
3	水城县虹博种养殖农民专业合作社		0.90
4	水城县绿美农业开发有限责任公司		1.15
5	水城县南亚生态农业发展有限公司		0.98
6	水城县中瑞种养殖实业有限公司		1.04
7	水城县长丰绿色科技实业有限公司	农业农村部蔬菜水果质量监督检验测试中心（广州）	0.98
8			1.05
平均值			1.0

在所测得水城猕猴桃样品中，总酸含量最低为 0.90%，最高为 1.15%，

平均值约为1.0%。基于以上数据的汇总分析，各批次水城猕猴桃样品中总酸含量差异化不大，含量均在0.90%~1.15%，并未出现较高或较低的检测值，这也反映了总酸在所采集的水城猕猴桃样品中含量较为稳定。

（四）糖的测定

营养学中的“总糖”是指能够被人体吸收、消化及利用的糖类物质的总和，包括单糖、低聚糖和淀粉。而在食品生产中常规分析项目“总糖”中，一般指具有还原性的糖（葡萄糖、果糖、乳糖等）和在测定条件下能水解成为还原糖的低聚糖（蔗糖等）的总和，不包括淀粉。水果中的糖类物质是影响果实风味品质的重要因素，猕猴桃中的糖含量较高，其中又以还原糖最具代表性。

总糖含量的测定方法引用国家标准GB 5009.8—2016《食品安全国家标准 食品中果糖、葡萄糖、蔗糖、麦芽糖、乳糖的测定》，经“农业农村部蔬菜水果质量监督检验测试中心（广州）”“贵州省农产品质量安全监督检验测试中心”检测（见表9-6），水城猕猴桃总糖含量平均值为9.8%。

表9-6 水城猕猴桃总糖含量测定结果

序号	样品来源单位	检测单位	总糖含量（%）
1	水城县长丰绿色科技实业有限公司	农业农村部蔬菜水果质量监督检验测试中心（广州）	10.6
2			9.8
3		贵州省农产品质量安全监督检验测试中心	9.1
平均值			9.8

在所测得水城猕猴桃样品中，总糖含量最低为9.1%，最高为10.6%，平均值约为9.8%。基于以上数据的汇总分析，各批次水城猕猴桃样品中总糖含量差异化不大，含量均在9.1%~10.6%，并未出现较高或较低的检测值，这也反映了总糖在所采集的水城猕猴桃样品中含量较为稳定。

（五）维生素C的测定

猕猴桃中含有的维生素所占比重非常大，而且维生素的种类也非常多，包括维生素 A、维生素 B、维生素 C 及维生素 E，其中维生素 C 所占有的比重是最大的。日常生活中适当地吃一些猕猴桃，可以帮助补充一定的维生素 C，维生素 C 在人体内参加复杂的化合反应，可以提高人体的免疫力，促进对铁的吸收，预防缺铁性贫血。同时维生素 C 参与胶原蛋白的形成，使我们的皮肤富有弹性和光泽，有明显的抗衰老的作用，另外还可以增加血管壁的弹性，有效预防心脑血管硬化等疾病。

维生素 C 含量的测定方法引用国家标准 GB 5009.86—2016《食品安全国家标准　食品中抗坏血酸的测定》，经“农业农村部蔬菜水果质量监督检验测试中心（广州）”“贵州省农产品质量安全监督检验测试中心”检测（见表 9-7），水城猕猴桃维生素 C 含量平均值约为 138 mg/100g。

表 9-7　水城猕猴桃维生素 C 含量测定结果

序号	样品来源单位	检测单位	维生素 C 含量（mg/100g）
1	水城县长丰绿色科技实业有限公司	农业农村部蔬菜水果质量监督检验测试中心（广州）	143
2			147
3		贵州省农产品质量安全监督检验测试中心	125
平均值			138

在所测得水城猕猴桃样品中，维生素 C 含量最低为 125 mg/100g，最高为 147 mg/100g，平均值约为 138 mg/100g。维生素 C 含量与样品的新鲜程度有较大关系，本次研究检测猕猴桃样品的维生素 C 含量较低，可能与样品自采摘后到送样的时间间隔过长造成的，故下次再进行维生素 C 检测时务必要缩短送样时间。

（六）矿物质元素的测定

猕猴桃中含有多种矿物质，如钙、铜、钾、锰、铁、镁、锌等，具有调节神经系统功能的作用，其中尤以钙、钾的含量较为突出。钙对于所有细胞生物体都是必需的，钾对人体也有非常重要的作用，主要以钾离子的形式不断地在细胞内外进行交换，保持非常稳定的血钾平衡。

钙、铜、钾、锰、铁、镁、锌含量的测定方法引用国家标准 GB 5009.92—2016《食品安全国家标准　食品中钙的测定》、GB 5009.90—2016《食品安全国家标准　食品中铁的测定》，经“贵州省农产品质量安全监督检验测试中心”检测（见表9-8），水城猕猴桃钙、铜、钾、锰、铁、镁、锌含量分别为335.6 mg/kg、1.714 mg/kg、2166 mg/kg、1.58 mg/kg、2.214 mg/kg、177.7 mg/kg、2.944 mg/kg。

表 9-8　水城猕猴桃矿物质元素含量测定结果

序号	样品来源单位	检测单位	项目	检测值（mg/kg）
1	水城县长丰绿色科技实业有限公司	贵州省农产品质量安全监督检验测试中心	钙	335.6
2			铜	1.714
3			钾	2166
4			锰	1.58
5			铁	2.214
6			镁	177.7
7			锌	2.944

猕猴桃中的矿物质元素含量的波动较为不确定，检测数据差异化较大，最主要的原因有两个：一是微量元素在植株中的含量本来就非常低，区间在0.01%~0.005%。这造成了检测数据受到检测前处理方法及操作误差的影响较大。二是猕猴桃中的微量元素含量受其栽种过程中施肥量及施肥比例的影响非常大。在本次检测中，样品来源各不相同，有较为规范化栽种的，也有个体农户栽种的，其在施肥及栽种管理中差异化较大，是造成其矿物质元素含量差异化较大的原因之一。

四、安全品质分析

食用农产品安全关乎人民群众的身心健康和安全。水城猕猴桃产业起步晚，在早期农户种植管护过程中缺乏规范控制，加上过分追求产量，在生产中出现病虫草害时农户会大量地施用农药进行防治，产量低时也会大量施用作物生长调节剂、化学肥料等提高产量。滥用农药、肥料给生态系统造成了破坏，给生态环境带来了很多难以恢复的影响，在农作物生长环境中出现水源污染、大气污染、土壤重金属超标、肥力下降等现象，这无形中带来很多食品安全问题。为此，分析“水城猕猴桃”产品质量安全问题对绿色产业的持续稳定发展具有重大的现实意义，同时也是对广大消费者“舌尖安全”的重要保障。

本报告基于水城猕猴桃种植管护相关基础调研和检测报告，分析了水城猕猴桃农药残留、重金属超标情况，服务于企业生产、客户消费、政府管理和科研。结合种植管护、采收等实际情况，参照 NY/T 844—2017《绿色食品　温带水果》标准，分别送检了不同产地、生产商的水城猕猴桃共 6 批次样品，对农药残留情况及重金属含量进行了检测，检测农药残留指标有敌敌畏、溴氰菊酯、氰戊菊酯、百菌清、克百威、氯氟氰菊酯、氧乐果、苯醚甲环唑、多菌灵；重金属检测指标有铅、镉。

（一）样品采集

在对水城猕猴桃的农药残留、重金属相关指标的测定中，为保证数据的准确性，在“地理标志产品　水城猕猴桃”的保护范围区域内，同时结合水城猕猴桃产区的聚集点，以乡镇、生产企业或种植大户为单位，分别随机采集了 6 批次样品以进行检测，最终达到检测数据的真实性及准确性。样品采集情况见表 9-9。

表 9-9　水城猕猴桃样品采集情况

序号	样品编号	样品来源	样品生产单位
1	Y001	水城区野钟乡野钟村	水城县宏兴绿色农业投资有限公司
2	Y002	水城区猴场乡格支村	水城县恒丰祥现代农业发展有限公司
3	Y003	水城区野钟乡发射村	水城县南亚生态农业发展有限公司
4	Y004	水城区阿戛镇松绿村、阿戛村	水城县绿美农业开发有限责任公司
5	Y005	水城区鸡场镇坪地村	水城县虹博种养殖专业合作社
6	Y006	水城区杨梅乡群联村	水城县中瑞种养殖实业有限公司

（二）敌敌畏、溴氰菊酯、氰戊菊酯、百菌清、克百威、氯氟氰菊酯测定

对水城猕猴桃中的敌敌畏、溴氰菊酯、氰戊菊酯、百菌清、克百威、氯氟氰菊酯的测定方法引用农业标准 NY/T 761—2008《蔬菜和水果中有机磷、有机氯、拟除虫菊酯和氨基甲酸酯类农药多残留的测定》，经“农业农村部农产品质量安全监督检验测试中心（重庆）”检测，敌敌畏农药残留的检出限为0.01 mg/kg，标准要求≤0.01 mg/kg；溴氰菊酯的检出限为0.001 mg/kg，标准要求≤0.01 mg/kg；氰戊菊酯的检出限为0.002 mg/kg，标准要求≤0.01 mg/kg；百菌清的检出限为0.0003 mg/kg，标准要求≤0.01 mg/kg；克百威的检出限为1.0×10^{-2} mg/kg，标准要求≤0.01 mg/kg；氯氟氰菊酯的检出限为0.002 mg/kg，标准要求≤0.2 mg/kg。实测水城猕猴桃中的敌敌畏、溴氰菊酯、氰戊菊酯、百菌清、克百威、氯氟氰菊酯农药残留均未被检出，符合 GB 2763—2021《食品安全国家标准　食品中农药最大残留限量》、NY/T 844—2017《绿色食品　温带水果》要求。

（三）氧乐果、苯醚甲环唑的测定

氧乐果、苯醚甲环唑农药残留的测定方法引用国家标准 GB 23200.49—2016《食品中苯醚甲环唑残留量的测定　气相色谱—质谱法》和农业标准 NY/T 1379—2007《蔬菜中334种农药多残留的测定　气相色谱质谱法和液相色谱质谱法》，经“农业农村部农产品质量安全监督检验测试中心（重庆）”检测，氧乐果、苯醚甲环唑农药残留的检出限分别为0.01 mg/kg、0.005 mg/kg，标准要求≤0.01 mg/kg。6批次样品均未被检出，符合 GB 2763—2021《食品安全国家标准　食品中农药最大残留限量》、NY/T 844—2017《绿色食品　温带水果》要求。

（四）多菌灵农药残留的测定

多菌灵农药残留的测定方法引用国家标准 GB/T 20769—2008《水果和蔬菜中450种农药及相关化学品残留量的测定　液相色谱—串联质谱法》，

经“农业农村部农产品质量安全监督检验测试中心（重庆）”检测，甲基硫菌灵农药残留的检出限为 1.2×10^{-4} mg/kg，标准要求≤0.5 mg/kg。实测得 Y004 批次样品检测结果为 0.0062 mg/kg，检测结果在 NY/T 844—2017《绿色食品　温带水果》规定的允许范围之内，其他 5 个批次样品的多菌灵农药残留未被检出，符合 GB 2763—2021《食品安全国家标准　食品中农药最大残留限量》要求。

（五）重金属铅、镉的测定

重金属铅、镉的测定方法引用国家标准 GB 5009.12—2017《食品安全国家标准　食品中铅的测定》、GB 5009.15—2014《食品安全国家标准　食品中镉的测定》，经“农业农村部农产品质量安全监督检验测试中心（重庆）”检测，铅、镉重金属的检出限分别为 0.2 mg/kg、0.001 mg/kg，标准要求≤0.2 mg/kg、≤0.05 mg/kg。实测铅含量 Y006 批次样品检测结果为 0.0285 mg/kg，其他 5 个批次样品均未被检出；镉含量 Y002、Y003 批次样品检测结果分别为 0.0019 mg/kg、0.0016 mg/kg，其他 4 个批次样品均未被检出。检测结果均在 NY/T 844—2017《绿色食品　温带水果》允许范围之内，符合 GB 2762—2017《食品安全国家标准　食品中污染物限量》要求。

（六）小结

本报告对 6 批次水城猕猴桃保护范围的不同生产区域样品的敌敌畏、溴氰菊酯、氰戊菊酯、百菌清、克百威、氯氟氰菊酯、氧乐果、苯醚甲环唑、多菌灵、铅、镉等水城猕猴桃常用农药残留及重金属指标进行了测定，结果表明水城猕猴桃常用的农药均未被检测出残留，个别区域重金属检出（见表 9-10），均远小于 NY/T 844—2017《绿色食品　温带水果》标准规定值，也符合 GB 2763—2021《食品安全国家标准　食品中农药最大残留限量》、GB 2762—2017《食品安全国家标准　食品中污染物限量》要求。可见水城猕猴桃安全指数相对较高，符合农产品质量安全。尽管如此，我们也要在更加严格的标准和规程下控制水城猕猴桃的安全系数，生产出符合安全要求的高品质、高质量的猕猴桃。严格把控水城猕猴桃种植、生产、采收、包装、运输、上市等每个环节，严格执行相关标准、准则，控制水城猕猴桃的安全系数，生产符合安全要求的水城猕猴桃绿色产品，在保障消费者食用安全的同时，也为水城猕猴桃提升品牌形象及市场占有率提供有力保障。

表 9-10 水城猕猴桃农药残留及重金属指标测定结果

检测项目	检测机构	检测批次	标准要求（mg/kg）	检测值（mg/kg）
氧乐果	农业农村部农产品质量安全监督检验测试中心（重庆）	Y001—006	≤0.01	未检测出
克百威		Y001—006	≤0.01	未检测出
敌敌畏		Y001—006	≤0.01	未检测出
溴氰菊酯		Y001—006	≤0.01	未检测出
氰戊菊酯		Y001—006	≤0.01	未检测出
苯醚甲环唑		Y001—006	≤0.01	未检测出
百菌清		Y001—006	≤0.01	未检测出
氯氟氰菊酯		Y001—006	≤0.2	未检测出
多菌灵		Y001—003	≤0.5	未检测出
		Y004		0.0062
		Y005—006		未检测出
铅		Y001—005	≤0.2	未检测出
		Y006		0.0285
镉		Y001	≤0.05	未检测出
		Y002		0.0019
		Y003		0.0016
		Y004—006		未检测出

参考文献

[1] 吴丹，张锦，古书鸿，等. 贵州水城县与四川苍溪县红阳猕猴桃种植的气候相似性分析 [J]. 贵州气象，2015，39（3）：35-38.

[2] 夏恒，王晓峰. 水城红心猕猴桃的气候适应性分析 [J]. 贵州气象，2013，

37（1）：34-36.

[3] 吴迪，彭熙，李安定，等. 水城县主要猕猴桃果园土壤养分分析及酸碱度改良方法探讨［J］. 贵州科学，2014，32（4）：94-96.

[4] 万有强，陈强，李雪梅，等. 水城县红阳猕猴桃主产区的土壤肥力及微量元素含量评价［J］. 贵州农业科学，2015，43（10）：107-110.

专题报告

B10

水城猕猴桃产业公共政策发展报告

黄晓芳　韩振诚　杜小书[1]

摘　要： 公共政策是政府对特定社会问题作出的解答与回应。水城猕猴桃产业公共政策折射出水城区政府在猕猴桃产业发展中发挥出的规范引导、监督管理、扶持和治理等职能，对水城区的经济发展、巩固脱贫攻坚和推动乡村振兴战略的实施具有重要的意义和作用。本报告从收集到的六盘水市、水城区颁布的相关政策文本入手，系统梳理2010—2021年各级政府为推动猕猴桃产业发展出台的各类政策。这些政策为猕猴桃产业发展提供了资金、技术、人才等多方面的保障，为水城猕猴桃产业创造了一个良好的发展环境，是推动水城猕猴桃产业高质量发展的一个重要抓手。

关键词： 水城猕猴桃；产业发展；公共政策

一、水城猕猴桃产业发展概况

（一）水城区概况

1. 水城区基本概况

2021年，水城区实现生产总值345.42亿元，同比增长7.7%；财政总收

1　黄晓芳，女，贵州省社会科学院地理标志研究中心助理研究员，主要研究方向为公共政策、地理标志；韩振诚，贵州科学院山地资源研究所助理研究员，主要研究方向为猕猴桃遗传与育种；杜小书，贵州省社会科学院文化研究所原所长、研究员，主要研究方向为文化产业。

入完成 25.18 亿元，同比增长 12.28%；完成固定资产投资同比增长 2.9%；一、二、三产业增加值分别达到 43.35 亿元、192.31 亿元、109.76 亿元，分别同比增长 8%、7.1%、8.6%；城乡居民人均可支配收入分别达 35076 元、12512 元，分别同比增长 8.6%、11%。

水城区地处乌江和北盘江的分水岭地带，位于贵州省西部，位于“中国凉都”腹地，生态环境优异，冬无严寒、夏无酷暑、春早秋迟、雨热同季、立体气候明显、干湿季节分明、昼夜温差大、土壤疏松肥沃、有机质含量高，土壤监测达到二级标准以上，水源质量到达Ⅲ类以上，有效积温 4500℃～5000℃，湿度 80%，年平均降水量 800～1300 mm，年光照时长 1500 小时，发展农业的水热条件好。

2. 水城区农业发展概况

初步统计，2021 年水城区实现农林牧渔业总产值约 77.04 亿元，增长 9%。其中：农业总产值 53 亿元，增长 18%；林业总产值 5.38 亿元，增长 3.8%；畜牧业总产值 15.1 亿元，下降 12.84%；渔业总产值 567 万元，下降 30%；农林牧渔服务业总产值 3.5 亿元，增长 9.85%。种植业方面，2021 年全区实现粮食产量 15.64 万吨，增长 10.6%；其中夏粮产量 8 万吨，下降 6.57%；秋粮产量 7.64 万吨，增长 36.94%；薯类产量 7.54 万吨，下降 5.16%；豆类产量 0.92 万吨，增长 27.75%。经济作物产量 51.4 万吨，下降 2.4%；其中油料产量 0.3 万吨，下降 18.77%；糖料产量 1.45 万吨，下降 3.06%；烟叶产量 0.72 万吨，增长 20.17%；中草药材产量 0.44 万吨，增长 65%；蔬菜及食用菌产量 48.14 万吨，下降 2.28%；瓜果类产量 0.35 万吨，下降 26.73%。

2022 年，水城区预计实现农业总产值 78 亿元，增速 9.1%，农产品加工转化率达 60% 以上。产业发展稳步提升。在高标准管护现有优势特色产业的基础上，建成 7000 亩猕猴桃“吨产园”，水城猕猴桃成功申报全国绿色原材料标准化生产基地。建成 3.5 万亩刺梨“千斤园”，贵州初好农业科技开发有限公司荣获国家重点龙头企业荣誉。建成 4000 亩茶叶“万元田”，水城春茶入选 2021 年全国名特优新农产品名录。生态畜牧业规模持续壮大，产品销售开拓新路，贵州初好农业科技开发有限公司与市场端深度合作，预计销售额达 1.5 亿元。水城贵盐农特产品奖销平台实现带货 1600 万元。在抖音、快手平台直播带货效果显著，扶贫“832”平台发挥效能，农产品线上销售额预计达 8000 万元。粮食安全得到持续保障。新增补充耕地 2720 亩，建成高标准农田 4.5 万亩，播种粮食 90.64 万亩，粮食产量达 18.31 万吨，完成粮食储备 9125 吨，筑起了粮食安全的牢固防线。严厉打击违法占用耕地，全面完成大棚房排查整治，坚决守住耕地保护红线。

（二）水城猕猴桃产业发展概况

水城区立足资源禀赋和产业基础，从 2000 年开始逐步发展猕猴桃产业，种植规模不断扩大，2017 年，水城县委县政府结合“三变”改革经验做法，印发《水城县发展一县一业推动产业脱贫攻坚三年行动方案（2017—2019 年）的通知》（水党办发〔2017〕153 号）文件，将猕猴桃产业确定为水城县“一县一业”产业。2021 年，水城区猕猴桃种植面积达 11.2 万亩，覆盖全区 19 个乡（镇）70 个村（居）3.73 万户 14.22 万人。

2000 年贵州省园艺研究所、水城县农业局、民政局、科技局等单位从四川省引进红阳猕猴桃试种成功，由于其果品品质好，果心红色，又被赋予了“水城红心猕猴桃”的新称号，红阳品种于 2007 年通过贵州省品种审定委员会认定。从 2010 年起，水城县大面积推广种植水城猕猴桃；2013 年成立了水城县猕猴桃产业园区管理委员会，水城猕猴桃成为水城县农业支柱产业；2016 年 9 月、2017 年 7 月，水城猕猴桃公益广告片登陆央视，成为贵州省一张亮丽的名片。2018 年 11 月，以水城猕猴桃为主导产业的水城县现代农业产业园获批为全国首批 11 个国家现代农业产业园之一。

为促进地方特色优势产业加快发展，水城区从品牌培育和打造入手，申请地理标志是其品牌培育的第一步，水城猕猴桃于 2013 年、2014 年分别获得农产品地理标志和国家地理标志产品登记和保护。经过多年的发展，水城猕猴桃的品牌形象、品牌价值和品牌认可度得到大幅提升。目前，已成功打造“凉都弥你红”区域公共品牌，培育了“凉都红心”猕猴桃、“黔宏”猕猴桃 2 个贵州省著名商标，实现了“区域品牌+企业品牌”的双轮驱动，形成鲜果、猕猴桃酒、猕猴桃汁、猕猴桃保健产品、猕猴桃化妆品等全产业链发展格局。2017 年“凉都弥你红”鲜果成功进入东南亚、加拿大、俄罗斯等地区和国家市场；2018 年，“凉都弥你红”系列红心猕猴桃果酒通过美国 FDA 认证（贵州只有茅台酒和凉都猕猴桃果酒通过该项认证），获准进入美国市场；2019 年成功打入中东市场。2021 年 7 月，在贵州省农业品牌价值评价信息发布会上出炉的农业产品品牌 50 强中，“凉都弥你红”以 8405 万元的品牌价值名列第 11 位。

二、水城猕猴桃产业相关的公共政策概况

回顾水城猕猴桃产业发展历程我们可以发现，各级政府出台的各类政策对猕猴桃产业的发展起到至关重要的作用。2000 年，猕猴桃在水城县引进试种成功，但受资金、技术等多种因素制约，猕猴桃规模化种植步伐一直较为缓慢。直到 2012 年、2013 年，水城县绿色产业服务中心和水城县猕猴桃园区管委会先后成立，各种扶持政策密集出台，猕猴桃产业才得以进入快速发展阶段。

（一）水城猕猴桃产业相关的公共政策历程回顾

在水城猕猴桃产业发展的各个阶段，各类政策成为推动产业发展的重要推手。本报告从收集到的六盘水市、水城区颁布的相关政策文本入手，系统梳理 2010—2021 年各级政府为推动猕猴桃产业发展出台的各类政策，水城猕猴桃产业发展的公共政策汇总见表 10-1。

表 10-1　水城猕猴桃产业发展的公共政策汇总

序号	政策名称	发布单位	发文时间
1	关于农业特色产业发展“3155 工程”的实施意见	中共六盘水市委六盘水市人民政府	2014 年 7 月
2	关于印发《推进猕猴桃产业发展 30 条》的通知	六盘水市人民政府办公室	2019 年 9 月

续表

序号	政策名称	发布单位	发文时间
3	关于印发推进猕猴桃产业发展九大重点任务的通知（六盘水府办发电〔2020〕1号）	六盘水市人民政府办公室	2020年1月
4	关于印发六盘水市加强猕猴桃市场监管工作方案的通知	六盘水市市场监督管理局	2020年4月
5	关于印发《全市猕猴桃产业发展现场推进会重点工作任务分解表》的通知	六盘水市水果（猕猴桃）产业发展领导小组办公室	2020年12月
6	《关于扶持重点农业产业发展的意见》（水党发〔2010〕12号）	中共水城县委　水城县人民政府	2010年5月
7	《水城县“十二五”猕猴桃产业发展规划》	—	2012年
8	《水城县2012年度猕猴桃产业发展实施方案》	—	2012年
9	关于印发《水城县加快农业产业结构调整的意见》的通知（水党办发〔2012〕44号）	中共水城县委　水城县人民政府	2012年5月
10	关于印发《水城县猕猴桃产业园区2014年观摩会工作方案》的通知	中共水城县委　水城县人民政府	2014年7月
11	《关于大力支持水城猕猴桃产业园区发展的意见》	中共水城县委　水城县人民政府	2014年12月
12	《水城县进一步加强猕猴桃产业发展实施意见》的通知（水府办发〔2015〕12号）	水城县人民政府	2015年1月
13	《水城县2015年度猕猴桃种植工作方案》的通知（水府办发〔2015〕212号）	水城县人民政府	2015年10月
14	关于印发《水城县深入推进今冬明春农业产业发展行动方案》的通知（水党办146号）	中共水城县委　水城县人民政府	2015年11月

续表

序号	政策名称	发布单位	发文时间
15	关于印发《水城县农业产业病虫害防治方案》的通知（水府办发〔2016〕81号）	水城县人民政府	2016年5月
16	关于做好今冬明春农业产业结构调整苗木采购的通知（水委办字〔2016〕72号）	中共水城县委　水城县人民政府	2016年12月
17	关于印发《水城县猕猴桃果园提升改造实施方案》的通知（水东农通字〔2017〕13号）	水城县东部农业产业园区管理委员会	2017年9月
18	关于印发《水城县2017年猕猴桃产业实施方案》的通知（水党办发〔2017〕141号）	中共水城县委　水城县人民政府	2017年9月
19	关于印发《水城县猕猴桃病虫害绿色防控技术方案》的通知（水东农通字〔2018〕7号）	水城县东部农业产业园区管理委员会	2018年5月
20	关于印发《水城红心猕猴桃周年管理月历》的通知（水东农通字〔2018〕8号）	水城县东部农业产业园区管理委员会	2018年5月
21	关于印发《水城县猕猴桃温氏养猪等十个产业利益联结机制方案（试行）》的通知（水党办发〔2018〕83号）	中共水城县委　水城县人民政府	2018年7月
22	关于印发《水城县猕猴桃产业管护工作方案》的通知（水府办发〔2018〕143号）	水城县人民政府	2018年9月
23	关于印发《水城县2018年秋冬农业产业结构优化方案》的通知（水党办发〔2018〕115号）	中共水城县委　水城县人民政府	2018年9月
24	关于印发《水城县各乡镇猕猴桃产业分布及覆盖贫困户任务分解表》的通知（水猕领通字〔2018〕2号）	水城县猕猴桃产业发展领导小组办公室	2018年10月

续表

序号	政策名称	发布单位	发文时间
25	关于印发《水城县2016—2018年易地扶贫搬迁户和周边农户耕地产业布局及全县产业发展补充实施方案》的通知（水府办发〔2018〕148号）	中共水城县委　水城县人民政府	2018年12月
26	关于印发《水城县2018年猕猴桃产业（二期）“八要素”实施方案》的通知（水党办发〔2018〕142号）	中共水城县委　水城县人民政府	2018年12月
27	关于印发《水城县关于加强质量认证体系建设促进全面质量管理的实施方案》的通知	水城县人民政府	2019年7月
28	关于印发《水城猕猴桃地理标志产品管理办法（修订版）》的通知（水府办发〔2020〕62号）	水城县人民政府	2020年5月
29	关于印发《水城县2020年秋冬猕猴桃产业实施方案》的通知	中共水城县委　水城县人民政府	2020年10月
30	关于印发水城区猕猴桃产业高质量发展“吨产园”建设行动方案（2021—2024年）和水城区2021年猕猴桃产业高质量发展“吨产园”建设实施方案的通知	水城区人民政府	2021年6月

（二）水城猕猴桃产业相关的公共政策具体内容

1．指导性政策

在水城猕猴桃产业的发展过程中，相关政策为其指明了发展方向，充分发挥出政策的指导性作用。2012年5月，中共水城县委、水城县人民政府印发关于《水城县加快农业产业结构调整的意见》，意见要求将猕猴桃产业作为调整农业结构工程的“十大产业”之一，因地制宜连片推进产业结构调整，在低热河谷地区种植猕猴桃。“十二五”期间，每年新增猕猴桃基地3万亩以上，这一意见为水城县“十二五”期间猕猴桃产业的发展提供了指引。2020年1月，六盘水市人民政府办公室印发《关于推进猕猴桃产业发展九大重点任务的通知》，通知从产业布局、基础设施、品牌打造、果品质量、市场营销、科技支撑、资金筹措、企业效益及行业管理九大方面细化了工作内容、完成时限、牵头（责任）单位及责任人，为全市猕猴桃产业发展提供了全方位的保障与政策支持。

水城区坚持以高质量发展为统揽，以“产量产值双提升”为目标，以标准化生产为主线，以完善基础设施、加强产业管护为重点，加快现代化基地建设，促进猕猴桃产业提质增效。2021 年，水城区人民政府出台了《水城区猕猴桃产业高质量发展“吨产园”建设行动方案（2021—2024 年）》。方案提出：到 2024 年，全区建成亩产量不低于 1 吨、商品果率（果重 70 克及以上的鲜果量占总量的百分比）不低于 70% 的猕猴桃产业“吨产园” 7 万亩，综合产值达 21 亿元以上。并对 2021 年、2022 年、2023 年、2024 年每个年度的工作目标做了详细的规定。方案从重点工作、保障措施等方面全方位保障猕猴桃产业的发展。同时，根据建设方案，水城区出台了《水城区 2021 年猕猴桃产业高质量发展“吨产园”建设实施方案》，方案从总体要求、基本原则、重点任务、保障措施等方面对 2021 年水城区猕猴桃产业的发展提供了方向。

2. 财政补助

为推动水城猕猴桃产业的发展、充分发挥财政补助的导向和激励作用，2010 年，中共水城县委、水城县人民政府颁布《关于扶持重点农业产业发展的意见》，文件对猕猴桃产业的发展做了规划，提出：“每年新增猕猴桃基地 1 万亩。通过 2010 年至‘十二五’（2011—2015 年）的发展，建成猕猴桃基地 6 万亩。”统筹专项资金对猕猴桃产业发展给予资金扶持，对猕猴桃产业连片种植 300 亩以上的，每亩补助 1000 元。2014 年 1 月 7 日，中共六盘水市委、市人民政府关于《农业特色产业发展“3155 工程”》的实施意见，将猕猴桃产业列为农业特色产业“3155 工程”的八大产业之一强力推进。通过建立奖励机制，推动猕猴桃产业规模化经营，对猕猴桃种植规模在 1000 亩以上，达到区域化、规范化、标准化要求的，按 2000 元/亩标准给予奖励，奖励资金分 3 年分别按 1500 元、300 元、200 元兑现，市、县（特区、区）财政按 4∶6 比例分担。2015 年，水城县人民政府办公室关于印发《水城县进一步加强猕猴桃产业发展实施意见》的通知提出，对从2014年冬季起凡在猕猴桃产业规划范围内新规划建设，相对集中连片种植，达到猕猴桃产业园区管委会制定的技术规程标准的企业、农民专业合作社、个体农户，均统一标准予以补助。每亩补助3000元（基础设施项目除外），分三年兑现。第一年500元/亩，支持苗木购置环节；第二年1500元/亩，支持棚架搭建环节；第三年1000元/亩，支持果园后续管护环节。对有种植项目扶持，扶持标准不足3000元/亩的，补足3000元/亩，达到或者超过3000元/亩的，不再补助。

3. 提供技术指导

水城猕猴桃产业的发展离不开水城区政府及社会各界提供的技术支持与技术服务。一是加强技术培训。为了加快推进水城县国家现代农业产业园创建工作，切实做大做强水城猕猴桃产业，2017年，水城县印发《水城县2017年猕猴桃产业实施方案》，方案从三个方面加强猕猴桃产业发展的技术保障。①组建专家服务组，加强技术培训。依托技术合作单位，邀请专家对县、乡（镇）、村、合作社技术骨干进行1~2次集中培训，在产业建设各环节结合生产实际开展3~5次现场技术培训。②组建县、乡（镇）技术服务队，从县农业局、林业局、扶贫局、东部园区管委会抽调技术人员组建技术服务队，分赴各乡（镇）全程开展技术指导和技术服务。③组建合作社、基地技术员队伍。临聘30~50名对猕猴桃生产、管护技术比较熟悉的人员，组成产业技术队伍，力争每村或村级合作社配备1~2名技术员，全程负责指导猕猴桃种植各环节工作。二是加强病虫害防治。为提高水城猕猴桃病虫害绿色防控技术水平，结合水城猕猴桃品种、气候及病虫害发生危害特点，2018年，水城县东部农业产业园区管理委员会与贵州大学合作制定了《水城县猕猴桃病虫害绿色防控技术方案》和《水城红心猕猴桃周年管理月历》。方案对休眠期管理（12月—次年1月）、萌芽至展叶期（2月）、现蕾至开花坐果期（3—4月）、果实发育期（5月）、果实膨大期（6—7月）、果实干物质积累成熟期（8—9月）等猕猴桃各生长阶段所遇到的病虫害类型、防治方式提供了全方位的技术指导。《水城红心猕猴桃周年管理月历》，对1—12月猕猴桃生长发育情况进行管理，可以加强果园管理，提高猕猴桃果园管理水平，统一技术标准，提高猕猴桃质量。

4．强化人才保障

保障猕猴桃产业发展的人才需求。区东部园区具体负责，区猕猴桃产业协会配合，在猕猴桃生产端各专业板块、采后储藏加工环节、有机产品和绿色食品等申报认证方面组织培训。培训方式多样化，如网络视听学习、微信技术文稿推送、课堂讲授、实地操作等，保证每个基地有 1～2 名技术扎实的技术骨干，年培训农民 1500 人以上。水城区委区政府每年将适时采取“走出去学习、引进来培训、区内交流讨论”等各种措施加强对技术业务人员、基地业主和其他有关人员的培训，不断提高从业人员的技术业务水平。区农业、林业等有关主管部门要派出技术业务人员在猕猴桃种植管理的关键时期赶赴一线开展技术指导和服务。鼓励区内技术业务人员在干好本职工作的同时，与基地业主签订技术服务协议，利用业余时间积极参与基地建设，同时获得相应报酬。区委区政府对于技术服务质量好、效益明显的技术人员将给予适当奖励。区委区政府研究制定技术人员领办项目制度，鼓励企事业单位技术人员参与产业基地建设等相关政策。由区农业局牵头，猕猴桃产业专班具体负责，结合猕猴桃生产、加工、销售等全产业链各环节发展需要，着眼培育新型职业农民和产业工人，采取举办培训班、现场技术培训、实地示范指导等方式，扎实推进培训农民工作，确保猕猴桃产业从业人员掌握猕猴桃生产、管护等技术。在安排农业适用技术培训的时候，优先向项目区群众倾斜，尽快在项目区培养一批懂技术、会经营、善管理的新型农民。

5．金融政策

金融政策是政府扶持产业发展的主要政策之一，旨在激发各主体的发展意愿。水城区积极调动金融部门针对重点产业适当放宽贷款条件，合理确定贷款期限，适度增加贷款额度，加强财政资金、银行资金和社会资金的有效整合，充分发挥财政资金和信贷资金在促进农业产业结构调整中的作用。区税收征管部门对参与发展重点农业产业的企业，按照国家产业税收政策，“能免则免、能减则减”，给予税收优惠。水城区通过鼓励金融单位积极向基地业主投放贷款，支持农业产业发展，对于基地业主为发展产业而申请的金融贷款，区政府可给予部分财政贴息。建立投融资平台，成立农业投资公司，发挥经济杠杆作用，按照“3+2”扶持模式与金融等部门加强合作，争取产业扶持贷款，支持猕猴桃产业基地建设、猕猴桃交易市场建设、冷链物流建设、产品收购经营、产品深加工、产品宣传销售等环节，完善产业链，促进产业发展。

6. 强化各类要素保障

一是加强组织领导。通过成立领导小组、猕猴桃产业专班等方式加强猕猴桃产业发展的领导。在资金投向、税收管理、计划审批、工商登记、征用土地、聘用人才、物资供应、产品购销等方面强化协作。对龙头企业，农产品行业协会、农民专业合作经济组织和农村致富带头人实行优先、优惠。二是加强市场监管。水城区通过强化属地责任落实、规范生产行为、建立健全猕猴桃追溯体系，做好种植栽培、管理等相关农业记录，从源头上把好质量关。加强猕猴桃产品抽检，加大对抽检不合格产品（问题产品）的核查处置力度，提升猕猴桃产品质量。严厉打击侵权假冒，强化广告监管，严厉查处线上线下虚假违法广告、欺骗误导消费者的行为。加大对外地猕猴桃冒充本地猕猴桃行为的打击力度，突出打击伪造或者冒用认证标志行为、伪造产品的产地行为、伪造或者冒用他人的厂名厂址行为、在生产销售的产品中以假充真及以次充好等行为。三是加强宣传。充分利用广播、电视、网络、报刊、横幅等宣传载体，把猕猴桃产业发展的意义、产业扶持政策送到群众手上，做到家喻户晓、人人皆知。四是完善基础设施。①加强水利灌溉设施建设。各乡镇联系水利部门加快完善产业灌溉水源工程和引水工程建设，结合水肥一体化技术加强喷、滴灌设施建设。各经营主体维护和使用好已建成的水利设施。②加强防护网建设。东部园区加快完成防护网示范工程建设，因地制宜优先在冰雹带、低热河谷和倒春寒严重区域的猕猴桃基地推广使用。③加强防风设施建设。东部园区加强与林业部门对接，科学选择防风树种，合理规划建设一批防风林；在部分风害严重的果园开展防风布试验示范，尽最大限度降低风害。④加快花粉厂建设。水城区宏兴绿色农业投资有限公司做好雄株基地管理工作，加快花粉厂建设，及时购置制粉设备等配套仪器试剂，确保 2022 年进入试生产。

三、水城猕猴桃产业相关公共政策取得的成效

（一）为猕猴桃产业发展创造了良好的政策环境

六盘水市人民政府与水城区人民政府积极出台了各类扶持政策，充分激发全区发展猕猴桃产业的积极性，调动全区发展猕猴桃产业的热情。不同类型的政策从不同方面为猕猴桃产业的发展提供了全方位的政策保障。《水城猕猴桃地理标志产品管理办法（修订版）》从保护范围、质量控制技术规范、水城猕猴桃地理标志产品专用标志使用与监督管理、标识使用者的权利和义务等方面规范水城猕猴桃的管理，既统一了标准，又为稳定猕猴桃品质提供保障。《水城县农业产业病虫害防治方案》《水城县猕猴桃果园提升改造实施方案》《水城县猕猴桃病虫害绿色防控技术方案》《水城县猕猴桃产业管护工作方案》等方案的出台，都显示出水城区对猕猴桃产业的重视，以切实的行动助推全区猕猴桃产业产品发展，因地制宜，做大做强猕猴桃产业，真正实现生态美、产业兴、百姓富。而其他政策的出台，以优化产业结构为重点，以绿色发展为导向，着力优化产业布局、创新建设管理机制、强化政策支持和建设管理，为猕猴桃产业的发展创造了良好的政策环境。

（二）促进猕猴桃产业现代化发展

水城区通过引进推广一批适合山地果园使用的农机具，探索建设智能大棚栽培猕猴桃，开展试验示范，提高猕猴桃产业机械化、智能化水平。全区猕猴桃“吨产园”实现绿色防控与统防统治全覆盖，农药、化肥使用量保持负增长，分选、加工、包装全链条实现清洁化生产，推动全产业链绿色发展。水城区加强猕猴桃科技成果转换，抓好猕猴桃产业技术创新，建立猕猴桃科研基地，示范推广猕猴桃种植、贮藏与加工新技术、新成果，支持猕猴桃产业基地建设、猕猴桃交易市场建设、冷链物流建设、产品收购经营、产品深加工、产品宣传销售等环节，完善产业链，促进产业发展。

（三）基础设施更加完善

完善的基础设施是产业可持续高质量发展的前提条件之一，良好的基础设施能够提高猕猴桃的生产效率，保证猕猴桃产品质量，降低管理成本，提高猕猴桃的经济效益。2020 年，水城区通过多种方式完善基础设施建设，一是积极争取资金，完善猕猴桃基地基础设施建设，完成 10 个乡镇 16 个猕猴桃果园基地引灌工程建设以及 4 个果园喷、滴灌网铺设，解决了猕猴桃春季萌芽期至果实膨大期的缺水问题，提高了果园管理效益。二是优质高产果园防护网建设试验示范，选取一批示范带动成效好的企业，打造 1300 亩有防护措施的基地，在极端高温、强风、冰雹等突发自然灾害的情况下起到一定防灾减灾作用。三是建设猕猴桃花粉厂，为全区猕猴桃雌株授粉提供花粉来源。四是加强与林业部门对接，合理选择防风树种，建设防风林带。根据实际情况，在风害较大的果园开展防风布和防风网试验示范。基础设施的日趋完善与防灾减灾体系的逐步建立，促进了猕猴桃产业的高质量发展，也提高了果农应对自然灾害的能力，减少自然灾害带来的损失。

B11

水城猕猴桃公共宣传发展报告

吴文仙　刘清庭[1]

摘　要：水城猕猴桃坐拥得天独厚的地理环境及气候资源，产品质量异常突出，这与水城品牌知名度不匹配，原因之一在于其宣传工作跟不上。公共宣传作为一种重要的营销手段，理应被水城政府、企业以及各关联对象重视。本报告从公共宣传的角度出发，分析水城猕猴桃产业公共宣传的现状问题，提出一些做好公共宣传工作的建议和案例，启发水城猕猴桃公共宣传的工作思路，促进水城猕猴桃品牌提升。

关键词：水城猕猴桃；公共宣传；宣传方式

一、水城猕猴桃公共宣传的意义

在现代农业发展进程中，市场逐渐多元化、品牌化、个性化，品牌日益成为现代农业高质量发展的核心要素之一，强势的品牌意味着市场地位高和利润大。品牌的背后离不开两个关键因素支撑：一是品质，二是传播。好酒不怕巷子深已经不适应现代竞争激烈的市场，好产品要得以充分地宣传，才能被消费者认识，最终获得发展。宣传是一种专门为了服务特定议题（议事日程，agenda）的信息表现手法，运用各种符号传播一定的观念以影响人们的思想和行动的社会行为。公共宣传是实现信息传播的一种方式，根据喻世友主编的《资本主义管理大辞典》，公共宣传是“指在企业的公共关系范围

1　吴文仙，贵州日报报刊社编辑，法学硕士，主要研究方向为新闻传播实践与研究；刘清庭，贵州省社会科学院地理标志研究中心助理研究员，主要研究方向为地理标志。

内公众所能看到、听到的信息媒体上，由第三者或新闻机构撰写报道文字，为企业宣传各种产品、商标、活动、组织、任务，是一种几乎不支付费用的促销措施”。有别于一般的商业宣传，公共宣传具有可信度高、影响面较广、促销效果好、费用水平低的特点。

水城猕猴桃产业发展起步时间较晚，基础薄弱，产业发展至今虽取得一定成效，但香甜独特的水城猕猴桃仍然需要充分地宣传。低成本、可信度高、效果广的公共宣传应该成为水城猕猴桃选择的一种宣传方式。然而产区猕猴桃企业多处于实力小、生存难的状态，再对水城猕猴桃投入大量金钱进行品牌宣传，更显得有心无力，而且企业或个人进行的宣传，更多会指向自己品牌的宣传，相对弱化了水城猕猴桃的地位。水城猕猴桃是水城区地理标志产品，是产区群众的共有品牌，其特定的品质和声誉更多得益于水城自然生态和历史人文积淀，政府或行业管理部门在水城猕猴桃公共宣传上更有优势力量。本报告探讨水城猕猴桃公共宣传，是水城猕猴桃产区内政府或行业管理部门、单位以及水城猕猴桃关联者，以水城猕猴桃为主题，通过不付费或少付费的方式获得第三方机构（多为新闻媒体）报道或直接使受众听到、看到的相关活动。

二、水城猕猴桃公共宣传现状问题分析

水城猕猴桃产业发展于20世纪90年代，水城猕猴桃公共宣传发展主要分为两个路径。一方面是产区政府及行业主管部门利用自身资源和第三方新闻媒体资源，将水城猕猴桃相关产业动态传递给公众。水城区在2019—2021年举办过三届“凉都猕猴桃节”；2019年9月，水城县组织贵州黔永福农业发展有限公司、六盘水朝辉农业发展有限公司、水城县林祥种养殖农民专业合作社三家猕猴桃企业在南宁参加第16届中国—东盟博览会、中国—东盟商务与投资峰会，前来品尝、了解、购买猕猴桃的人络绎不绝，并对水城红心猕猴桃的口感和果形都赞不绝口，水城猕猴桃吸引了来自马来西亚、巴基斯坦、印度、中国香港等地区的游客及客商前来品鉴。2021年8月，水城区举行凉都猕猴桃产业新闻发布会，六盘水市委宣传部副部长、市政府新闻办

主任居应兰主持新闻发布会，市农业农村局副局长胡兴建，区人大常委会副主任金星参加新闻发布会。另一方面是来自民间群众的自发推广。水城猕猴桃以红心猕猴桃为主要品种，以甜度好、红心无毛著称，2013 年获得农产品地理标志产品。随后逐渐热销市场，水城猕猴桃因此凭借良好的口碑逐渐在消费者之间传播，许多消费者慕名而来，产区农户企业看到巨大前景和利益，在种植和宣传推广上积极性提高，自发通过人群、自媒体进行宣传推广。

随着水城猕猴桃产业规模的不断扩大，水城区注意到宣传对于水城猕猴桃产业发展的重要性，虽然开展了系列宣传，但也存在不少问题。

（一）水城猕猴桃公共宣传与水城猕猴桃实力不匹配，宣传力度小

纵观水城猕猴桃产业的发展过程，曾经出现许多“大”事件没有进行充分宣传和造势。2007 年 12 月 15—17 日，贵州省水城县广丰农业开发有限公司选送的黔宏牌红心猕猴桃荣获 2007 中国（江西）果品及苗木展销会“猕猴桃类”金奖；2008 年，水城猕猴桃产业园的“黔宏牌”红心猕猴桃被选为北京奥运会指定果品。2010 年，水城猕猴桃被列为中国 2010 年上海世博会指定果品。这些水城猕猴桃历史上曾经出现的高光时刻，没有被很好地进行宣传，现在几乎找不到相关新闻讯息。

（二）获得新闻报道范围和体量小

以传统报纸新闻媒体为例，在国内 4 个综合性数据库（中国知网、万方、维普、超星）中以“水城猕猴桃”为主题检索相关报纸，总计 82 条。除 2001 年有 1 篇报道外，水城猕猴桃自 2000—2010 年获得媒体报道几乎为零；直到 2011—2013 年获得媒体报道数量缓慢上升；2014 年有所回落，随后报道数量呈波浪形上升，总体升中有落，2017 年到达媒体报道数量最高点；2018—2020 年经历回落和小高峰上升；2021 年暴跌至 1 篇。根据猕猴桃产业国家创新联盟理事长、陕西省猕猴桃产业体系首席专家刘占德代表联盟在眉县举办的第九届中国（国际）猕猴桃产业发展大会上正式发布的

《中国猕猴桃产业发展报告》（2020）：我国猕猴桃分布排名前 6 的是陕西、四川、贵州、湖南、江西和河南，其中陕西眉县和周至，四川的蒲江和都江堰，贵州的修文和六盘水、江西的奉新和赣南地区等，成为全国猕猴桃大发展的领路者。而以同样的方式检索“周至猕猴桃”“眉县猕猴桃”“修文猕猴桃”“浦江猕猴桃”“都江堰猕猴桃”相关报纸得出如下结果：水城猕猴桃报纸报道 82 篇，而与之同为领路者的周至猕猴桃报道量高达 697 篇，眉县猕猴桃 414 篇，修文猕猴桃 336 篇，苍溪猕猴桃 355 篇，都江堰猕猴桃 203 篇，浦江猕猴桃 172 篇，奉新猕猴桃 57 篇，相比这些地区，水城猕猴桃受到媒体报道体量相对较小，处于低下水平。水城猕猴桃 2001—2022 年主题报纸报道情况见图 11-1。

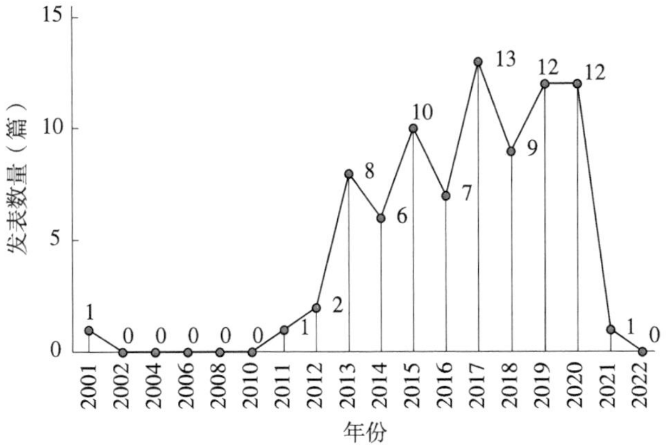

图 11-1　2001 年以来水城猕猴桃主题报纸报道情况

在新闻媒体报道上，有《六盘水日报》《乌蒙新报》《贵州日报》《贵州民族报》《贵阳晚报》《法制生活报》《劳动时报》《金融时报》《农民日报》《中国乡镇企业报》《中国邮政报》《中华工商时报》《贵州政协报》《贵州商报》《贵州都市报》等媒体（见图 11-2），报道的媒体多集中在当地媒体中如《六盘水日报》《乌蒙新报》，省级以上媒体相对较少。不同媒体决定不同受众，水城猕猴桃新闻集中在当地媒体发布，一定程度上决定了相关信息在当地传播的局限。

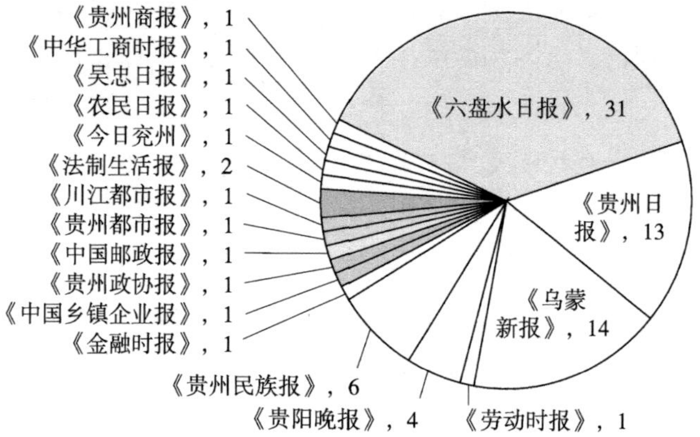

图 11-2　水城猕猴桃新闻媒体报道分布情况

（三）宣传工作碎片化、零星化，目标定位不清晰

宣传不是目的，是实现目标的手段，从现有的相关宣传信息来看，水城猕猴桃的宣传工作更多只为完成任务，在宣传工作上从顶层设计到实施缺乏组织统筹和长远规划，导致公共宣传主体不明确，目标不清晰，许多宣传工作无策略。水城政府虽然将水城猕猴产业作为重点产业，但没有建立完善的宣传推广工作机制，虽有专门的猕猴桃产业园管理委员会，其更多注重产量、规模的提升，对于公共品牌的宣传不够重视，造成水城猕猴桃宣传工作碎片化、零星化。

（四）宣传内容爆点少，难以引人注意

“有趣的灵魂万里挑一。”不管是在传统媒体时代还是在风起云涌的新媒体时代，爆炸性、独特性、新颖性、趣味性、深度性的内容往往更能引发社会关注。现阶段水城猕猴桃多采用说教式、灌输式的方式进行宣传，选择话题主要集中在生产种植，从内容到形式，从招牌到口号，从宣传手段到包装技巧，每次举办的会议，都因为缺乏新颖的主题和活动而难以对广大受众产生吸引力。

三、水城猕猴桃产业公共宣传的建议

（一）强化宣传工作组织领导，健全水城猕猴桃公关宣传机制

公共宣传是一个系统工程，涉及战略、策略、媒体组合、文案及活动策划等方面。要保证公共宣传做得好，需要由专业的组织管理来做保证。水城区应充分地认识到公共宣传对水城猕猴桃品牌建设的重要性。一是打破现有宣传局面，从政府到企业进行资源、职能整合，进一步完善组织领导、实施、积极参与的工作格局，形成责任和分工明确的公共宣传机构。二是组织内部建立完善的公共宣传工作目标责任考核机制，把水城猕猴桃宣传工作纳入组织年度考核。三是加强水城猕猴桃宣传组织的内部宣传，把任务合理分解，在组织内部首先树立“宣传工作人人有责”的意识，逐步形成群策群力、共同参与的良好局面。四是提高宣传人员业务水平，吸收社会和院校专业优秀人才，以不断提高宣传队伍水平。

（二）重塑公共品牌

充分发挥公共品牌的宣传推广和示范效应，形成区域印象标签。结合水城猕猴桃自身实际和市场现状，挖掘水城猕猴桃文化内涵，整合产业资源，将水城猕猴桃作为代表一个区域的特色文化标签，对品牌进行长远性的定位，做好品牌顶层设计，塑造一个可行、容易识别的品牌文化，围绕该品牌定位开展有计划、有目的的宣传，推进水城猕猴桃公共品牌建设和提升。

（三）注重公共宣传中受众的参与度，关注与受众的双向互动

宣传水城猕猴桃是为了使受众认识水城猕猴桃，将潜在受众转为实在受众，实现有效的传播。现有的宣传大多是一种单向的信息传播，往往以说教的方式向受众传递信息，在信息传播过程中受众无法参与、评论和建议。而现在受众已经不仅仅满足于单方面接受信息，而是有参与的强烈愿望。因此，要一改传统的思维模式和习惯定式，把目标受众的互动性纳入水城猕猴

桃宣传的基本要求，这样不但能加深目标受众对水城猕猴桃的印象，也能使水城猕猴桃生产主体更好地了解目标受众的意见、建议和要求，便于调整策略，为受众提供更适合的产品和服务。

（四）探索有效的公共宣传内容

公共宣传是品牌塑造的重要手段，公共宣传形式灵活、丰富多样，例如，举行演讲会、记者招待会、新产品展览会、经验或技术交流会，印发公共关系刊物，制作视听资料，以及举行其他形式的公共关系专题活动；一面旗帜，一枚徽章，一套制服，一座博物馆……都可以成为宣传手段。在信息化时代，想要宣传“入脑入心”，必须“入眼入耳”，给人耳目一新的感觉，创新宣传方法，抓住大众眼球，才能让宣传真正深入人心。爆炸性、独特性、新颖性、趣味性、深度性的内容往往更能引发社会关注，下面介绍几个公共宣传案例。

1. 赞助有影响力的社会活动

上海的主要新闻媒介曾经纷纷报道，作为假日酒店集团“让世界充满爱”计划的一个部分，由假日酒店集团管理的上海银星假日宾馆将选送一位特殊客人赴美国的国际儿童村观光游览。这位特殊客人是一位3岁就被人遗弃的早衰女孩，尽管她当时有13岁，但身高仅1.02米，体重不足11千克，同时却有着一副60岁老人的面容。人们在叹息早衰女孩的同时，也为上海银星假日宾馆做了一件善事而交口称赞，上海银星假日宾馆在做好事的同时，也向社会做了一次颇有新闻价值的公共宣传。①

2. 标新立异的公共宣传

2016年4月，售卖镇宁樱桃的一个水果摊主，用镇宁方言吆喝道：“镇宁恩（樱）桃，新宣（鲜）得无法形容，好吃得无与棱（伦）比，甜得呛（像）初恋。”仅仅4句“歌词”，引发网友竞相模仿，镇宁樱桃也因此声名大震。镇宁樱桃哥吆喝的视频刷遍安顺、贵阳微信朋友圈，吸引多家媒体争相报道，许多游客都是看了视频之后慕名来到镇宁采摘樱桃，大大提升了镇

① 王大悟，刘耿大．新编酒店营销学［M］．海口：海南出版社，1998：281.

宁樱桃的知名度。2021 年 7 月，云南曲靖富源县公安局的民警用云南山歌的曲调，以幽默风趣的表演形式，自编自导的一则宣传慎食野生菌视频："红伞伞，白杆杆，吃完一起躺板板。躺板板睡棺棺，然后一起埋山山。埋山山哭喊喊，全村都来吃饭饭，吃饭饭有伞伞，全村一起躺板板……"发布后走红网络，纷纷被全网转发、模仿，此后消防、公安等部门也用这个曲子拍摄了科普视频，野生菌食用安全教育因此进入全国人民心里。

3. 公共宣传中的名人效应

炸鸡一度失去了中国消费者的欢心，2013 年，一部热门韩国电视剧《来自星星的你》让炸鸡在中国恢复活力。剧中主角（由韩国一线明星全智贤饰演）热爱炸鸡和啤酒，她在剧中一句"下雪了，怎么能没有炸鸡和啤酒?"让被冠以"油腻、肥胖"之名的炸鸡成为"浪漫时尚"的代名词。一时之间，全国各地的炸鸡店里上演"炸鸡配啤酒"的情节。

（五）整合传播资源，充分利用各种传播渠道

在农产品宣传方式单一，力度不大的现状下，如果政府能充分整合传播资源，从各个方面发声，占领市场，那必将形成良好的氛围，使水城猕猴桃产业快速发展。从传统媒介到新媒介以及户外媒介，每种广告媒介都有各自的优势和劣势，碎片化的传播环境使大众接收的信息也逐渐碎片化，品牌传播应该结合多种媒介进行宣传发声。总而言之，各媒介各有所长，品牌要做的是取其所长，整合传播资源，在各个频道有效发声，多方合力传播。水城猕猴桃产区政府应在职能范围下，在汽车站、火车站、旅游景区等公共场所投放宣传标语或宣传片，这种流动人口较大的地方有利于提高水城猕猴桃品牌知名度。对于其他媒体形式的宣传媒介，公共宣传人员应主动向媒体提供水城猕猴桃行业准确真实的热点消息，借助媒体的传播优势，发挥媒体的舆论导向作用，达到宣传目的。宣传部门要积极进行手段创新，利用网络媒体和自媒体，结合传统方法，多角度、立体化宣传。

参考文献

[1] 王大悟，刘耿大. 新编酒店营销学 [M]. 海口：海南出版社，1998：281.

B12

水城猕猴桃产业公共服务发展报告

谭贵艳　冷云星[1]

摘　要： 近年来，水城猕猴桃的产业发展如火如荼，产业发展规模不断扩大，产量稳步增长，种植模式逐步向集约化的现代农业方向发展。水城猕猴桃的产业发展同公共服务的提升相辅相成，公共服务能力的提升与水城猕猴桃产业发展的有机结合，不仅有利于水城猕猴桃产业的高质量发展，还有利于水城区公共服务能力的建设完善，推动水城政府主体部门提供更加完善的公共服务。本报告研究了水城猕猴桃产业的公共服务主体及其功能，分析了水城猕猴桃产业公共服务发展的现存问题，并在此基础上提出了有针对性的对策建议。

关键词： 水城猕猴桃；公共服务；产业发展

一、水城猕猴桃产业及公共服务

（一）水城猕猴桃产业简介

水城红心猕猴桃，实名红阳猕猴桃，品种属于国内优新品种，为苍溪县与四川省自然资源研究所协作，在1986年从苍溪县中华猕猴桃实生群落中筛选，于1995年培育成功的一个猕猴桃新品种，为国内外少见的珍稀品种，属中国独有。1997年经四川省农作物品种审定委员会审定，成为我国唯一

1　谭贵艳，女，贵州大学公共管理学院硕士研究生，主要研究方向为公共政策；冷云星，贵州省果树蔬菜工作站级农艺师，主要研究方向为猕猴桃果树栽培。

通过审定的红果肉早熟品种。2000 年，贵州省园艺研究所、水城县民政局、水城县科技局、水城县农业局等单位从四川省自然资源研究所引入“红阳猕猴桃”品种，在猴场、米箩、鸡场、蟠龙 4 个乡镇试种，收到了较好的试验效果。2004 年，水城县人工种植的猕猴桃开始挂果，在形状上，其大于本地野生猕猴桃，在口感上，其味更甜。由于红心猕猴桃优质的品质，其售价高于本地野生猕猴桃的几倍。自此，水城县人民政府捕捉到红心猕猴桃巨大的市场空间，充分利用本地自然资源的优势，对农业产业结构进行调整，此后，红心猕猴桃成为水城继优质富硒茶叶后的又一优势特色产业。从此，水城猕猴桃的种植从猴场镇开始，不断蔓延到蟠龙、红岩、米箩等乡镇。2013 年，贵州省重点打造的“100 个现代农业高效示范园区”，水城猕猴桃产业园区被纳入其中。示范园区由米箩核心区和猴场特色示范区组成，园区由猕猴桃产业核心区、猕猴桃产业示范区、猕猴桃产学研基地、猕猴桃产业深加工区、布依风情园 5 个功能区组成，总规划面积 6.576 万亩。辐射周边 19 个乡镇，规划区和辐射区适宜猕猴桃种植面积 15 万亩。截至 2021 年，水城区猕猴桃产业面积达 11.2 万亩，2021 年全区挂果面积 6.5 万亩，产量 2.5 万吨，实现产值 7 亿元以上。2021 年，《中华人民共和国政府与欧洲联盟地理标志保护与合作协定》正式生效，水城猕猴桃进入中欧互认名单。

（二）公共服务的内涵及意义

理解公共服务的内涵，需从两个角度入手。其一，从服务角度来看，在经济学中，服务是相对于生产的，在我国的产业结构中，第一、二产业生产出的产物具有实体形态，而第三产业不生产任何物质产品，只提供劳务服务。因此，在公共管理学中所提到的服务即劳务，是指不以实物形式而以提供劳动的形式满足人们的某种特殊需要①。其二，从公共角度来看，公共服务属于公共物品范畴。公共物品是相对于私人物品而言，公共服务以合作为基础，强调政府的服务性，强调公民的权利。按照公共物品的形态来分，可

① 安体富，任强．公共服务均等化：理论、问题与对策［J］．财贸经济，2007（8）：48-53，129.

分为有形的公共物品和无形的公共物品，公共服务属于无形的公共物品。公共服务与私人服务是相对的，公共服务由政府提供，而私人服务由市场提供。综上，公共服务是指由政府等非营利性组织通过直接提供劳务为社会公共需要服务。

从以上阐述可知，公共服务由政府部门主导供给，其主要包括加强城乡公共设施建设，发展社会就业、社会保障服务和教育、科技、文化、卫生、体育等公共事业，发布公共信息等，为社会公众生活和参与社会经济、政治、文化活动提供保障和创造条件。① 在各行业中，公共服务统筹于各企业组织形式，职能各异的政府部门所提供的公共服务也各有所异，具有非竞争性和非排他性的特征。公共服务作为产业发展所依托的社会环境，是行业在市场中良性运转的环境基础。公共服务范围的扩大与质量的提高，将有助于增强行业的满意度与提高行业的工作效率，从而促进经济体制改革与引导社会投资等。

（三）水城猕猴桃产业及猕猴桃产业公共服务

长期以来，产业与公共服务间有着相辅相成、密不可分的关系。一方面，公共服务为产业发展提供良好的营商环境，产业的正常运转离不开政府部门所提供的公共服务，产业在政府所提供的公共服务中良性运转，获取更大的市场空间。产业形成公共服务体系，呈现出其运转规律。另一方面，公共服务依托产业而存在，其需要在具体的产业中发挥效能，实现其服务社会、服务公众的价值，离开产业的公共服务将难以提供。因此，公共服务与产业的结合，是产业长久发展的充分必要条件。

水城猕猴桃产业的发展离不开水城相关政府部门所提供的公共服务，产业的发展及品牌的建设需要公共服务作为依托。近年来，随着猕猴桃产业在脱贫攻坚与乡村振兴中的价值凸显，水城猕猴桃产业的发展如火如荼。事实上，水城猕猴桃产业与公共服务是相辅而行的。一方面，猕猴桃产业的发展

---

① 中国行政管理学会课题组. 加快我国社会管理和公共服务改革的研究报告 [J]. 中国行政管理，2005 (2)：10-15.

离不开公共服务的供给与支持，猕猴桃生产的基础设施、栽培技术、产品检验与品牌建设等都离不开公共服务的参与；另一方面，猕猴桃产业的发展推动着水城区公共服务的建设与完善。水城猕猴桃产业的发展，在提供就业岗位的同时改善了农村公共基础设施，交通、水利与产地基地建设等随着猕猴桃产业的发展也在不断完善与健全，从而促进了公共服务目标的实现。因此，要想规范化、科学化、标准化地发展水城猕猴桃，达到改善民生的公共服务目标，就需要实现水城猕猴桃产业发展与公共服务有价值、有效率地整合衔接。

二、水城猕猴桃产业的公共服务主体与内容

猕猴桃种植作为一种栽培历史悠久、种植面积广大的产业，在水城已经成为带领人民脱贫致富、促进城乡融合发展的支柱产业之一。猕猴桃产业在生产流通过程中不仅增加了农民的就业岗位，还完善了农村基础设施建设、实现增强民生福祉与促进水城经济发展的目标。此外，在猕猴桃产业中，对猕猴桃及相关产品的品牌保护模式与申请渠道并不是单一的，主要有原国家质检总局批准的猕猴桃地理标志保护产品、农业农村部批准的农产品地理标志与国家知识产权局批准的猕猴桃一般商标。不同部门的职能差异构成了不同的保护制度，所提供的公共服务也各有所异，因而也形成了多元化的公共服务主体。本报告将从公共服务主体出发，探究各主体的职能表述，以期为水城猕猴桃产业发展与公共服务的建设、发展寻得思路。

（一）政府机构

在市场经济体制下，市场存在一只无形的手，将资源分配到效益最大的地方去，从而实现市场经济的有序运转。而在中国的市场经济体制中，政府机构常通过宏观经济调控在市场的经济运转中发挥着加强市场监管、维护市场秩序、加强与优化公共服务弥补市场失灵等功能。针对水城猕猴桃产业的建设发展，国家各部委，各省、市、县人民政府，依法全面执行政府职能，有的放矢地开展工作，在制定和颁布相关措施上秉持科学指导、因地制宜的

原则有序推动水城猕猴桃产业发展。2012 年，水城县人民政府颁发《水城县 2012 年猕猴桃产业实施方案》，提出 2012 年在米箩、蟠龙、顺场等 16 个乡（镇）新建猕猴桃基地 33200 亩，将对猕猴桃产业建设投资 7079.2 万元，同时将猕猴桃产业项目纳入年度目标考核管理。2015 年，水城县人民政府为加快推进猕猴桃产业发展进程颁发了《水城县进一步加强猕猴桃产业发展实施意见》，提出按照集中打造、重点发展、辐射周边的思路，以米箩、猴场为核心，以玉马线、水黄线和水盘线为重点的“一核三线”合理布局猕猴桃产业。同时对相对集中连片种植、达到猕猴桃产业园区管委会制定的技术规程标准的企业、农民专业合作社、个体农户予以补助。2018 年，水城县人民政府颁发《水城县猕猴桃产业管护工作方案》，提出须推进猕猴桃产业精准扶贫，完善利益联结机制，确保农户持续稳定增收，为农业农村经济持续健康发展注入新动能、新活力，实现“生态美、产业兴、百姓富”。

（二）科研部门

科研部门协同相关部门专门制定猕猴桃产业专业人才队伍建设、开展专业人才服务基层活动的有关方案，从而推进水城猕猴桃产业朝专业化、科学化与现代化发展方向进行。近年来，水城县借助中国科学院对口帮扶优势，以科技服务助力农民增收，通过产学研深度融合的技术创新体系，助推水城猕猴桃产业转型升级、提质增效。2012 年，贵州科学院山地资源研究所通过与六盘水市农业农村局合作，在水城区米箩镇俄戛村建设了贵州省猕猴桃产学研基地 230 余亩，专门组建猕猴桃科技创新团队，致力于猕猴桃品种选育和高效栽培技术的研究。目前，引进优质猕猴桃品种 40 余个，收集保存猕猴桃种质资源 200 余份，制定技术规程 4 项，培训农户 10000 余人次。贵州科学院猕猴桃团队长期在水城开展猕猴桃技术培训，不断为企业和种植户解决生产中的科技问题，为水城猕猴桃产业健康发展提供了强有力的技术支撑。2020 年以来，水城区组建了猕猴桃科研所，开展了水城猕猴桃智能化数字农业应用示范、水城猕猴桃保鲜储运技术集成应用等课题的研究，实施了水城区红心猕猴桃提质增效关键技术研究与应用示范项目；新增猕猴桃果园物联网 0.16 万亩、节水灌溉 0.7 万亩。在全区各有关乡镇开展现场猕猴桃技术培训，指导果园管护，已组织培训农民 2600 余人、技术骨干 200 余人。通过线上交流平台和电话等方式进行服务，开展技术培训，解答和指导猕猴桃管护技术问题。

（三）宣传部门

宣传部门负责猕猴桃品牌的公共宣传工作。从确定公共宣传目标、确定公共宣传的信息与媒介到最后实施公共宣传计划，都离不开宣传部门的参与。为打响水城猕猴桃品牌名声，拓宽其市场空间，水城区宣传部门通过电视、报纸、新媒体平台、互联网等媒介向公众宣传猕猴桃及相关产品，从而增加了公众对水城猕猴桃的认知程度，提升了水城猕猴桃的知名度，促进水城猕猴桃产业品牌化发展。迄今，水城区宣传部为积极宣传猕猴桃相关产品，先后在《人民日报》、人民网、国际在线、中国新闻网、新华网贵州频道、《光明日报》、今日头条、新浪贵州、《贵州日报》、贵州日报天眼新闻客户端、多彩贵州网、动静贵州、中国六盘水网、《六盘水日报》、ZAKER 六盘水、《乌蒙新报》、视听凉都、微凉都等央级、省级、市级主流媒体先后刊发了水城区动态数百余篇。

（四）财政部门

产业的发展离不开资金的支持，产业发展的良性运转需要充足的资金支持，而财政部门则负责水城猕猴桃产业的相关资金。2019 年，水城县提出将水城县中央财政预算内以工代赈资金 220 万元全部用于水城县“一县一业”猕猴桃产业扶贫项目。2020 年，水城区 2020 年中央、省财政专项扶贫以工代赈资金 1140 万元统筹整合用于水城区 2020 年“一县一业”猕猴桃产业扶贫项目，用于新建猕猴桃果园节水灌溉工程。自 2021 年以来，猕猴桃产业园区通过与上级部门积极对接，争取到位资金 2018.77 万元，涉及项目 5 个，其中以工代赈资金项目 1 个，东西部协作援助资金 2 个，乡村振兴资金 2 个。财政部门依法对水城区产业发展资金合理利用，有效地防止了挪用、侵占与截取等违规违法的现象发生，做好了相关资金的筹集、拨付与计算工作，通过财政补贴与专项资金的有机结合，有效地促进了水城猕猴桃产业的发展。

（五）知识产权部门

对于水城区知识产权部门而言，其主要负责提出猕猴桃产权专利法及其实施细则的修改草案，同时研究相关知识产权法规与组织制定猕猴桃产品专利工作的规章制度。自水城猕猴桃产业发展至一定规模时，水城区积极进行专利申请，从而对猕猴桃相关产品更好地进行保护。据了解，水城区积极进行猕猴桃相关种植技术专利申请工作，截至 2022 年，水城猕猴桃拥有的授权专利共 9 件，其中发明专利 3 件，实用新型专利 6 件，专利主要集中在猕猴桃的种植和保鲜领域。

（六）农业农村部门

农业农村部门负责指导水城猕猴桃产业的种植，组织构建现代化猕猴桃产业体系，将猕猴桃种植科技知识与现代农业产业化、标准化生产技术相结合。其负责猕猴桃产品的质量安全监测、追溯、评估与病虫害防治，指导猕猴桃产业检验检测体系的建设。2019 年，水城县农业农村局关于印发《2019 年水城县农产品质量安全监督抽查实施方案》的通知，对农产品生产、收贮、运输、屠宰等环节进行质量安全监督抽查。2022 年 6 月，水城区农业农村局颁发《水城区 2022 年农业主推技术要点明白卡（猕猴桃病虫害控制）》，规定了猕猴桃病虫害综合防治、主要病害防治、主要虫害防治和农药安全使用要求。在规定防治时期内，田间表现的病斑（害虫危害状）数或此时的梢、叶、花、果危害率。同年，水城区农业农村局再次颁发《水城区 2022 年农业主推技术要点明白卡（猕猴桃整形修剪与花果管理）》，阐述了猕猴桃整形修剪和花果管理技术的要点，以期为猕猴桃的生产管理提供参考依据。

（七）市场监督管理部门

市场监督管理部门负责猕猴桃产业的综合监督管理，贯彻落实国家市场监督管理的方针、政策和有关法律法规，组织起草有关规范性文件，组织相关部门、企业、合作社制定猕猴桃产业地方标准，规范和维护市场秩序，营造诚实守信、公平竞争的市场环境。负责对水城猕猴桃企业、农村专业合作社和从事经营活动的单位、个人等市场主体的登记注册并实施监督管理，依法查处取缔无照经营，此外还组织、监督与管理猕猴桃产品的商标注册活动，依法保护商标专用权和查处商标侵权行为，协商处理商标争议事宜，加强水城猕猴桃产品商标保护工作。通过在六盘水市水城区人民政府官网上搜索，可发现其市场监督管理部门积极履行其职能，将商标申请流程与申请过程中常见的问题一一列举，从而为猕猴桃的商标申请工作提供了服务。本报告通过在国家知识产权局官网中进行搜索，发现水城县于2012年就已开始猕猴桃商标保护工作，截至2022年，水城猕猴桃相关产品共注册商标36个。2018年，六盘水市市场监督管理局颁发六盘水市《猕猴桃生产技术标准体系》等10项地方标准的公告，有效为猕猴桃的产业发展提质增效。

（八）东部农业产业园区管理委员会

2014年，水城县猕猴桃产业园区管理委员会正式成立，为水城县人民政府派出的财政全额预算管理的正科级事业单位。园区管委会统筹全县猕猴桃产业发展，负责管理水城县猕猴桃产业示范园区。2016年，水城县猕猴桃产业园区管理委员会更名为水城县东部农业产业园区管理委员会。水城县东部农业产业园区管理委员会设办公室、规划发展处、招商引资处和产业发展中心4个内设机构，主要负责产业园区的项目策划、项目争取与项目实施等情况。在猕猴桃产业园区的建设过程中，探索三变+党建+产业发展+脱贫攻坚模式，在2020年猕猴桃种植工作中，采取“1+1+N”（平台公司+村集体+实施主体）发展模式，实现企业、村集体和农户共享三赢。同时，园区积极做好结对帮扶、产业扶贫、就业扶贫等工作，在水城脱贫攻坚工作中扮演着重要的角色。除此之外，园区依托水城布衣风情打造风情小镇，通过盘活村中资源、完善景区配套设施与举办各类活动提升景区知名度。

三、水城猕猴桃产业公共服务中存在的问题

（一）产品品种拓展服务不足

就目前来讲，水城区的猕猴桃种类单一，仅有“红阳”“东红”两个品种，占全市种植面积的95%以上，且上市时间集中，在8月底9月初销售基本结束。由于种植品种单一，猕猴桃田间管理抹芽授粉、疏花疏果、采摘销售等农事活动较为集中，导致劳动力需求集中和产品上市时间集中，形成季节性的用工荒和产品供过于求的局面①。由此，一方面带来了在猕猴桃采摘期劳动力不足，而猕猴桃生长期劳动力剩余的现象。另一方面带来了采摘期猕猴桃滞留，在中秋节、国庆节期间无产品销售的问题，使果农陷入增产不增收的困境。

（二）基地立地考察服务缺失

近年来，水城猕猴桃的种植面积在不断扩大，据调查，截至2022年，水城猕猴桃种植面积已达9446.7公顷。而遗憾的是，水城猕猴桃产业种植面积的扩张并未与其带来的产业收益形成正比关系，其原因在于，在水城猕猴桃产业面积的扩张过程中，诸多不具备猕猴桃种植条件的区域也大面积地布局猕猴桃产业，由此带来了严重的土地资源浪费现象。“据市政协农业农村与环境资源委员会《猕猴桃种植管护经营情况调研报告》资料显示：水城区猴场乡布局猕猴桃产业1640 hm^2，农户分散种植约占总面积的76%，‘水肥一体化灌溉’高标准猕猴桃基地数为零，建有防冰雹网的基地数为零，有666.7 hm^2 建设有小型水利设施，约占猴场乡种植面积的41%左右，有66.7 hm^2 低效果园，约占4%左右；水城区顺场乡九归村有猕猴桃产业33.3 hm^2，其中红岩组20 hm^2 有灌溉基础设施，能够抵抗季节性缺水问题，

① 陶波．六盘水市猕猴桃产业发展调研报告［J］．中国果业信息，2022.39（1）：21-23，69.

而石米格组的 13.3 公顷缺乏基础灌溉设施，产业迟迟不见效益”①。

（三）农业科技力量薄弱

水城猕猴桃产业的发展离不开现代科技的支撑，而在其相关发展过程中，却面临相关专业基础知识欠缺、农技力量薄弱的问题。一方面，为促进猕猴桃产业发展，水城区虽组建了猕猴桃科研所，同时与中国科学院形成结对帮扶伙伴关系，但缺乏本土化的猕猴桃研究专家。另一方面，随着现代科技的不断发展，高效率的机械化作业是猕猴桃果园种植不可或缺的一部分，但是到 2022 年为止，水城区部分果园猕猴桃果树整形修剪专用机械、猕猴桃果树套袋专用机械、自走式保值机、行间碎草机等设备仍不齐全，成为阻碍水城猕猴桃产业发展的原因之一。

（四）品牌培育不足

近年来，国家大力推行区域品牌建设。为推动水城猕猴桃产业的发展，水城区加强了猕猴桃品牌培育，申请了水城猕猴桃“农产品地理标志”，打造了“猕笑果园 MGY”“猕国天香”“弥你红”等品牌，但猕猴桃产业标准化生产、品牌化经营等依旧不足，申请的水城猕猴桃“农产品地理标志”“地理标志保护产品”也存在后续落实不到位的情况，并未发挥其预期的产业推动作用。同时，由于水城区的山地，导致其生产成本高，而其产品却缺乏价格优势，溢价空间小，这是因为市面上有诸多外来猕猴桃冒充水城红心猕猴桃，且上市时间早，售价低，从而使水城猕猴桃陷入价格溢价空间小的困境。

（五）服务体系与销售渠道有待加强

就目前猕猴桃的产业发展而言，其还存在服务体系有待加强、销售渠道单一的问题。就服务体系而言，目前水城区尚未建立统一的渠道与新媒体服

① 陶波. 六盘水市猕猴桃产业发展调研报告［J］. 中国果业信息，2022.39（1）：21-23，69.

务号对消费者、市场与水城猕猴桃产业之间的信息进行传递、处理、开发与利用，严重制约了水城猕猴桃的产业发展。就销售渠道而言，目前水城的种植农户多以熟客、朋友圈为主要的销售渠道，而电商销售渠道利用率不高，部分农村电商沦为小卖部，农村电商服务广大群众、拓宽猕猴桃销售市场的功能不明显。究其原因，水城区物流成本高，农户多不愿进行线上销售。

四、水城猕猴桃产业公共服务的意见建议

（一）加强品种建设，完善技术队伍建设

首先，在未引进红阳红心猕猴桃之前，六盘水市存有大量的野生猕猴桃，且到目前依然保存完整。据了解，六盘水市有猕猴桃野生品种 14 种，资源位居全国第二。为弥补红心猕猴桃上市时间短的缺憾，可加强六盘水市野生猕猴桃种源保护，或培育野生猕猴桃与红心猕猴桃的杂交新品种，以此为水城猕猴桃产业发展及苗木培育技术提供品种资源，从而有效促进农户增收。其次，优化猕猴桃产业结构，运用新技术，延长产业链增加猕猴桃附加值。最后，完善科技队伍建设，加强猕猴桃产业的科技投入及猕猴桃种植、加工过程中的生产投入，完善猕猴桃种植过程中的机械化设施；培育猕猴桃产业发展本土化人才，立足于本地的资源气候条件，以本土人才促进猕猴桃产业的高质量发展。

（二）基地合理布局，重抓基础建设

在基地建设方面，水城区应结合水城区的气候、海拔与土壤等自然条件，合理规划基地建设与布局，根据资源禀赋条件科学地规划产业发展区域，以此避免由盲目扩张产业园区带来的资源浪费现象。在进行产业园区规划时，应聘请专业团队对其立地条件进行详细的考察与评估，以此判断其是否为猕猴桃产业种植的区域。在基础建设方面，应建立健全水城猕猴桃产业基地基础设施。在立地条件具备时，选择集中连片区域进行种植，按照“水肥一体化灌溉”标准，防风、防冰雹要求，机械化运输需要，建设高标准猕

猴桃基地。同时加强政策保障，落实猕猴桃产业发展各项政策措施，加强对水利设施修建、产业轨道建设、冷链仓储建设、电商服务等的政策支持和政策落实，更好地推进猕猴桃产业高质量发展。

（三）开启品牌建设，实施品牌战略

近年来，六盘水市积极展开“三品”战略（夯实六盘水招牌、打造贵州名牌、争创国家品牌）工作，依托“三品”战略，突出“水城猕猴桃”国家地理标志保护产品品牌，重点打造“水城猕猴桃”地理标志商标，将猕猴桃产业做细、做精，以品质和质量取胜。同时，广告在市场营销过程中扮演着至关重要的角色，因此应加强对外宣传，支持水城区猕猴桃相关企业“走出去”参加相关博览会，从中学习借鉴并扩大水城猕猴桃的影响力。随着抖音等多媒体的兴起，积极借助抖音、快手等新型媒体进行宣传和直播带货，扩大水城猕猴桃宣传和影响力，让水城猕猴桃成为“中国凉都”的代言者。果品包装在市场营销过程中发挥着举足轻重的作用，充分挖掘水城猕猴桃的产品特色，融合水城地域文化特色，结合市场和消费者审美，做好包装箱设计，使水城猕猴桃在包装上独具特色。通过猕猴桃品牌培育，最终提升六盘水市红心猕猴桃的知名度，提高猕猴桃的附加值，为产业发展注入动力，更好地推进产业发展。

（四）开拓市场，拓宽销售渠道

加强贵州猕猴桃产业信息化服务，首先要完善基础硬件，为基层站点配置设施，使计算机占有率达到百分之百，充分利用现代传媒手段，进行猕猴桃产品的网上销售；其次要建立水城产业网络服务体系，将国内外与苹果产业网上相关销售信息进行整合，形成具有水城特色的网上销售信息体系，通过水城猕猴桃产品微信公众号、官方微博等新媒体平台宣传和公开信息，实现信息资源的传递与共享；除此之外，还要加强市场和信息体系建设，建立市场信息服务平台，公开猕猴桃产品的产供销资讯，为市场主体提供全方位的信息服务，保证市场与生产信息传递准确、通畅，同时使种植户了解到当前产业的发展状况，种植出迎合市场的猕猴桃产品，以此拓宽水城猕猴桃市场。

五、总结与展望

本报告探析了水城猕猴桃产业发展中的公共服务体系，从中发现公共服务体系中的梗阻所在，并对此提出有针对性的意见，以期促进猕猴桃产业的高质量发展。随着现代农业科技的不断发展，猕猴桃产业的传统种植模式已逐渐被高效的集约化现代农业发展模式取缔，传统的单一农业发展模式无法满足市场的发展需求，一、二、三产业融合发展的旅游农业发展模式和网络模式已是大势所趋。在此过程中，政府部门所发挥的主导作用与提供的公共服务发挥着重要的作用，政府部门通过建立健全基础设施、培育公共品牌与完善标准化种植技术等公共服务措施都将促进水城猕猴桃产业的现代化进程，从而使得水城猕猴桃产业借助公共的引导腾飞发展。

B13

水城猕猴桃公共品牌建设三年提升研究

李发耀　朱　刚[1]

摘　要：水城猕猴桃公共品牌建设目前处于窗口时期，调整和确立公共品牌发展路径，以高质量发展和绿色农业发展为方向，本报告以公共母子品牌运行路线和管理方式为基础，研究分析三年建设提升纲要。

关键词：水城猕猴桃；公共品牌；三年提升

一、指导思想

（一）高质量发展

创新驱动与融合带动，准确把握新定位，构建新发展格局，推动水城猕猴桃产业高质量发展。挖掘和培育猕猴桃种质资源，提升水城猕猴桃公共品牌影响力。“加速发展、加快转型、推动跨越”，结合国内外公共品牌遵循产业发展的基本规律，把水城猕猴桃产业做好，故事讲好。

（二）绿色产业发展

树立绿色农业发展新理念，以地理标志提升工程为契机，助推全国红心猕猴桃基地示范，以农业可持续发展为目标；大力实施绿色农业品牌发展战

1　李发耀，贵州省社会科学院地理标志研究中心主任，研究员，主要研究方向为地理标志与产业经济、地方文化与社会可持续发展；朱刚，六盘水市水城区东部农业产业园区管理委员会，主任，主要研究方向为农业产业发展。

略，加快培育市场竞争力、知名度和美誉度较高的猕猴桃产品品牌和企业品牌，构建水城猕猴桃一、二、三产业深度融合发展的现代复合型循环产业体系。

二、实施原则

一年打基础，两年见成效，三年上台阶。坚持水城猕猴桃与大扶贫、大数据、大旅游、大健康相结合，推进水城猕猴桃产业兴旺、电子商务、农文旅商一体化、养生产业、文化产业等整体协调发展；坚持水城猕猴桃与市场品牌经济结合，推进公共区域品牌促进水城猕猴桃产业发展提高速度与增加质量，做大水城猕猴桃地理标志产品，做强水城猕猴桃绿色精品，推进水城猕猴桃有机产品，形成猕猴桃市场有一定规模的名优产品。

三、水城猕猴桃区域公共品牌运行路线与管理方式

（一）运行路线

水城猕猴桃公共母子品牌方式：区域品牌（母品牌）+单品牌（子品牌）。

（二）管理方式

水城猕猴桃区域公共品牌入库管理（政府推动+行业管理）+公共品牌标识管理（产品质量标识管理+企业内部管理）+产品市场管理（质量安全管理+价格规范管理+产品品牌诚信管理）。

（三）品牌保障

水城猕猴桃公共品牌推荐制度+品牌宣传与推广+产品追溯管理+品牌评级管理+企业诚信名单制度+公共品牌退出机制。

四、目标与任务安排

总目标：A. 建成水城猕猴桃全产业质量体系（2022—2023）；B. 建成水城猕猴桃公共品牌运用体系（2022—2024）；C. 形成水城猕猴桃多级多功能市场格局（2022—2025）。

（一）水城猕猴桃全产业质量体系

（1）推进水城猕猴桃标准化种植示范与推广；

（2）推进水城猕猴桃绿色食品规范生产与基地示范建设；

（3）实施水城猕猴桃储运及加工的全过程安全控制；

（4）提升水城猕猴桃产品质量安全检测中心检测水平；

（5）建立水城猕猴桃产地准出和市场准入体系；

（6）建立水城猕猴桃“县乡村”三级质量安全可追溯体系；

（7）形成水城猕猴桃规范的质量安全标识体系；

（8）形成水城猕猴桃质量安全的市场监管体系。

基本目标：水城猕猴桃产品质量保障体系更加完善，产品质量安全指标全面达到国家强制性标准要求，质量创新能力和自有品牌市场竞争力明显提高，品种、质量、效益显著改善，节能环保性能大幅提升，基本满足水城猕猴桃产业日益增长的质量需求。实现优质、生态、安全，水城猕猴桃种植加工的质量水平明显提升。

重要节点工作：①联合多部门计划性开展猕猴桃企业、合作社、种植大户标准化生产培训；②引导猕猴桃仓储环节和加工环节，控制质量安全指标；③整合质量检测资源，提升水城猕猴桃质量检测中心检测水平；④建立水城猕猴桃联防联控的县乡村三级质量安全网络；⑤实施二维码制式的基础质量安全产品可追溯体系；⑥形成安全标识规范与市场质量安全监管。

（二）建成水城猕猴桃公共品牌运用体系

（1）水城猕猴桃Ⅵ内容规范应用；

（2）水城猕猴桃在广告、网络、影视等领域广泛传播；

（3）水城猕猴桃文化产业形成一定基础；

（4）水城猕猴桃公共品牌使用企业达到一定规模；

（5）水城猕猴桃公共品牌从行政保护到各种知识产权保护；

（6）出台一批水城猕猴桃公共政策；

（7）创新运用一批水城猕猴桃公共技术和公共宣传；

（8）政府和社会各界参与水城猕猴桃产业的公共服务。

基本目标：水城猕猴桃作为公共品牌带动产业发展，其公共品牌意识培育、品牌名称许可、知识产权保护、公共品牌管理、公共品牌行销与传播、公共品牌形象提升、公共品牌故事、公共品牌价值等均得到大幅度发展。

重要节点工作：①实施水城猕猴桃标识性符号城市建设及公益性广告植入；②推进水城猕猴桃“产城景融合”发展；③有计划地推进水城猕猴桃文化产业发展，适时推进水城猕猴桃在网络、电视、LED 屏幕、手机、微信、微窗口、微视频、微电影的各种产品；④在水城区内重要山名、县以下地名、风景名、历史名称中，选择性申报一批普通商标进行知识产权保护；⑤实施水城猕猴桃公共品牌带动猕猴桃产业发展，扩展水城猕猴桃知名度，培育和提升水城猕猴桃公共品牌价值；⑥出台水城猕猴桃公共品牌激励机制与办法；⑦推动水城猕猴桃产业发展保护条例的制定工作。形成水城猕猴桃多级多功能市场格局，培育示范企业，根据市场量身定做猕猴桃产品；实施水城猕猴桃旗舰店+线上线下+联盟+小程序战略；发掘猕猴桃资源，实施水城猕猴桃功能产品战略；开拓猕猴桃市场，实施水城猕猴桃多级多功能销售局面；实现水城猕猴桃形成生态产品、旅游产品、质量产品、文化产品、品牌产品、功能产品、扶贫产品共存的市场局面。

基本目标：水城猕猴桃产业全面打通生产与销售“最后一公里”，形成大众创业、万众创新，水城猕猴桃黔货出山的局面。

重要节点工作：①抢注一批中文域名、英文域名，推进水城猕猴桃企业信息化平台建设；②奖励一批在市场“走出去”和有贡献的企业；③全面推进水城猕猴桃示范企业建设工作：包括企业标准体系制定与应用，引导企业宣传设计、产品包装设计、产品市场规划设计等；④全面打造水城猕猴桃全信息化产业，建设并完成一批猕猴桃农文旅一体化示范项目；⑤打造水城猕猴桃历史人文景观长廊；⑥建设一批水城猕猴桃绿色生态旅游景观园区；⑦说好水城猕猴桃故事，拍摄水城猕猴桃文化题材影视；⑧培育1~2家水城猕猴桃重点企业"新经济"样板。

五、水城猕猴桃三年阶段重点任务清单

第一年重点任务：

（1）水城猕猴桃基础标准体系制定与发布（产地环境条件、种质资源规范、种植技术、病虫害防治、投入品控制、采收等级、质量标准、贮运技术、公用品牌包括标识等）；

（2）水城猕猴桃公共品牌Ⅵ系统设计与示范制作（公用品牌包装设计与制作示范、产品展示与广告宣传、区域办公标识系统化设计）；

（3）水城猕猴桃公用品牌宣传画册及信息平台设计运行；

（4）水城猕猴桃大数据品质分析（含企业地标应用、产地环境品质、感官品质、理化品质、食用品质、安全品质等）；

（5）2022年水城猕猴桃公共品牌产业发展蓝皮书（建议蓝皮书核心主题：产业标准建设）；

（6）水城猕猴桃品牌建设成果在重要媒体总结发布（全国媒体、省级媒体、地州级媒体、县级媒体）。

第二年重点任务：

（1）水城猕猴桃公共品牌标准体系完善补充（品牌数据库规范、公用品牌管理规范、公用品牌服务规范、公共标识使用规范、质量安全指标体系、公用品牌实施细则、Logo使用规范）；

（2）水城猕猴桃公共品牌示范体验店设计运行；

（3）水城猕猴桃公共品牌主题宣传视频片（高清）；

（4）水城猕猴桃企业品牌VR、微视频设计与制作；

（5）水城猕猴桃绿色食品、名特优产品、有机产品、合格农产品等质量

工作整体推进（包括向农业农村部申报全国绿色原料基地筹建）；

（6）水城猕猴桃品牌知识工作整体推进（包括地理标志证明商标注册、Logo 设计普通商标注册、相关实用技术专利申请、一批重要山名和地名商标储备抢救申请、反不正当竞争体系建立、水城猕猴桃资源调查与标准建立、公用品牌包装外观专利申请等）；

（7）水城猕猴桃产地质量诚信机制与市场黑名单制度建设；

（8）2023 年水城猕猴桃公共品牌产业发展蓝皮书（建议蓝皮书核心主题：产业品牌建设）。

第三年重点任务：

（1）水城猕猴桃多级多功能市场快速建设与渠道完善；

（2）水城猕猴桃县乡村三级质量安全体系建设完成；

（3）水城猕猴桃品牌价值评估与价格指数发布；

（4）水城猕猴桃品牌Ⅵ系统完善；

（5）水城猕猴桃线上线下销售与新媒体结合无缝对接；

（6）水城猕猴桃质量安全体系初步完成；

（7）水城猕猴桃品牌知识保护体系初步完成；

（8）2024 年水城猕猴桃产业发展蓝皮书（蓝皮书核心主题：文化建设）。

B14

猕猴桃专利保护分析报告

高　念　李玉琼[1]

摘　要： 猕猴桃是一种具有丰富的氨基酸与矿物质的水果，兼具美味与营养价值，广受消费者喜爱，在食品、农业和医学领域有广泛的用途，鉴于猕猴桃行业有较好的发展前景，特针对目前国内所申报的有关猕猴桃的专利进行检索分析，并以检索的专利文献为数据基础，对目前国内猕猴桃行业专利保护中呈现的专利申请量趋势、专利申请人、专利申请数量地域排名、专利所属技术领域、专利申报类型、专利授权数量、专利法律状态、专利代理机构等进行系统分析，并撰写完成猕猴桃专利保护分析报告。本报告对猕猴桃行业的专利布局和研发的方向创新性有重要的指导意义。

关键词： 水城；猕猴桃；专利保护

一、专利检索分析相关说明

本报告的检索范围为国内相关发明专利（发明专利、实用新型、外观设计），检索年限为1985—2022年，检索工具为SooPAT专利检索引擎（中国专利数据的链接来自国家知识产权局互联网检索数据库），采取的检索方式为关键词检索，本报告检索关键词为猕猴桃，在SooPAT专利数据库检索出与关键词相关的专利文献，以申请日进行统计，公开文献量是（发明专利、实用新型、外观设计）10568件，其中获得专利授权3805件（文献数据库

1　高念，女，贵州大学公共管理学院硕士研究生，主要研究方向为公共政策；李玉琼，六盘水市水城区东部农业产业园区管理委员会，高级农艺师，主要研究方向为植物栽培。

最新公告日为 2022 年 7 月 7 日），本专利保护分析报告将以公开与授权专利文献为基础进行专利分析。

二、猕猴桃专利报告分析

（一）专利申请量趋势分析

从图 14-1 中可以看出，1997—2021 年（1985—1997 年专利申请数量较少，2022 年专利数据统计不完全，未进行趋势分析），围绕主题词猕猴桃的专利申请量经历了缓慢增长阶段、快速增长阶段、较快下降阶段的三个阶段式的趋势走向。2011 年是专利申请数量的分水岭，1997—2007 年，每年基本维持在 100 件以下，2008—2010 年平均专利申请数量在 120 件左右，基本维持平衡，处于缓慢增长阶段。从 2011 年开始，专利申请数量快速增加，到 2017 年时申报数量达到顶峰，当年申请数量为 1603 件，为快速增长阶段。2017 年以后申请数量较快下降，申请总数每年仍在 700 件以上，其中 2018 年 1257 件、2021 年 718 件，呈现快速下降趋势。

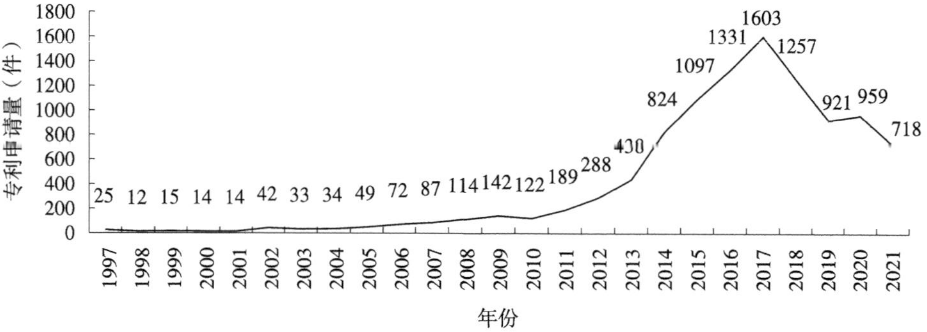

图 14-1　专利申请量趋势（1997—2021 年）

从专利申请量的总体趋势来看，尽管后期申请量有所下降，但是依然可以判断出猕猴桃的各领域技术呈平稳快速发展趋势，说明猕猴桃产业得到了各领域的广泛关注，进入了一个稳定发展时期，各领域对与猕猴桃有关的知识产权保护工作广泛重视，与猕猴桃有关的专利申请数量显著提高。

（二）专利申请人分析

以专利申请量的总数为例，专利申请数量排前十名的单位分别为西北农林科技大学、贵州大学、中国科学院武汉植物园、四川农业大学、重庆文理学院、赤壁神山兴农科技有限公司、吉首大学、广元果王食品有限责任公司、中国农业科学院郑州果树研究所、四川苍溪红猕王猕猴桃协会。从图 14-2 中可以看出，围绕猕猴桃方面专利技术申请主体主要集中在高等院校、科研院所、农业科技公司、食品公司、农产品保护协会。尤其值得注意的是，排名第一的西北农林科技大学所拥有的相关专利数量为 178 件，通过专利检索分析，其专利申请主要集中在猕猴桃检测与运输领域，专利申请保护内容绝大部分是猕猴桃采摘、分拣、保存、运输。

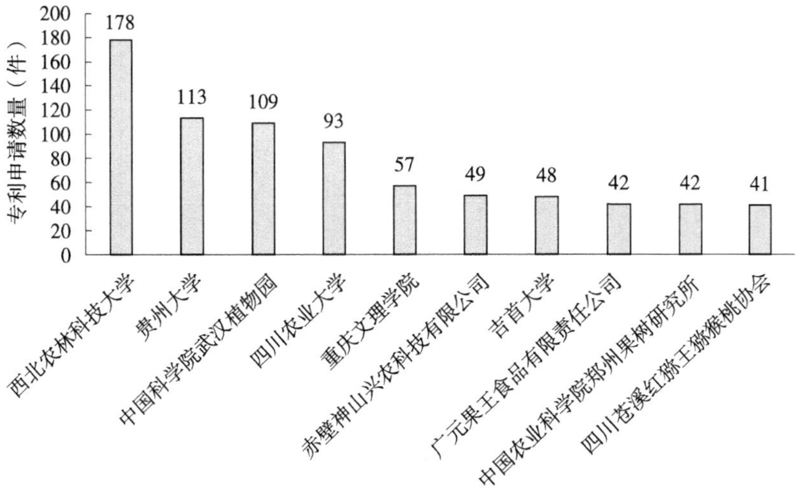

图 14-2 专利申请数量排前十名的单位

（三）专利申请数量地域排名分析

专利申请数量以省为统计单位，从图 14-3 中可以看出，申请数量总量排名第一的为安徽省，申请数量为 1297 件；排名第二的为四川省，申请数量为 1155 件；排名第三的为陕西省，申请数量为 829 件；排名第四的是江苏省，申请数量为699件；排名第五的是贵州省，申请数量为660件。从申请数量地域排名来看，主要集中在猕猴桃的主要产区，当地猕猴桃产业的快速发展促进了本省域猕猴桃相关专利申请数量的增加和猕猴桃相关技术的探索及专利申请。

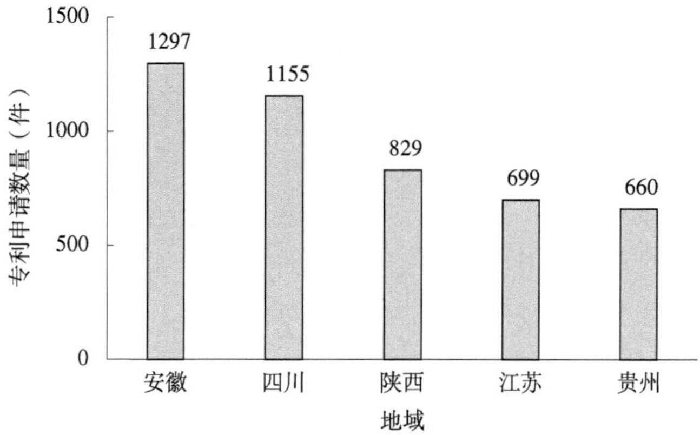

图 14-3　专利申请数量地域排名

（四）专利所属技术领域分析

围绕猕猴桃的专利申请所属技术领域进行分析，如果按照分类号大类进行统计，其中，与食品或食料有关的专利申请数量为4253件，约占40%；与农业有关数量为2618件，约占25%；与医学有关数量为1196件，约占11%；与生物化学有关数量为1129件，约占11%；与肥料有关数量为502件，约占5%；与烘焙有关数量为256件，约占2%；与输送有关数量为218件，约占2%；与其他有关数量为396件，约占4%。猕猴桃作为水果作物，主要在食品行业作为食品原料使用，专利技术领域主要集中在农业和食品领域，符合猕猴桃的商品属性（见图14-4）。

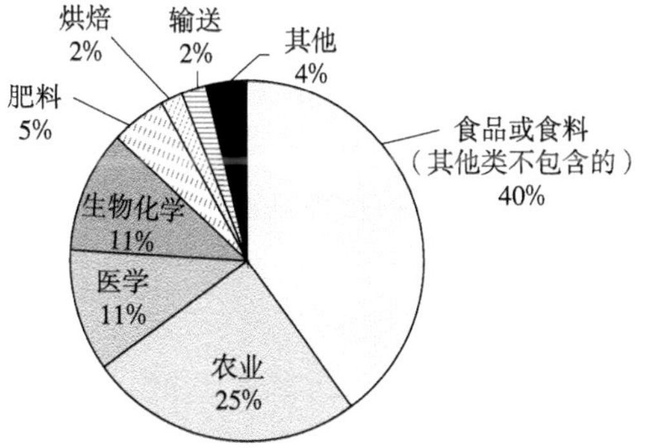

图 14-4 专利所属技术领域分布（按大类统计）

如果按专利技术统计，专利申请主要集中在农业领域，所拥有的专利申请数量占专利申请总量的 73%，化学专利数量占专利申请总量的 17%，其他领域（物理、纺织、作业、机械工程、固定建筑物、电学）占专利申请总量的 10%（见图 14-5）。采用不同的统计方式，将会有不同的技术领域，技术领域的专利申请与申请专利的主体产品属性密切相关。

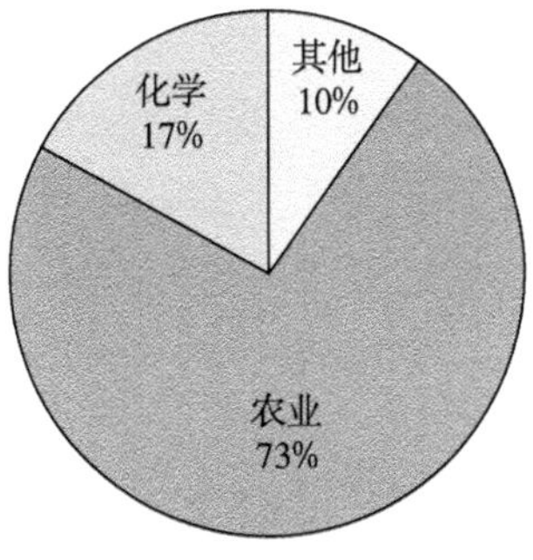

图 14-5 专利所属技术领域分布（按部统计）

（五）专利申报类型分析

为便于专利类型分析，本报告将对获得专利授权数量进行统计。通过专利检索，获得专利授权的数量为 3805 件，其中发明专利授权数量 1438 件，约占 38%；实用新型专利授权数量 1556 件，约占 41%；外观设计专利授权数量 811 件，约占 21%。统计表明，获得专利授权的以实用新型和发明为主，外观设计专利申请与授权数量相对较少。通过检索专利申报内容，发明专利申请内容主要集中在食品、农业领域；实用新型专利申请内容主要集中在与猕猴桃有关的种植、采收、加工的设备领域；外观设计申请内容主要是与猕猴桃有关的产品外包装。专利类型分布见图 14-6。

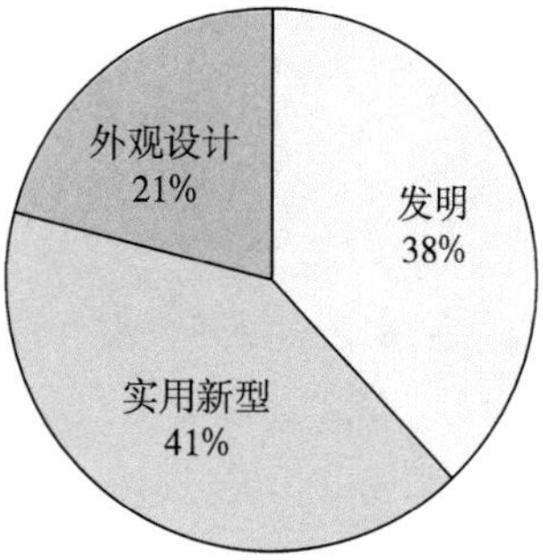

图 14-6　专利类型分布

（六）专利授权数量分析

专利申请数量总数为 10678 件，其中获得授权 3805 件，获得授权数量约占申请数量的 36%。在申请的专利中获得授权量不高，反映出申请的专利技术大部分存在专利创新性不高、新颖性不够的缺点。在将来的专利申请文本中需要提炼专利保护核心技术说明，提高申请文本质量，才能增加获得专利授权的成功率。专利授权状态详见图 14-7。

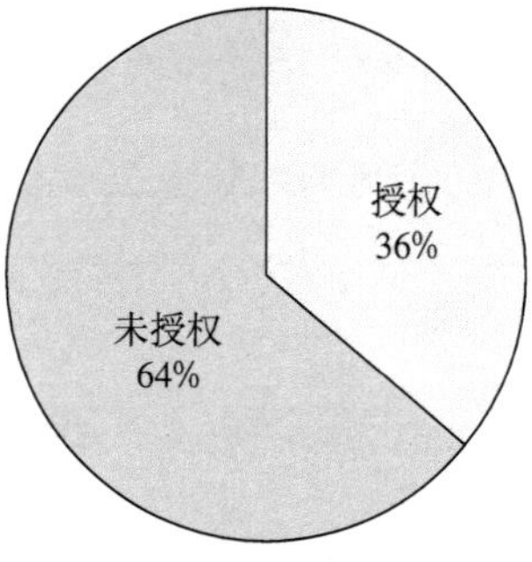

图 14-7　专利授权状态分布

（七）专利法律状态分析

在获得授权的3805件专利中，法律状态为有权的专利数量为2181件，占专利授权数量的57.32%，大部分专利因为各种原因处于无权状态，有权数量占授权数量百分比见图14-8。

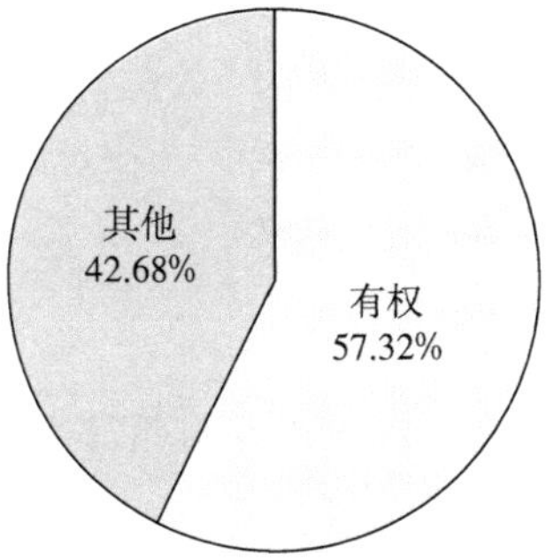

图14-8 有权数量占授权数量百分比

（八）专利代理机构分析

通过专利检索，专利代理机构代理数量排名前十的依次是安徽合肥华信知识产权代理有限公司、北京科亿知识产权代理事务所（普通合伙）、成都华风专利事务所（普通合伙）、重庆强大凯创专利代理事务所（普通合伙）、北京超凡志成知识产权代理事务所（普通合伙）、安徽信拓律师事务所、北京轻创知识产权代理有限公司、贵阳中新专利商标事务所、武汉宇晨专利事务所、北京天奇智新知识产权代理有限公司，专利代理数量分别是434件、186件、127件、114件、105件、100件、96件、80件、73件、67件，专利代理机构代理数量分析见图14-9。

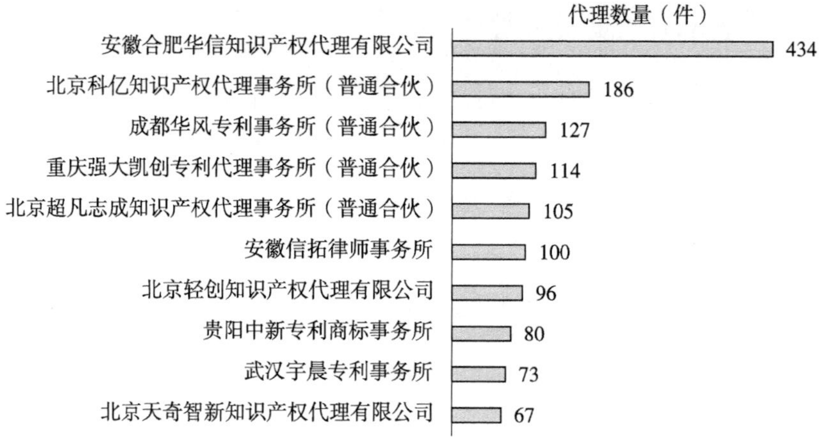

图 14-9　专利代理机构代理数量分析

三、水城猕猴桃专利分析

在国内猕猴桃相关发明专利的数据基础上，本报告对贵州省、六盘水市、水城区的猕猴桃相关专利申请进行进一步检索，在 SooPAT 专利检索引擎中，采取高级搜索方式进行检索，关键词为猕猴桃，地区分别为贵州省、六盘水、水城，范围包括发明、实用新型、外观设计、发明授权，检索出相关文献。本报告将以公开与授权专利文献为基础进行专利分析。

（一）贵州省猕猴桃专利情况

对专利申请数量进行统计，贵州省猕猴桃相关专利申请数量为 613 件，其中发明专利 426 件，占 69%；实用新型专利 83 件，占 14%；外观设计专利 31 件，占 5%；发明授权专利为 73 件，占 12%。统计数量表明，贵州省猕猴桃相关专利申请主要以发明专利为主，专利类型分布见图 14-10。在申请的专利中，如果按大类统计，农业有 282 件，占 46%；食品或食料有 149 件，占 24%；肥料有 87 件，占 14%；医学有 56 件，占 9%。专业技术领域分布见图 14-11。

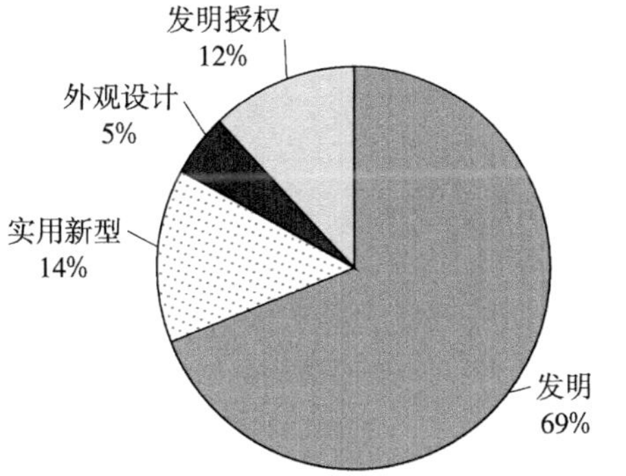

图 14-10 专利类型分布

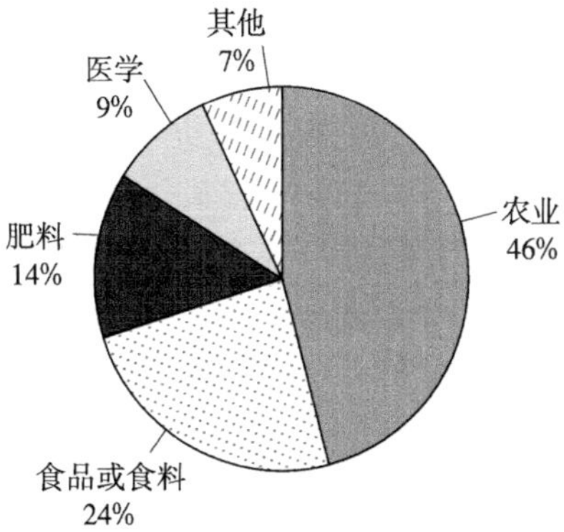

图 14-11 专业技术领域分布（按大类分）

在贵州省申请的 613 件猕猴桃相关专利中，法律状态为有权的专利共 214 件，占 35%；状态为无权的专利（失效、撤回等）共 399 件，占 65%。反映出申请的一部分专利技术存在专利创新性不高、新颖性不够的问题，在后期的专利申请文本中需要提炼专利保护核心技术，提高申报文本质量，才能提高获得专利授权的成功率。

以专利申请数量的总数为例，贵州省猕猴桃相关专利申请数量排前五名的分别为贵州大学、贵阳学院、贵州东山猕猴桃有限责任公司、务川县金峰猕猴桃种植农民专业合作社、六盘水师范学院，围绕猕猴桃方面专利技术申请主体主要集中在高等院校、农产品公司和农业合作社。贵州省猕猴桃相关专利申请排名第一的是贵州大学，申请数量为 91 件。专利申请数量排前五名的单位见图 14-12。

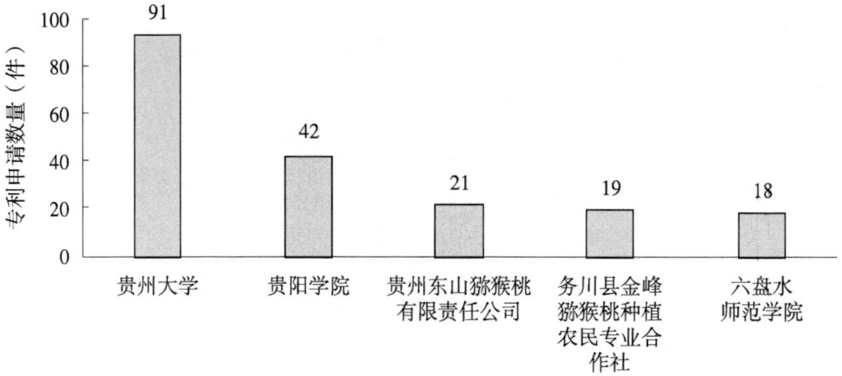

图 14-12　专利申请数量排前五名的单位

（二）六盘水市猕猴桃专利情况

对专利申请数量进行统计，六盘水市猕猴桃相关专利申请数量为 25 件，其中发明专利 11 件，占 44%；实用新型专利 9 件，占 36%；外观设计专利 2 件，占 8%；发明授权专利 3 件，占 12%。统计数量表明，六盘水市猕猴桃相关专利申请主要以发明专利为主，专利类型分布具体见图 14-13。在申请的专利中，如果按大类统计，农业有 13 件，占 57%；食品或食料有 4 件，占 17%；输送、包装、储存有 3 件，占 13%；分选有 3 件，占 13%。专业技术领域分布见图 14-14。

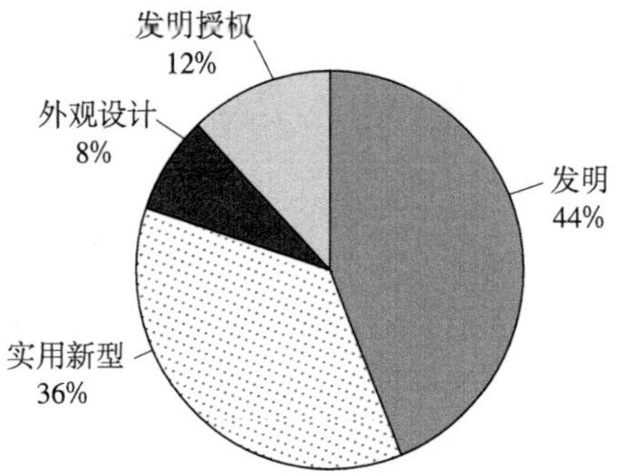

图 14-13　专利类型分布

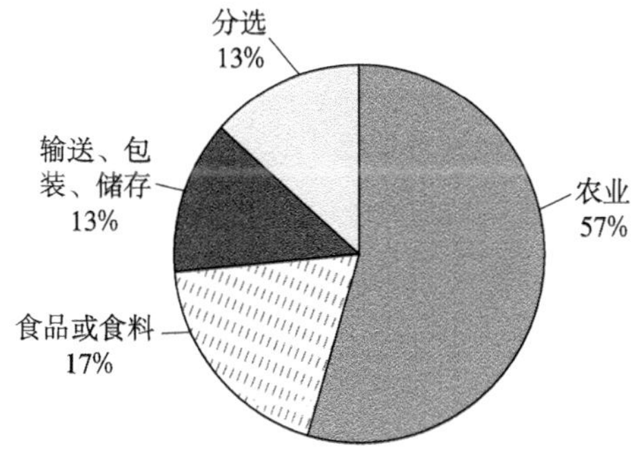

图 14-14 专业技术领域分布（按大类分）

以专利申请量的总数为例，六盘水市猕猴桃相关专利申请数量排前两名的分别为六盘水师范学院、六盘水凉都猕猴桃产业股份有限公司，申请数量分别为 18 件、3 件。

（三）水城猕猴桃专利情况

水城猕猴桃拥有的授权专利共 9 件，分别为一种猕猴桃软腐病的综合防控方法、一种水城猕猴桃专用肥、一种便携式新型果树春梢压芽装置、一种果实回接保湿盒、一种果实回接装置、一种水果保鲜膜包装装置、一种水果栽培用灌溉装置、一种真菌细菌接种装置、一种猕猴桃鲜果保鲜装置。其中发明专利 3 件，实用新型专利 6 件。专利主要集中在猕猴桃的种植和保鲜领域。

统计数据表明，贵州省猕猴桃相关专利申请法律状态为有权的为 213 件，六盘水市猕猴桃相关专利申请法律状态为有权的有 16 件（见图 14-15）。水城猕猴桃相关授权专利占贵州省有权专利的 4.2%，占六盘水市有权专利的 56%。

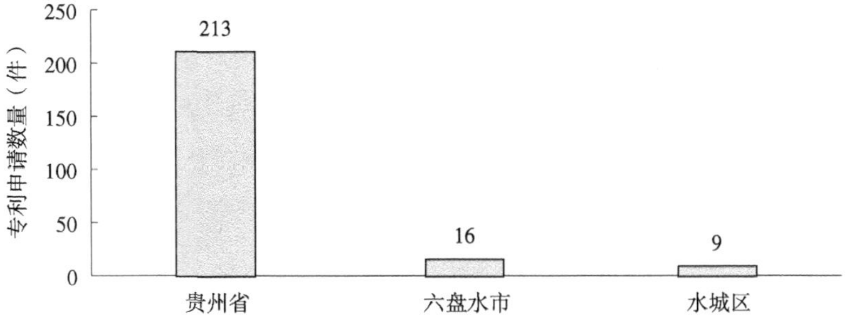

图 14-15 有权专利申请数量

四、猕猴桃专利分析总结

本专利分析报告以猕猴装置桃为检索关键词，利用 SooPAT 检索工具进行检索，将检索的专利文献从专利申请量趋势、专利申请人、专利申请数量地域排名、专利技术领域、专利类型、专利授权数量、专利法律状态等进行系统分析。专利分析结果表明，与猕猴桃相关的专利申请数量在 2011 年以前呈现缓慢增长，2011—2017 年呈现迅速增长态势，在 2017 年达到顶峰，当年达到 1603 件，2017 年以后呈现较快下降态势。（2022 年因系统收录数据只有第一、二季度统计数据，未进行统计分析）。专利拥有人主要掌握在高等院校、科研院所、农业科技公司、食品公司、农产品保护协会。专利申请内容主要集中在食品或食料、农业、医学、生物化学等领域，专利申请数量以省为统计对象，拥有专利申请数量排前五位的分别为安徽省、四川省、陕西省、江苏省、贵州省。在专利授权类型构成中发明专利占 38%，实用新型在 41%，外观专利占 21%，专利类型以发明和实用新型专利为主。在申请专利的数量中，授权数量较低，占申请数量的 36%，反映出申请的大多数专利创新性缺乏，缺乏新颖性，未获得专利授权。在获得专利授权的专利中，法律状态为有权数量仅为 57.32%，近一半授权专利处于无权状态。代理机构代理数量排前三名的为安徽合肥华信知识产权代理有限公司、北京科亿知识产权代理事务所普通合伙、成都华风专利事务所普通合伙。

贵州省猕猴桃相关专利申请数量为 613 件，主要以发明专利为主，按大类统计，专利申请主要集中在农业、食品或食料、肥料、医学领域。其中法律状态为有权的专利为 213 件，专利申请数量排名前二的主体分别是贵州大学、贵阳学院。六盘水市猕猴桃相关专利申请数量为 25 件，以发明专利为主，按大类统计，主要集中在农业、食品或食料、输送包装、储存和分选领域，其中法律状态为有权的专利有 16 件，专利申请数量最多的主体为六盘水师范学院。水城猕猴桃拥有的授权专利共有 9 件，其中发明专利 3 件，实用新型专利 6 件，专利权人主要是贵州大学、贵阳学院等高校。专利主要集中在猕猴桃的种植和保鲜领域。

贵州省作为全国猕猴桃种植的主要基地，专利申请数量位列全国第五，体现出了贵州省对猕猴桃相关专利申请的重视，为贵州省猕猴桃产业的科学种植提供了技术指导。水城猕猴桃作为贵州省的重要种植基地，拥有 9 项猕猴桃相关专利授权，与高等院校紧密合作，注重转化高校科研成果，推进猕猴桃产业科学化种植。

专利是当今保护发明最有效的手段，也是推进对相关专业领域研究的强大动力，猕猴桃专利保护分析报告能够为本行业的专利申请的新颖性、布局的合理性、研发创新性提供指导意见，更重要的是为猕猴桃产业的科学种植和产业创新提供新的方向。

B15

水城猕猴桃产业商标保护报告

谭贵艳　张　辉[1]

摘　要： 商标保护对于猕猴桃产业的发展具有重要意义。本报告以贵州省猕猴桃商标注册情况为数据基础，对贵州省猕猴桃商标注册及保护现状进行剖析，从而发现水城在猕猴桃商标保护中所存在的问题，以期为水城猕猴桃商标保护提出建设性意见。

关键词： 猕猴桃商标；猕猴桃产业；保护报告

猕猴桃，也称奇异果，质地柔软，口感酸甜，富含人体所需的多种微量元素及17种氨基酸，具有活血化瘀、清热解毒、利湿祛风的作用，分布于中国陕西（南端）、湖北、湖南、河南、安徽、江苏、浙江、江西、福建、广东（北部）和广西（北部）等省区，生长于海拔200～600 m低山区的山林中，一般多出现于高草灌丛、灌木林或次生疏林中，喜欢腐殖质丰富、排水良好的土壤；分布于我国较北的地区的种类喜生于温暖湿润、背风向阳的环境。

随着猕猴桃产业在精准扶贫与乡村振兴中的价值凸显，越来越多的学者将目光聚焦于猕猴桃相关产业中，与猕猴桃有关的研究如雨后春笋般涌出。学者们从猕猴桃的种植技术、产业发展分析和病虫害的防治措施等不同维度对猕猴桃产业展开了相关研究。但鲜有学者从商标保护维度对猕猴桃产业进行研究。从商标维度对猕猴桃产业展开相关研究，不仅有利于了解当前猕猴桃产业的保护状况，助推猕猴桃产业的发展，还能稳固猕猴桃产业在脱贫攻坚与乡村振兴中的作用。因此，本报告将从商标保护的维度对猕猴桃产业展

1　谭贵艳，女，贵州大学公共管理学院硕士研究生，主要研究方向为公共政策；张辉，六盘水市农业投资开发有限责任公司，高级农艺师，主要研究方向为猕猴桃栽培。

开相关研究，以期在当前贵州省猕猴桃商标注册的现状上通过对相关数据进行实证分析，发现当前在水城猕猴桃商标保护中存在的问题，最后依据现有的条件及存在的问题提出促进猕猴桃商标保护的建议，以期更好地助推水城猕猴桃产业的保护及发展。

一、贵州省猕猴桃商标注册现状

商标是企业用知识产权的手段保护自身产品、品牌与服务以区别于其他生产经营者的产品或服务的特殊标记。通过商标的依法注册保护，生产经营者获得了有力的法律保障。生产经营者通过所注册的文字、图形、字母、数字，甚至是声音与颜色等具有鲜明特殊标记的元素，在市场上将自己的商品或服务与其他人的商品或服务区分开。因此，想要了解当前贵州省猕猴桃商标的保护状况必须从其商标注册的情况入手。贵州省猕猴桃商标注册始于2012年9月28日，之后贵州省猕猴桃商标注册逐渐发展，截至2022年7月，已经注册了191个猕猴桃商标。详细情况如表15-1所示。

表15-1 贵州省猕猴桃商标注册情况

序号	申请/注册号	国际分类	申请日期	商标名称	申请人名称
1	11559137	32	2012年9月28日	猕露	贵州三金圣果绿色食品有限责任公司
2	8456821	29	2012年9月28日	猕露	贵州三金圣果绿色食品有限责任公司
3	8456791	31	2012年9月28日	猕露	贵州三金圣果绿色食品有限责任公司
4	11716068	33	2012年11月8日	猕滋王	六盘水永恒粮油贸易有限公司
5	11715950	32	2012年11月8日	猕滋王	六盘水永恒粮油贸易有限公司
6	15278470	29	2014年9月2日	猕珍	贵州利华广通农业科技有限公司
7	15278386	31	2014年9月2日	猕恋	贵州利华广通农业科技有限公司（修文）

续表

序号	申请/注册号	国际分类	申请日期	商标名称	申请人名称
8	15750584	31	2014年11月20日	猕绿园	修文茶山绿园猕猴桃种植园（微型企业）
9	17688656	33	2015年8月17日	猕之源	贵州修文瑞源酒庄有限公司
10	17688405	32	2015年8月17日	猕之源	贵州修文瑞源酒庄有限公司
11	17727648	31	2015年8月21日	猕食天下	修文海盛猕猴桃种植农民专业合作社
12	18079530	31	2015年10月16日	猕来福	贵州汇隆生态旅游观光园
13	18378908	30	2015年11月19日	猕香苑	贵州修文猕香苑生态农业科技发展有限公司
14	18378816	29	2015年11月19日	猕香苑	贵州修文猕香苑生态农业科技发展有限公司
15	18378307	5	2015年11月19日	猕香苑	贵州修文猕香苑生态农业科技发展有限公司
16	18395215	40	2015年11月20日	猕香苑	贵州修文猕香苑生态农业科技发展有限公司
17	18395052	39	2015年11月20日	猕香苑	贵州修文猕香苑生态农业科技发展有限公司
18	18675853	33	2015年12月22日	猕美人	贵州科来比植物营养科技有限公司
19	18675823	32	2015年12月22日	猕美人	贵州科来比植物营养科技有限公司
20	18675705	31	2015年12月22日	猕美人	贵州科来比植物营养科技有限公司
21	19608538	31	2016年4月12日	猕和源	贵州鑫农合盛农业发展有限公司
22	19633087	33	2016年4月14日	猕珍源	六盘水凉都猕猴桃产业股份有限公司
23	19632960	32	2016年4月14日	猕珍源	六盘水凉都猕猴桃产业股份有限公司
24	19632925	32	2016年4月14日	猕珍源	六盘水凉都猕猴桃产业股份有限公司
25	19632913	33	2016年4月14日	猕珍源	六盘水凉都猕猴桃产业股份有限公司

续表

序号	申请/注册号	国际分类	申请日期	商标名称	申请人名称
26	19632864	31	2016年4月14日	猕珍源	六盘水凉都猕猴桃产业股份有限公司
27	19632653	31	2016年4月14日	猕珍源	六盘水凉都猕猴桃产业股份有限公司
28	19654257	31	2016年4月15日	猕心醉	修文县松艳猕猴桃种植园
29	19846127	31	2016年5月4日	猕果汇 MCI MIGUOHUI	贵州黔利达农业发展有限公司
30	19956141	31	2016年5月13日	猕汁然	贵州修文金龙食品有限公司
31	19956141	5	2016年5月13日	猕汁然	贵州修文金龙食品有限公司
32	19956141	40	2016年5月13日	猕汁然	贵州修文金龙食品有限公司
33	19956141	33	2016年5月13日	猕汁然	贵州修文金龙食品有限公司
34	19956141	32	2016年5月13日	猕汁然	贵州修文金龙食品有限公司
35	20032852	33	2016年5月20日	猕珍缘	六盘水凉都猕猴桃产业股份有限公司
36	20032841	32	2016年5月20日	猕珍缘	六盘水凉都猕猴桃产业股份有限公司
37	20032824	33	2016年5月20日	猕珍缘	六盘水凉都猕猴桃产业股份有限公司
38	20032615	31	2016年5月20日	猕珍缘	六盘水凉都猕猴桃产业股份有限公司
39	20032589	31	2016年5月20日	猕珍缘	六盘水凉都猕猴桃产业股份有限公司
40	20032554	32	2016年5月20日	猕珍缘	六盘水凉都猕猴桃产业股份有限公司
41	20103634	33	2016年5月26日	猕二代	水城县含香果蔬加工农民专业合作社
42	20103481	32	2016年5月26日	猕二代 MIERDAI	水城1县含香果蔬加工农民专业合作社
43	2021942	32	2016年6月6日	猕和源	贵州鑫农合盛农业发展有限公司
44	20219327	33	2016年6月6日	猕和源	贵州鑫农合盛农业发展有限公司

续表

序号	申请/注册号	国际分类	申请日期	商标名称	申请人名称
45	20257965	31	2016 年 6 月 12 日	猕桃王子	贵州名瑞园生态农业发展有限公司
46	20363241	40	2016 年 6 月 20 日	猕爽	杜易霖
47	20362979	32	2016 年 6 月 20 日	猕爽	杜易霖
48	21011460	31	2016 年 8 月 17 日	猕小二	贵州峰辉农业科技股份有限公司
49	21183662	33	2016 年 9 月 1 日	弥你红	六盘水市农业投资开发有限责任公司
50	21183609	32	2016 年 9 月 1 日	弥你红	六盘水市农业投资开发有限责任公司
51	21183473	31	2016 年 9 月 1 日	弥你红	六盘水市农业投资开发有限责任公司
52	21183420	29	2016 年 9 月 1 日	弥你红	六盘水市农业投资开发有限责任公司
53	21347948	31	2016 年 9 月 19 日	猕香苑	贵州修文猕香苑生态农业科技发展有限公司
54	21436919	33	2016 年 9 月 27 日	猕蜜	纳雍县红阳林禾绿园有限责任公司
55	21530209	32	2016 年 10 月 11 日	猕香苑	贵州修文猕香苑生态农业科技发展有限公司
56	21591683	31	2016 年 10 月 17 日	猕祖	贵阳万敏生态农业发展有限公司
57	21609944	32	2016 年 10 月 18 日	猕缘等你	修文县山那边猕猴桃种植农民专业合作社
58	21609756	31	2016 年 10 月 18 日	猕缘等你	修文县山那边猕猴桃种植农民专业合作社
59	21622617	32	2016 年 10 月 19 日	猕你红	水城县汇缘生态农业投资有限公司
60	21622564	31	2016 年 10 月 19 日	猕你红	水城县汇缘生态农业投资有限公司
61	21629876	32	2016 年 10 月 20 日	猕爽爽 MISS	贵州省苑博生态农业开发有限公司
62	21629814	33	2016 年 10 月 20 日	猕爽爽 MISS	贵州省苑博生态农业开发有限公司
63	21732353	31	2016 年 10 月 31 日	猕你红	贵州广聚铟商贸有限公司
64	21797412	31	2016 年 11 月 4 日	猕发嗦	修文县福满农种植中心
65	21796245	33	2016 年 11 月 4 日	猕念	修文县福满农种植中心

续表

序号	申请/注册号	国际分类	申请日期	商标名称	申请人名称
66	21796107	32	2016年11月4日	猕念	修文县福满农种植中心
67	21795692	31	2016年11月4日	猕念	修文县福满农种植中心
68	22369744	33	2016年12月23日	猕圣	贵州忠远果业有限公司
69	22556358	32	2017年1月9日	猕乡醉	贵州忠远果业有限公司
70	22556219	33	2017年1月9日	猕乡醉	贵州忠远果业有限公司
71	22793762	31	2017年2月10日	弥你红	六盘水市农业投资开发有限责任公司
72	23163801	32	2017年3月15日	猕意	贵州天茂智慧农业发展有限公司
73	23481651	31	2017年4月10日	猕之王	贵州钟家生态农牧业有限公司
74	23821759	31	2017年4月27日	猕意	六盘水市水城区宏兴绿色农业投资有限公司
75	23821758	29	2017年4月27日	猕意	六盘水市水城区宏兴绿色农业投资有限公司
76	23821754	33	2017年4月27日	猕心缘	六盘水市水城区宏兴绿色农业投资有限公司
77	24130148	31	2017年5月15日	猕尊	汪海滨
78	24591197	31	2017年6月8日	猕意	贵州天茂智慧农业发展有限公司
79	25541453	30	2017年7月26日	猕心居	贵州利华润通投资有限公司
80	25540100	19	2017年7月26日	猕心居	贵州利华润通投资有限公司
81	25538383	29	2017年7月26日	猕心居	贵州利华润通投资有限公司
82	25535375	31	2017年7月26日	猕心居	贵州利华润通投资有限公司
83	25523875	43	2017年7月26日	猕心居	贵州利华润通投资有限公司
84	25523202	32	2017年7月26日	猕心居	贵州利华润通投资有限公司
85	25521616	33	2017年7月26日	猕心居	贵州利华润通投资有限公司
86	26336500	29	2017年9月11日	猕奇苑	贵州祥祥农业科技发展有限公司
87	26336500	31	2017年9月11日	猕奇苑	贵州祥祥农业科技发展有限公司
88	26336500	39	2017年9月11日	猕奇苑	贵州祥祥农业科技发展有限公司
89	26336500	32	2017年9月11日	猕奇苑	贵州祥祥农业科技发展有限公司
90	26336500	40	2017年9月11日	猕奇苑	贵州祥祥农业科技发展有限公司

续表

序号	申请/注册号	国际分类	申请日期	商标名称	申请人名称
91	26336500	33	2017年9月11日	猕奇苑	贵州祥祥农业科技发展有限公司
92	26336500	30	2017年9月11日	猕奇苑	贵州祥祥农业科技发展有限公司
93	26957923	32	2017年10月18日	猕之王	贵州钟家生态农牧业有限公司
94	26945659	32	2017年10月18日	猕尊	贵州钟家生态农牧业有限公司
95	27110152	31	2017年10月26日	猕园源	贵州阳乐猕源生态农业发展有限公司
96	27095700	32	2017年10月26日	猕园源	贵州阳乐猕源生态农业发展有限公司
97	27222591	31	2017年11月1日	猕阳果	修文猕香果种植农民专业合作社
98	27221554	31	2017年11月1日	猕篙	胡德超
99	27215425	31	2017年11月1日	猕香御品	修文县德文猕猴桃生态园
100	27655586	29	2017年11月23日	猕美人	贵州科来比植物营养科技有限公司
101	28186378	31	2017年12月19日	弥你红·红心猕猴桃·KIWI SUN 凉都 弥你红 LIANGDULI-UPANSHUI	六盘水市农业投资开发有限责任公司
102	29121021	32	2018年2月5日	猕语	修文智慧农业产业园管理有限公司
103	29441951	31	2018年3月5日	猕李园	清镇市贵丰种植农民专业合作社
104	30028217	31	2018年4月3日	猕天大圣	贵州中康农业科技有限公司
105	30778127	32	2018年5月9日	猕咕	修文智慧农业产业园管理有限公司
106	31081979	33	2018年5月22日	猕国天香	水城县腾翔种养殖场
107	31081962	32	2018年5月22日	猕国天香	水城县腾翔种养殖场
108	31066592	31	2018年5月22日	猕国天香	水城县腾翔种养殖场
109	31262349	31	2018年5月29日	猕香红源	六枝特区如伦种养殖农民专业合作社
110	32026532	30	2018年7月4日	猕咕	修文智慧农业产业园管理有限公司
111	32026531	5	2018年7月4日	猕咕	修文智慧农业产业园管理有限公司

续表

序号	申请/注册号	国际分类	申请日期	商标名称	申请人名称
112	32407195	31	2018年7月23日	猕野	贵州万维智造工程科技有限公司
113	32810008	31	2018年8月10日	猕爽爽	贵州省苑博生态农业开发有限公司
114	32898281	33	2018年8月15日	猕知行	贵州优食尚生态农业有限公司
115	33143790	33	2018年8月27日	猕滋行	贵州优食尚生态农业有限公司
116	33143790	31	2018年8月27日	猕滋行	贵州优食尚生态农业有限公司
117	33532159	31	2018年9月14日	猕相伴	贵阳思源农业科技发展有限公司
118	34373692	32	2018年10月31日	猕语	修文智慧农业产业园管理有限公司
119	34591424	31	2018年11月9日	猕盛园	开阳明胜元果业有限公司
120	34690833	33	2018年11月15日	猕里乡	贵州黔小猴果业有限公司
121	35486244	31	2018年12月21日	猕君	修文县轿子山猕猴桃种植园
122	35470124	31	2018年12月21日	猕俊枝	修文县梅林猕猴桃种植园
123	37166573	32	2019年3月28日	猕滋行	贵州优食尚生态农业有限公司
124	37166573	29	2019年3月28日	猕滋行	贵州优食尚生态农业有限公司
125	38157111	29	2019年5月13日	猕之味	常润生
126	38888530	33	2019年6月14日	弥你红 MINIHO	六盘水市农业投资开发有限责任公司
127	39553075	31	2019年7月10日	猕漫山	修文县深文农业有限公司
128	39719294	32	2019年7月17日	猕笑果园 M GY	贵州凯华营上农业发展有限公司
129	39718200	32	2019年7月17日	猕开颜笑 M YX	贵州凯华营上农业发展有限公司
130	39713393	31	2019年7月17日	猕笑果园 M GY	贵州凯华营上农业发展有限公司
131	40259391	31	2019年8月9日	猕欲果	修文黔林生态种植园
132	40242793	31	2019年8月9日	猕醇香	修文黔林生态种植园
133	40390721	31	2019年8月15日	猕想你	修文耀顺猕猴桃技术服务有限公司
134	40615472	31	2019年8月26日	猕里乡	贵州黔小猴果业有限公司
135	40742844	29	2019年8月30日	猕天大圣	贵州中康农业科技有限公司

续表

序号	申请/注册号	国际分类	申请日期	商标名称	申请人名称
136	40905520	31	2019年9月9日	猕迷猕	贵州省正安县桴焉猕猴桃产业发展有限公司
137	40940268	3	2019年9月10日	猕之语	贵州三金圣果绿色食品有限责任公司
138	41061692	31	2019年9月16日	猕李宝寨	修文县万家富种养农民专业合作社
139	41702952	31	2019年10月17日	猕贵圆	贵州猴哥果业有限公司
140	42607355	33	2019年11月26日	猕恋情猿	毕节市七星关区恒研猕猴桃果酒有限责任公司
141	43231253	32	2019年12月20日	猕婆婆	贵州黔兴碧友猕猴桃饮料有限责任公司
142	43988430	31	2020年2月3日	猕火气	贵州灵林农业科技管理有限公司
143	46349512	35	2020年5月15日	弥你红	六盘水市农业投资开发有限责任公司
144	46948066	31	2020年6月4日	猕彩福	贵州金庄家种养发展有限责任公司
145	47054808	31	2020年6月8日	猕尔乐	开阳满园春猕猴桃种植农民专业合作社
146	48567033	30	2020年7月31日	弥你红	六盘水市农业投资开发有限责任公司
147	48606407	33	2020年8月3日	猕桃王子	贵州名瑞园生态农业发展有限公司
148	48634141	40	2020年8月4日	猕桃王子	贵州名瑞园生态农业发展有限公司
149	49006789	31	2020年8月18日	猕尚礼	陈海
150	49100807	30	2020年8月20日	猕蔬时代	贵州亿食代网农科技有限公司
151	49085822	31	2020年8月20日	猕蔬时代	贵州亿食代网农科技有限公司
152	49082798	29	2020年8月20日	猕蔬时代	贵州亿食代网农科技有限公司
153	49697103	16	2020年9月11日	弥你红	六盘水市农业投资开发有限责任公司
154	50089712	31	2020年9月27日	猕桃王子	贵州名瑞园生态农业发展有限公司
155	50180478	31	2020年9月29日	猕正果	朱映忠
156	50379181	31	2020年10月13日	猕小兮	贵州人杰惠农商贸有限公司

续表

序号	申请/注册号	国际分类	申请日期	商标名称	申请人名称
157	51440121	1	2020年11月20日	猕康宝	贵州世沃威生态农业有限公司
158	51879893	31	2020年12月4日	猕香猪	贵州义门良知食品有限公司
159	51895612A	29	2020年12月4日	猕香猪	贵州义门良知食品有限公司
160	52051615	31	2020年12月10日	猕小松	贵州省修文县猕小松种植有限公司
161	52260581	31	2020年12月17日	弥甄	六盘水凉都猕猴桃产业股份有限公司
162	52642361	31	2020年12月31日	猕之念	贵阳市修文县猕之念果业有限公司
163	53138839	32	2021年1月20日	猕桃乐	息烽众荔鑫商贸有限公司
164	54712011	29	2021年3月27日	猕乐猴	贵州猕小猴食品有限公司
165	55416204	32	2021年4月21日	猕甜蜜	贵州黔冠春商贸有限责任公司
166	56143237	31	2021年5月18日	猕哈哈	贵州生虎农业发展有限公司
167	56310498	31	2021年5月24日	猕约	开阳县禾丰乡田冲村股份经济合作社
168	56554758	31	2021年6月1日	猕红星	普定县丁氏农业发展有限公司
169	58474614	33	2021年8月13日	猕爵	修文县国投集团有限公司
170	58474608	32	2021年8月13日	猕爵	修文县国投集团有限公司
171	58474593	30	2021年8月13日	猕爵	修文县国投集团有限公司
172	58474578	29	2021年8月13日	猕约盛世	修文县国投集团有限公司
173	58474229	5	2021年8月13日	猕大师	修文县国投集团有限公司
174	58468934	32	2021年8月13日	猕大师	修文县国投集团有限公司
175	58468857	33	2021年8月13日	猕笙活	修文县国投集团有限公司
176	58447078	32	2021年8月13日	猕徒	修文县国投集团有限公司
177	58444791	30	2021年8月13日	猕大师	修文县国投集团有限公司
178	58686473	31	2021年8月23日	猕季	贵州巨茂科技有限公司
179	58989302	31	2021年9月3日	猕你甜言	贵州众康园生态农业有限公司
180	59009741	32	2021年9月5日	猕心红	贵州巨茂科技有限公司
181	59009432	31	2021年9月5日	猕心红	贵州巨茂科技有限公司
182	59076543	31	2021年9月8日	猕圈一果	大方县高敏佳种植养殖专业合作社

续表

序号	申请/注册号	国际分类	申请日期	商标名称	申请人名称
183	59992808	31	2021 年 10 月 21 日	猕李石硐	息烽润民建设有限公司
184	61281710	29	2021 年 12 月 9 日	猕心红	贵州巨茂科技有限公司
185	61270791	33	2021 年 12 月 9 日	弥季	贵州巨茂科技有限公司
186	61266538	33	2021 年 12 月 9 日	猕心红	贵州巨茂科技有限公司
187	61259769	29	2021 年 12 月 9 日	猕季	贵州巨茂科技有限公司
188	61259764	30	2021 年 12 月 9 日	猕季	贵州巨茂科技有限公司
189	64914899	32	2022 年 05 月 27 日	弥你 C 宝	六盘水市农业投资开发有限责任公司
190	66127075	29	2022 年 07 月 22 日	弥你红	六盘水市农业投资开发有限责任公司
191	66144369	30	2022 年 07 月 22 日	弥你红	六盘水市农业投资开发有限责任公司

数据来源：国家知识产权局商标局　中国商标网（数据截至 2022 年 7 月）

二、贵州省猕猴桃产业商标注册状况统计分析

（一）贵州省猕猴桃产业商标注册时间情况

贵州省猕猴桃商标注册是从 2012 年逐步开始的，最早注册猕猴桃商标的是贵州三金圣果绿色食品有限责任公司，注册时间为 2012 年 9 月 28 日。在随后的时间里，贵州省猕猴桃商标逐步开始发展，并以稳步上升的趋势逐年增加。为直观展示贵州省猕猴桃商标注册时间情况，本报告以猕猴桃商标注册数量为纵轴、注册时间为横轴作折线图，如图 15-1 所示。从图中可知，自 2012 年贵州省首个企业注册猕猴桃商标后，贵州省猕猴桃商标注册数量呈井喷式增加。商标累计增长量逐年增加。从新增数量可知，自贵州省于 2012 年开始猕猴桃商标注册后，在 2012—2020 年商标注册数量快速增长，增长速率呈稳步上升趋势。在 2021—2022 年，由于时间跨度不同，故无法准确对比其增长速率情况。贵州省猕猴桃商标数量在 2012 年后开始急剧增

加，这是源于猕猴桃产业在促进地区经济发展中的价值凸显，贵州省政府开始挖掘猕猴桃的巨大产业价值，尤其是随着2012年精准扶贫在全国范围内的全面推进，贵州省更是将猕猴桃产业作为本地区脱贫致富的领头产业。自此，猕猴桃开始朝着产业化发展。

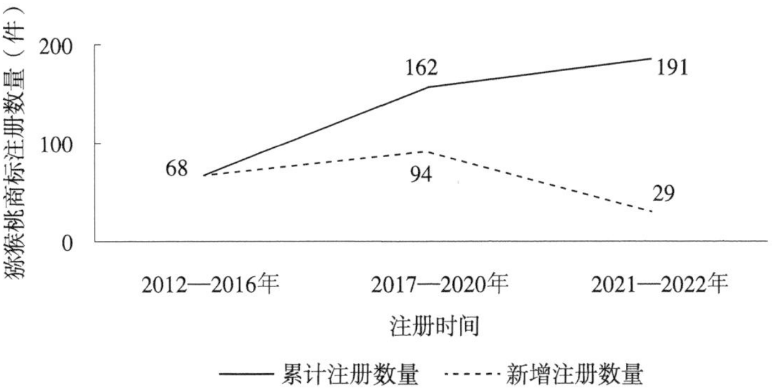

图 15-1 贵州省猕猴桃商标注册时间情况

资料来源：作者根据国家知识产权局商标局 中国商标网上的数据整理所得。

（二）贵州省猕猴桃产业商标国际分类情况

根据表15-1统计可知，在已经注册的猕猴桃商标中国际分类一共有14种，其中31类有76个，数量最多，占比约为39.8%；32类、33类次之，分别约占20.9%、15.7%；其中3类、1类、16类、19类和43类等类最少，均仅有1个。

（三）贵州省猕猴桃产业商标申请人情况

以猕猴桃商标注册数量为纵轴、申请人类别为横轴作柱状图，如图15-2所示，贵州省申请猕猴桃商标的主体主要有企业、合作社、种植园、种养殖场、生态园、个人六种类型，在所有猕猴桃商标申请人类别中，企业占比最大，合作社次之，种植园复次，种养殖场和生态园占比较小。

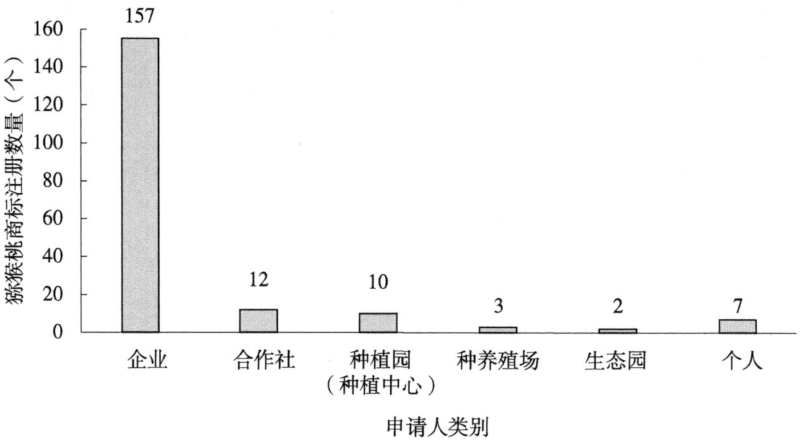

图 15-2　贵州省猕猴桃商标申请人情况

资料来源：作者根据国家知识产权局商标局　中国商标网上的数据整理所得。

（四）贵州省猕猴桃商标企业分布情况

就企业分布情况来看，本报告以贵州省地级市为基准，对贵州省与猕猴桃商标有关的企业进行划分，可将其范围划分为贵阳市、遵义市、六盘水市、安顺市、毕节市、铜仁市、黔东南苗族侗族自治州（下面简称黔东南州）、黔西南布依族苗族自治州（下面简称黔西南州）与黔南布依族苗族自治州（下面简称黔南州），见表 15-2、图 15-3。

表 15-2　贵州省猕猴桃商标企业分布基本情况

地区	商标数量（件）	企业数量（家）	平均商标数量（件/家）
贵阳市	106	45	2.36
遵义市	2	2	1
六盘水市	44	7	6.29
安顺市	2	2	1
毕节市	2	2	1
铜仁市	0	0	0
黔东南州	1	1	1

续表

地区	商标数量（件）	企业数量（家）	平均商标数量（件/家）
黔西南州	0	0	0
黔南州	0	0	0
合计	157	59	2.66

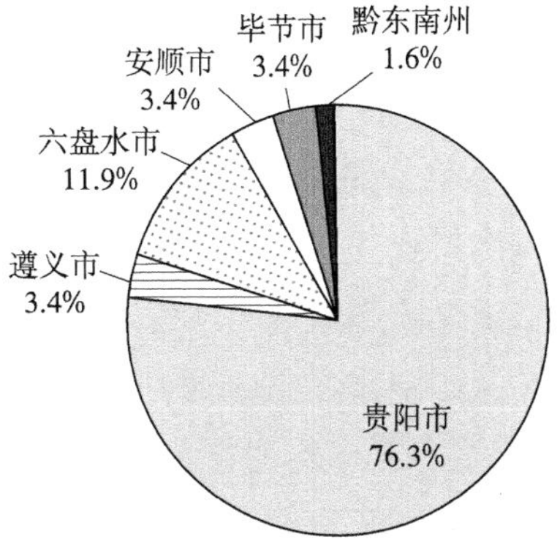

图 15-3 贵州省各地区猕猴桃商标注册企业分布情况

资料来源：作者根据国家知识产权局商标局 中国商标网上的数据整理所得。

从图表中可以看出，贵阳市共有与猕猴桃相关的企业 45 家，遵义市、安顺市、毕节市与猕猴桃相关的企业各有 2 家，六盘水市有 7 家，黔东南州有 1 家，而铜仁市、黔西南州和黔南州则没有分布。在贵阳市中，注册猕猴桃商标的企业最多的区（县）当属修文县，由于独特的地理环境，修文县猕猴桃产业规模巨大，全县种植面积达 16.7 万亩，属于修文县农业的主导产业，其因先天优势而兴起的猕猴桃企业也在全省猕猴桃商标注册中排在第一位。同时，由于六盘水市悠久的猕猴桃种植历史，其猕猴桃企业在贵州省猕猴桃商标注册中排在第二位，占 12%，其中商标注册企业最多的是六盘水凉都猕猴桃产业股份有限公司与六盘水市农业投资开发有限责任公司，均坐落于六盘水市。相对而言，遵义市、安顺市、毕节市、铜仁市、黔东南州、黔西南州与黔南州企业数量相对较少，共有 7 家，占比 12%，贵州省猕猴桃商标企业分布存在一定的差异性。

（五）贵州省猕猴桃企业商标注册情况

截至 2022 年年中，从国家商标网站查询到贵州省 59 家相关猕猴桃企业共注册商标数量 157 件，企业平均注册商标数量为 2.66 件。而对于 9 个地级市及自治州来说，其猕猴桃商标的注册数量也存在一定的差异性。

从表 15-2 中可以看出，猕猴桃商标在数量方面，各个地区存在着较大的差异，但平均商标注册数量除六盘水市和贵阳市外，遵义市、安顺市、毕节市、黔东南州均为 1，差异基本为 0，平均商标注册量最多的是六盘水市，为 6.29，其次为贵阳市，平均注册量为 2.36。贵阳市作为猕猴桃主要产地，其商标注册数量在全省范围内排在第一位，企业共注册商标 106 个，但由于其企业数量众多，其平均数量并未超过全省企业平均商标注册数 2.66。六盘水市的商标注册数量在全省范围内排名第二，但由于其企业数量适中，故其企业平均商标注册数超过全省企业平均商标注册数，在全省范围内排名第一。遵义市、安顺市、毕节市、黔东南州在商标注册数和企业平均商标注册数上相对不太理想，企业平均注册量均仅为 1。

三、水城猕猴桃商标注册现状

为促进水城猕猴桃商标保护工作的推进与完善，本报告将水城区猕猴桃商标注册情况单列出来，通过对比水城猕猴桃商标注册情况与贵州省猕猴桃商标注册情况，从中发现水城猕猴桃商标保护中存在的问题，从而提出相应的对策建议（见表 15-3）。

表 15-3 水城猕猴桃商标注册情况

序号	申请/注册号	国际分类	申请日期	商标名称	申请人名称	商标图形
1	11716068	33	2012 年 11 月 8 日	猕滋王	六盘水永恒粮油贸易有限公司	猕滋王

续表

序号	申请/注册号	国际分类	申请日期	商标名称	申请人名称	商标图形
2	11715950	32	2012年11月8日	猕滋王	六盘水永恒粮油贸易有限公司	猕滋王
3	19633087	33	2016年4月14日	猕珍源	六盘水凉都猕猴桃产业股份有限公司	猕珍源
4	19632960	32	2016年4月14日	猕珍源	六盘水凉都猕猴桃产业股份有限公司	猕珍源
5	19632925	32	2016年4月14日	猕珍源	六盘水凉都猕猴桃产业股份有限公司	猕珍源
6	19632913	33	2016年4月14日	猕珍源	六盘水凉都猕猴桃产业股份有限公司	猕珍源
7	19632864	31	2016年4月14日	猕珍源	六盘水凉都猕猴桃产业股份有限公司	猕珍源
8	19632653	31	2016年4月14日	猕珍源	六盘水凉都猕猴桃产业股份有限公司	猕珍源
9	20032852	33	2016年5月20日	猕珍缘	六盘水凉都猕猴桃产业股份有限公司	猕珍缘
10	20032841	32	2016年5月20日	猕珍缘	六盘水凉都猕猴桃产业股份有限公司	猕珍缘
11	20032824	33	2016年5月20日	猕珍缘	六盘水凉都猕猴桃产业股份有限公司	猕珍缘
12	20032615	31	2016年5月20日	猕珍缘	六盘水凉都猕猴桃产业股份有限公司	猕珍缘

续表

序号	申请/注册号	国际分类	申请日期	商标名称	申请人名称	商标图形
13	20032589	31	2016年5月20日	猕珍缘	六盘水凉都猕猴桃产业股份有限公司	猕珍缘
14	20032554	32	2016年5月20日	猕珍缘	六盘水凉都猕猴桃产业股份有限公司	猕珍缘
15	20103634	33	2016年5月26日	猕二代	水城县含香果蔬加工农民专业合作社	猕二代
16	20103481	32	2016年5月26日	猕二代 MIERDAI	水城县含香果蔬加工农民专业合作社	猕二代
17	21183662	33	2016年9月1日	弥你红	六盘水市农业投资开发有限责任公司	弥你红
18	21183609	32	2016年9月1日	弥你红	六盘水市农业投资开发有限责任公司	弥你红
19	21183473	31	2016年9月1日	弥你红	六盘水市农业投资开发有限责任公司	弥你红
20	21183420	29	2016年9月1日	弥你红	六盘水市农业投资开发有限责任公司	弥你红
21	22793762	31	2017年2月10日	弥你红	贵州中唐国贸电子商务有限公司	弥你红
22	23821759	31	2017年4月27日	猕意	六盘水市水城区宏兴绿色农业投资有限公司	猕意
23	23821758	29	2017年4月27日	猕意	六盘水市水城区宏兴绿色农业投资有限公司	猕意

续表

序号	申请/注册号	国际分类	申请日期	商标名称	申请人名称	商标图形
24	23821754	33	2017年4月27日	猕心缘	六盘水市水城区宏兴绿色农业投资有限公司	猕心缘
25	28186378	31	2017年12月19日	弥你红·红心猕猴桃·KIWI SUN 凉都弥你红 LI-ANGDULI-UPAN-SHUI	六盘水市农业投资开发有限责任公司	凉都 弥你红
26	31081979	33	2018年5月22日	猕国天香	水城县腾翔种养殖场	猕国天香
27	31081962	32	2018年5月22日	猕国天香	水城县腾翔种养殖场	猕国天香
28	31066592	31	2018年5月22日	猕国天香	水城县腾翔种养殖场	猕国天香
29	38888530	33	2019年6月14日	弥你红 MINIHO	六盘水市农业投资开发有限责任公司	Miniho
30	39719294	32	2019年7月17日	猕笑果园 M GY	贵州凯华营上农业发展有限公司	M GY 猕笑果园 MI XIAO GUO YUAN
31	39718200	32	2019年7月17日	猕开颜笑 M YX	贵州凯华营上农业发展有限公司	M YX 猕开颜笑 MI KAI YAN XIAO
32	39713393	31	2019年7月17日	猕笑果园 M GY	贵州凯华营上农业发展有限公司	M GY 猕笑果园 MI XIAO GUO YUAN

续表

序号	申请/注册号	国际分类	申请日期	商标名称	申请人名称	商标图形
33	46349512	35	2020年5月15日	弥你红	六盘水市农业投资开发有限责任公司	弥你红
34	48567033	30	2020年7月31日	弥你红	六盘水市农业投资开发有限责任公司	弥你红
35	49697103	16	2020年9月11日	弥你红	六盘水市农业投资开发有限责任公司	弥你红
36	52260581	31	2020年12月17日	弥甄	六盘水凉都猕猴桃产业股份有限公司	弥甄
37	61281710	30	2021年12月09日	猕心红	贵州巨茂科技有限公司	猕心红
38	61270791	33	2021年12月09日	弥季	贵州巨茂科技有限公司	猕季
39	61266538	33	2021年12月9日	猕心红	贵州巨茂科技有限公司	猕心红
40	61259769	29	2021年12月9日	猕季	贵州巨茂科技有限公司	猕季
41	61259764	30	2021年12月9日	猕季	贵州巨茂科技有限公司	猕季
42	58686473	31	2021年12月9日	猕季	贵州巨茂科技有限公司	猕季
43	59009741	32	2021年12月9日	猕心红	贵州巨茂科技有限公司	猕心红

续表

序号	申请/注册号	国际分类	申请日期	商标名称	申请人名称	商标图形
44	64914899	32	2022 年 5 月 27 日	弥你 C 宝	六盘水市农业投资开发有限责任公司	弥你红 C 宝
45	59009432	31	2022 年 5 月 27 日	猕心红	贵州巨茂科技有限公司	猕心红
46	66127075	29	2022 年 7 月 22 日	弥你红	六盘水市农业投资开发有限责任公司	弥你红
47	66144369	30	2022 年 7 月 22 日	弥你红	六盘水市农业投资开发有限责任公司	弥你红
48	59009741	32	2022 年 7 月 22 日	猕心红	贵州巨茂科技有限公司	猕心红
49	59009432	31	2022 年 7 月 22 日	猕心红	贵州巨茂科技有限公司	猕心红

从表 15-3 中可以看出，水城于 2012 年开始对猕猴桃进行商标保护，随后便断断续续开始对猕猴桃进行相关商标注册。2012—2020 年，水城猕猴桃商标注册数密集增长，商标注册数量逐年增加，其中 2016 年增长速度最快，新增注册数量达 18 个。截至 2022 年，水城猕猴桃累计商标注册量达 49 个。从注册类别来看，水城区进行猕猴桃商标注册的有公司、种养殖场和合作社，其中公司注册数量最多，占据 89. 8%。在所有商标中，由六盘水市农业投资开发有限公司打造的“凉都弥你红”享誉国内外，在猕猴桃市场中占据一定份额。随着猕猴桃市场的不断延伸，“凉都弥你红”已经成为六盘水市重点推进的农业特色产业。

四、水城猕猴桃产业商标保护中的问题探析

（一）商标注册量少，商标意识不强

根据贵州省猕猴桃商标注册情况与水城区商标注册情况对比可知，水城区猕猴桃商标的注册是在2012年后才开始，就目前来说，贵州省猕猴桃商标注册量最多的地区为贵阳市修文县，其政府和社会企业高度重视猕猴桃产业发展且高度重视商标保护。相较而言，水城区的商标保护意识较为薄弱，社会企业对商标保护的重视度不高，参与度不强，因此，截至2022年，水城区总的商标注册量仅有49个左右，相较于修文县而言，其注册量偏少。

（二）商标设计单一，创新性不高

由表15-3可知，当前水城猕猴桃商标的设计主要分为文字商标设计和文字拼音图形结合商标设计两大类，其中文字商标设计最多，占比为73.5%；文字拼音图形结合商标设计次之，占比仅为26.5%；而以图形、拼音以及图音结合的商标设计几乎为零。因此，水城猕猴桃商标设计较为单一且创新性不高。

（三）相关部门保护力度不够

猕猴桃产业所涉及范围十分广泛，从猕猴桃种植、炮制到食品、药品的研发、加工生产，单靠商标权保护是不可能的，单靠企业、社会也是不可能的。目前，造成猕猴桃商标现状的原因主要有两方面，一方面，虽然猕猴桃产业现已成为部分地区的主导扶贫产业，受到了当地相关政府部门的重视，但总的来说，还没有形成一个专门针对猕猴桃的商标保护法。另一方面，从目前的商标申请人来看主要是以企业为先导，以政府、研究所、学会、个人等名义申请猕猴桃商标的屈指可数。

五、水城猕猴桃产业商标保护的建议

（一）增强商标宣传，提高商标意识

目前，水城区猕猴桃商标注册总量不多，很大一部分原因是相关企业个人、组织商标意识不强而引起的，因此，应该充分利用相关政府官网、微信公众号、微博等媒体加强商标的宣传，加强企业、组织、个人等的商标意识，从而助推水城猕猴桃产业的商标保护。

（二）注重商标设计创新，使猕猴桃商标多元化

当前水城猕猴桃产业商标设计较为单一，在设计商标时可引入创新意识，增加拼音、图形结合等创新元素。

（三）形成以政府为主导的多元力量保护体系

当前在水城猕猴桃商标注册中以企业为主，商标申请力量单薄，因此仅凭以盈利为目的的企业的力量难以完成水城区猕猴桃商标保护工作。因而，想要推进水城区猕猴桃商标保护工作，应形成以政府为主导，研究所、合作社、学会等社会组织多元协同保护的交织网。

B16

水城猕猴桃产业发展经验与发展模式分析总结

李发耀　邵　宇[1]

摘　要： 水城猕猴桃与“三变改革”和“五连模式”有很深的渊源关系，“资源变资产、资金变股金、农民变股东”，“村企联合、产业连片、基地连户、责任连体、股份连心”在水城猕猴桃产区得到了充分的诠释，2017 年、2018 年、2019 年连续三年写入“中央一号文件”，在全国范围内产生了深远的影响。

关键词： 水城猕猴桃；三变改革；五连模式

一、猕猴桃核心产区与“三变改革”

水城猕猴桃产业与“三变改革”的出现密切相关，“资源变资产、资金变股金、农民变股东”，通过集体资源调动政府资源、政府资源撬动社会资源的“双轮驱动”，有效活化了要素资源，实现“产业连体”“股权连心”，促进了农业增效、农民增收、农村增绿，成为脱贫攻坚、产业革命、乡村振兴的助推器。

自 2020 年起，水城猕猴桃核心产区米箩镇，作为“三变改革”的重要发源地之一，从引进猕猴桃种植，到“三变改革”的出现，均与猕猴桃产业发展息息相关。米箩镇通过招商引资，成立水城县华荣农业开发有限公司、水城县鸿源农业开发有限公司、贵州润永恒农业发展有限公司等，建设

1　李发耀，贵州省社会科学院地理标志研究中心主任，研究员，主要研究方向为地理标志与产业经济、地方文化与社会可持续发展；邵宇，贵州省果树蔬菜工作站副站长，高级农艺师，主要研究方向为果树栽培与生理生态。

猕猴桃果园基地 10000 亩，其中核心示范区 4000 亩。总投资 1.8 亿元，建成集高效种植、标准示范、观光休闲旅游为一体的农业生态园区，并配套冷藏与加工技术，实现“产、加、销一条龙，农、工、贸一体化”的农业产业园区，引导农业增效、农民增收。按照“因地制宜、突出特色、统一规划、合理布局”的原则，从项目立项开始，通过标准化园区建设和示范，带动和辐射周边 5 个乡镇新建猕猴桃果园 3 万亩，其余适宜种植猕猴桃乡镇新建猕猴桃果园 3 万亩。此外，公司将通过延长产业链，对生产的鲜果进行深加工，加工猕猴桃饮料及猕猴桃果干等，提高产品附加值，从而进一步提高猕猴桃产业整体经济效益。

以规模化、组织化、市场化为导向，引导农村资源变资金、资金变股金、农民变股东（“三变”），推动实现农业强、农村美、农民富，不让一个贫困村、一个贫困户掉队，全面提升农村居民可支配收入，产生了全面综合的效益。社会效益方面：带动区域农业结构调整，使高产、优质、高效的农业技术得到推广，增加农民收入，拉动区域农业及农村经济的发展；生产适销对路的地方特色精品水果，满足城乡人民生活需要，提高人民生活水平和生活质量。农业科技得到广泛的普及和应用，极大地改善项目区农民落后的科学文化状况，为其摆脱贫困和农业增产增收打下坚实的基础；为农民乡土人才的培养提供了条件，推进农业产业化发展，同时推动农业标准化事业。经济效益方面：“公司+基地+农户”的经营模式，既解决了农户初始投资的不足和产果出售的担忧，又解决了开发过程中公司管理果园的困难。采用从果园基地到果品加工、销售这样一种农、工、贸一体化的开发方式，一方面解决了鲜果的来源；另一方面又解决了果品如何适应市场要求，多品种市场销售问题，满足了不同层次消费者的需要，提高了经济效益。如果年平均亩产猕猴桃鲜果 750kg 以上，按平均单价 25 元/kg 计算，年平均亩产值为 18750 元以上，核心基地的 10000 亩猕猴桃标准果园，年产新鲜猕猴桃 7500 t 以上，年总产值为 18750 万元，净利润达到 11729.81 万元，其产值以及收益远远高于同等条件下的粮食作物种植。示范区示范户数 2681 户（实际达到），辐射影响户数超过 5000 户。通过示范区的建设和发展，人均预期收入可增加至 5300 元/年，达到万人增收、万人扶贫、万人受益的良好示范局面。生态效益方面：水城区生态环境优越，具有猕猴桃种植的得天独厚的自然条件，适合大量栽培猕猴桃。项目示范区利用水城区独特的区域小气候和土壤条件，给予了猕猴桃更加优越的适生环境，为猕猴桃产业优质高效地发展提供先决条件。由于猕猴桃种植多以荒坡、台地、退耕地作为种植园，猕猴桃根系发达，植株健壮，枝叶茂盛，可大大增加植被覆盖率。果园春季绿树成荫，夏季繁花似锦，秋季硕果累累，冬季生机蕴涵。通过农业先进技术的导入，无害化生产技术的应用等，保持水土、涵养水源，绿化和美化当地农业生态环境，产生较好的绿色生态效益，实现生态环境的良性循环，使资源得到高效、合理利用，促进各项产业可持续发展。

二、“三变五连+N”模式创新

为了让更多农户享受到水城猕猴桃种植产业带来的红利，进一步深化“平台公司+村集体或村级合作社”“企业+合作社+农户”的“三变”模式，以股权为纽带，把村集体、企业、农民连成一个共同体，形成“村企联合、产业连片、基地连户、责任连体、股份连心”的“五连”模式，达到“联产联业、联股联心”。水城区以农村产权制度改革为重点，先行探索、先行试点、先行突破，成功走出一条“三变”改革新路径，成为贵州省“三变”改革的“发源地”和六盘水市“三变”实践创新的“试验田”。在推进“三变”改革过程中，水城区积极探索出“三变”特色产业、“三变”乡村旅游、“三变”生态移民、“三变”村集体经济等“三变”+X 模式，着力打造具有当地特点的“三变”改革升级版。

通过实践，水城区不断变化出多种模式。创新“三变”互联网模式，把“三变”改革融入互联网平台，结合农村产权制度改革，率先成立了农村产权交易中心，广泛为农村产权转让、出租、抵押、入股等搭建平台。创新“三变”合作招商模式，把“三变”作为招商引资的重要引擎，依托全区“八大特色产业”和“七大农业园区”，全面加大招商引资力度，大力培育“三变”承接主体。创新“三变”特色产业模式，把“三变”改革与山地特色农业产业发展紧密结合起来，根据各个产业确定股权比例，以区属平台公司为主实施的猕猴桃产业股权比例为农户 90%、公司 9%、村集体 1%；通过采取“三变”特色产业模式，形成了企业、村集体、农民三者之间的利益链接机制，让群众从旁观者变成参与者，从参股变成控股，充分调动了群众的积极性，掀起产业结构调整的热潮。创新“三变”山地旅游模式，为加快推进山地特色旅游产业发展，把“三变”改革与乡村旅游紧密结合起来，撬动社会资金参与旅游资源开发，促进全区旅游产业蓬勃发展，32 个农旅示范点在全区遍地开花，带动群众发展致富。创新“三变”特色小城镇模式，把“三变”改革与特色小城镇建设紧密结合起来，通过“三变”引导各类要素向特色小城镇聚集，让周边群众共享小城镇的公共资源，切实把每个特色小城镇打造成为“富民小镇”。创新“三变”村集体经济模式，水城区坚持把“三变”改革与农村集体经济发展紧密结合起来，进一步盘活了沉睡的村级集体资源和资产，激活了村级集体经济的发展活力。水城区坚持把“三变”改革与精准扶贫紧密结合起来，由参与“三变”的公司对特色产业实施保底，同时分别从公司和村集体的股权比例中提取 5% 的收益红利用于补助贫困户，确保参与“三变”的贫困群众稳定实现脱贫。创新“三变”转移就业模式，把“三变”改革作为转移农村剩余劳力就业的主要途径，引导农民群众采取劳动力入股的方式，实现在家门口就业。创新“三变”生态移民模式，把“三变”改革与易地扶贫搬迁结合起来，增加搬迁农户的财产性收入，确保农户搬得出、有就业、稳得住、能致富。

三、影响与总结

2014 年以来，六盘水市在坚持土地公有制性质不改变、耕地红线不突破、农民利益不受损的前提下，开展“资源变资产、资金变股金、农民变股东”的农村“三变”改革探索，通过集体资源调动政府资源、政府资源撬动社会资源的“双轮驱动”，有效活化了要素资源，实现“产业连体”“股权连心”，促进了农业增效、农民增收、农村增绿。2016 年在全省 21 个县 140 个乡镇 1015 个行政村试点推广“三变”改革经验，2017 年在全省全面推开“三变”改革。

从2017年开始，中央一号文件《中共中央、国务院关于深入推进农业供给侧结构性改革，加快培育农业农村发展新动能的若干意见》提出：深化农村集体产权制度改革；落实农村土地集体所有权、农户承包权、土地经营权“三权分置”办法；加快推进农村承包地确权登记颁证，扩大整省试点范围；统筹协调推进农村土地征收、集体经营性建设用地入市、宅基地制度改革试点；全面加快“房地一体”的农村宅基地和集体建设用地确权登记颁证工作；认真总结农村宅基地制度改革试点经验，在充分保障农户宅基地用益物权、防止外部资本侵占控制的前提下，落实宅基地集体所有权，维护农户依法取得的宅基地占有和使用权，探索农村集体组织以出租、合作等方式盘活利用空闲农房及宅基地，增加农民财产性收入；允许地方多渠道筹集资金，按规定用于村集体对进城落户农民自愿退出承包地、宅基地的补偿；抓紧研究制定农村集体经济组织相关法律，赋予农村集体经济组织法人资格；全面开展农村集体资产清产核资；稳妥有序、由点及面推进农村集体经营性资产股份合作制改革，确认成员身份，量化经营性资产，保障农民集体资产权利；从实际出发探索发展集体经济有效途径，鼓励地方开展资源变资产、资金变股金、农民变股东等改革，增强集体经济发展活力和实力；研究制定支持农村集体产权制度改革的税收政策；深化集体林权制度改革；加快水权水市场建设，推进水资源使用权确权和进场交易；加快农村产权交易市场建设。

2018年中央一号文件《中共中央、国务院实施乡村振兴战略的意见》提出：深入推进农村集体产权制度改革；全面开展农村集体资产清产核资、集体成员身份确认，加快推进集体经营性资产股份合作制改革；推动资源变资产、资金变股金、农民变股东，探索农村集体经济新的实现形式和运行机制；坚持农村集体产权制度改革正确方向，发挥村党组织对集体经济组织的领导核心作用，防止内部少数人控制和外部资本侵占集体资产；维护进城落户农民土地承包权、宅基地使用权、集体收益分配权，引导进城落户农民依法自愿有偿转让上述权益；研究制定农村集体经济组织法，充实农村集体产权权能；全面深化供销合作社综合改革，深入推进集体林权、水利设施产权等领域改革，做好农村综合改革、农村改革试验区等工作。

2019年中央一号文件《中共中央、国务院关于坚持农业农村优先发展做好“三农”工作的若干意见》提出：深入推进农村集体产权制度改革；按期完成全国农村集体资产清产核资，加快农村集体资产监督管理平台建设，建立健全集体资产各项管理制度；指导农村集体经济组织在民主协商的基础上，做好成员身份确认，注重保护外嫁女等特殊人群的合法权利，加快推进农村集体经营性资产股份合作制改革，继续扩大试点范围；总结推广资源变资产、资金变股金、农民变股东经验；完善农村集体产权权能，积极探索集体资产股权质押贷款办法；研究制定农村集体经济组织法；健全农村产权流转交易市场，推动农村各类产权流转交易公开规范运行；研究完善适合农村集体经济组织特点的税收优惠政策。

2017年、2018年、2019年连续三年与水城猕猴桃产业发展密切相关的“三变”改革写入了中央一号文件。一方面，这充分肯定了贵州的发展经验；另一方面，也激励了水城猕猴桃的产业发展。“三变改革”作为贵州的地方产业发展经验，已经在全国产生了较大的影响。

B17

水城区猕猴桃企业发展报告

吴茜妮　罗惠引[1]

摘　要： 统计贵州猕猴桃企业相关信息发现，贵州省六盘水市水城区的企业名称中带有“猕猴桃”名称存续且经营范围与“猕猴桃”相关的企业共有212家，在现有的212家猕猴桃相关企业中，按照企业性质分类，可以将其划分为农民专业合作社、个人独资企业、有限责任公司、个体工商户四种类别，每个种类公司的数量均有不同。其中，个体工商户数量最多，总共有93家，有限责任公司的数量最少，仅有22家；而农民专业合作社有27家，个人独资企业有70家。

关键词： 水城；猕猴桃；生产企业

一、贵州省水城区猕猴桃生产企业总体情况分析

猕猴桃属于猕猴桃科猕猴桃属，原产于中国。近50年来，猕猴桃消费人群逐年递增、市场缺口不断增大，我国陕西、河南、四川、湖北、贵州等地常见猕猴桃栽培。而贵州凭借其得天独厚的自然资源优势和特色的人文历史条件逐渐发展成为猕猴桃种植大省，通过大规模种植猕猴桃为地方脱贫做出了突出贡献。贵州省六盘水市也开始出现不同类型的猕猴桃企业，推动了贵州猕猴桃产业发展。

1　吴茜妮，贵州大学公共管理学院研究生，主要研究方向为公共政策；罗惠引，六盘水市水城区东部农业产业园区管理委员会，助理农艺师，主要研究方向为植物栽培。

统计贵州猕猴桃企业相关信息发现，贵州省六盘水市水城区的企业名称中带有“猕猴桃”名称存续且经营范围与“猕猴桃”相关的企业共有212家。在水城区现有的212家猕猴桃相关企业中，按照企业性质分类，可以将其划分为农民专业合作社、个人独资企业、有限责任公司、个体工商户四种类别，每个种类公司的数量均有不同。其中，个体工商户数量最多，总共有93家；有限责任公司的数量最少，仅有22家；而农民专业合作社有27家，个人独资企业有70家。虽然公司类别各有不同，但是它们都为贵州猕猴桃产业的发展做出了突出的贡献。对于不同类别的贵州猕猴桃企业数量划分情况具体见表17-1。

表17-1 水城区猕猴桃企业数量汇总

企业类别	农民专业合作社	个人独资企业	有限责任公司	个体工商户
数量（家）	27	70	22	93
合计	212			

数据来源：笔者依据企业统计年鉴汇总所得。

通过统计数据发现，在这212家贵州猕猴桃企业中，个体工商户的数量占比达到43.9%左右，农民专业合作社的数量占比达到12.7%左右，六盘水市各地区通过大力发展基层力量，为贵州猕猴桃产业的发展奠定了坚实的基础。个人独资企业的占比达到33%左右，这说明了猕猴桃产业带动地方经济发展方面的积极作用，有很多中小企业纷纷加入贵州猕猴桃发展队伍。但是有限责任公司的占比为10.4%左右，在4类不同性质的企业中占比最少，这说明贵州猕猴桃在目前的发展中仍然以小规模为主，缺乏实力强的大型企业发挥带动引领作用。

二、水城区猕猴桃农民专业合作社概况分析

对于水城区的农民专业合作社的分析，本报告从企业名称、企业负责人、统一社会信用代码、企业注册资本、企业地址、经营范围等方面进行统计分析。首先，水城区的27家农民专业合作社中，注册资本超过100万元

（含 100 万元）的合作社有 17 家，其中注册资本超过 1000 万元的农民专业合作社有 1 家，是水城县大峡谷种养殖农民专业合作社。关于水城区猕猴桃农民专业合作社具体详情见表 17-2。

表 17-2　水城区猕猴桃农民专业合作社

序号	企业名称	企业负责人	统一社会信用代码	注册资本/万元	企业地址	经营范围
1	水城县鑫盛红心猕猴桃种植农民专业合作社	代云	93520221MA6H5H98XR	100	水城区米箩镇草果村坪子组	种植及销售红心猕猴桃
2	水城县祥龙种养殖农民专业合作社	谢礼海	93520221MA6EGNQY4R	50	水城区猴场乡红星村四组	种植及销售猕猴桃苗木，种子除外
3	水城县明磊种养殖农民专业合作社	石明磊	93520221MA6GHFCD9X	500	贵州省六盘水市水城区木果镇双河村一组	种植猕猴桃、油茶树、车厘子、核桃、葡萄、蔬菜
4	水城县垚瀚种养殖农民专业合作社	杨鹍	93520221MA6GGNJG4E	500	水城区野钟乡锌铅村二组	种植猕猴桃、油茶树、车厘子、核桃、葡萄等
5	水城县锦仕旺种植农民专业合作社	杨艳	93520221MA6GH1AG2T	500	水城区猴场乡打把村二组	种植及销售猕猴桃、桃子、李子、核桃等
6	水城县春满园种植农民专业合作社	赵金奇	93520221MA6GHFYP78	100	贵州省六盘水市水城区米箩镇亮河村小河组	种植中药材、经果林、花卉、油桐、猕猴桃苗木，种子除外
7	水城县慧华种养殖农民专业合作社	柏发焕	93520221MA6GGR8UX4	50	水城区米箩镇倮么村上寨组	种植油桐、核桃、猕猴桃、花卉等

续表

序号	企业名称	企业负责人	统一社会信用代码	注册资本/万元	企业地址	经营范围
8	水城县天俊种养殖农民专业合作社	晏伟	93520221MA6GGG0039	200	水城区纸厂乡前进村官寨组	种植及销售蔬菜、核桃、猕猴桃、梨子等
9	水城县林旺种植农民专业合作社	柏发领	93520221MA6DMACK71	100	水城区米箩镇倮么村上寨组	种植油桐、核桃、猕猴桃、花卉等
10	水城县大峡谷种养殖农民专业合作社	欧阳利娟	93520221MA6EGD3D9F	1100	水城区野钟乡锌铅村二组	种植猕猴桃、经果林、中药材、茶叶等
11	水城县俊环种植农民专业合作社	朱加胜	93520221076049I0X2	100	水城区蟠龙镇闹塘村四组	种植及销售猕猴桃苗木，种子除外
12	水城县麟溶励种养殖农民专业合作社	许定怀	93520221MA6DM1K42Q	10	水城区蟠龙镇高仲村二组	猕猴桃种植，家禽养殖
13	水城县恒心种养殖农民专业合作社	吴祖碍	93520221MA6HHQNM30	500	水城区都格镇黄泥村坡脚组	种植猕猴桃、中药材、蔬菜，养殖等
14	水城县富农源种养殖农民专业合作社	杨真伦	93520221MA6H64GGXK	36	水城区猴场乡猴场村三组	猕猴桃种植及销售，养殖等
15	水城县贵精生猪养殖农民专业合作社	曹巾	93520221MA6JCRF0X6	30	水城区猴场乡补那村十五组	猕猴桃种植及销售，养殖等
16	水城县桁睿种养殖农民专业合作社	付艳	93520221MA6H0K0085	14	水城区猴场乡猴场村一组	种植猕猴桃、蜂糖李、药材，养殖等
17	水城县恩贤兴发种养殖农民专业合作社	王恩贤	93520221MA6E1LWG8U	200	水城区顺场乡大发村大地组	种植及销售中药材、猕猴桃；养殖，销售等

续表

序号	企业名称	企业负责人	统一社会信用代码	注册资本/万元	企业地址	经营范围
18	水城县富加种养殖农民专业合作社	张德付	93520221MA6DJG9715	100	水城区鸡场乡上营村罗纳组	种植刺梨、刺竹、蔬菜、猕猴桃，养殖等
19	水城县辉煌种养殖农民专业合作社	张清福	93520221MA6DQ4408Y	500	水城区阿戛镇阿戛居委会干河组	种植及销售猕猴桃、枇杷，养殖及销售等
20	水城县孝先种养殖农民专业合作社	郭玉刚	93520221MAAK2QW5XU	50	水城区化乐镇化启村大寨组	种植和销售蔬菜、梨、苹果，养殖及销售等
21	水城县建勇种植农民专业合作社	陈伟	93520221MA6H669K3W	10	水城区阿戛镇新划村苏田组	种植及销售猕猴桃
22	水城县陈发利种养殖农民专业合作社	周围	93520221MAAK2QQ51E	100	水城区化乐镇化启村化启组	种植和销售猕猴桃、水果、蔬菜，养殖等
23	水城县胞胞双愿种养殖农民专业合作社	白福波	93520221MA6H5WM16Y	50	水城区猴场乡补那村十四组	种植猕猴桃、蔬菜、食用菌、林木育苗及销售。养殖、农业相关项目等
24	水城县湘本种植农民专业合作社	杨钦惠	—	500	水城区猴场乡小田坝村八组	种植及销售猕猴桃苗木，种子除外
25	水城县贵兵种植农民专业合作社	赵群香	93520221MA6DP0L69E	100	水城区阿戛镇阿戛村上街组	猕猴桃、李子、玛瑙红、枇杷等种植及销售
26	水城县明贵生态种养殖农民专业合作社	张森	93520221MA6GH13X70	90	水城区鸡场乡安全村河头上组	家禽、家畜养殖。猕猴桃等农产品种植及销售

续表

序号	企业名称	企业负责人	统一社会信用代码	注册资本/万元	企业地址	经营范围
27	六盘水市水城区聚通种养殖农民专业合作社	陈泽宽	93520221MAALTPP50T	100	水城区野钟乡野钟村大水井组	猕猴桃苗木繁育及销售、农药化肥采购、养殖等

数据来源：作者依据企业统计年鉴汇总所得。

三、水城区猕猴桃有限责任公司概况分析

有限责任公司在水城区的分布状况各不相同，本报告从企业名称、企业负责人、统一社会信用代码、企业注册资本、企业地址、企业经营范围6个方面对水城区的猕猴桃有限责任公司进行统计分析。

首先，在水城区的22家有限责任公司中，注册资本最多（2000万元）的是位于贵州省六盘水市水城区猴场乡补那村的水城县长丰绿色科技实业有限公司，该公司主要业务为种植水果，养殖家禽、家畜等。水城县康晟猕猴桃技术服务有限责任公司和六盘水玉霖农业开发有限公司的注册资本相同，均为1000万元，前者主要种植和销售蔬菜、水果、干果、花卉，猕猴桃苗木繁育、花粉加工与销售。后者主要种植与销售猕猴桃、中药材以及销售农副产品。水城县东霖农业生态开发有限公司、六盘水芸福生态农业发展有限公司、水城县森源双红农业发展有限公司、贵州佳轩种养殖农业发展有限公司和贵州轩城种养殖农业发展有限公司的注册资本均为500万元，在水城区所有的有限责任公司中，六盘水靖聆农业发展有限公司、贵州省永源凡莱农业有限公司和水城县果粒圆葡萄种植有限责任公司的注册资本是最少的，均为10万元，关于水城区猕猴桃有限责任公司概况具体见表17-3。

表 17-3　水城区猕猴桃有限责任公司

序号	企业名称	企业负责人	统一社会信用代码	注册资本/万元	企业地址	经营范围
1	水城县康晟猕猴桃技术服务有限责任公司	胡君	91520221MA6HXGLB0A	1000	水城区双水街道办以朵社区以朵村白马组	蔬菜、水果、干果、花卉的种植与销售；猕猴桃苗木繁育、花粉加工与销售
2	水城县长丰绿色科技实业有限公司	蒋弟松	915202215566361 6X5	2000	水城区猴场乡补那村	种植水果；养殖家禽、家畜
3	水城县东霖农业生态开发有限公司	何明军	91520221580651132T	500	水城区纸厂乡前进村	种植及销售茶叶、马铃薯、蔬菜、猕猴桃苗木等
4	六盘水玉霖农业开发有限公司	袁玉文	91520200072005396K	1000	水城区比德镇下街186号	种植、销售猕猴桃、中药材；农副产品销售等
5	水城瑞弘裕农业有限公司	严碧勇	91520221MA6GXQJ047	100	水城区发耳镇民主村丁家冲组	种植猕猴桃、葡萄、中草药；养殖等
6	水城县泰宁农业开发有限公司	陈锐	91520221MA6E5UWQ6M	800	水城区猴场乡补那村十五组	猕猴桃种植、种子苗木培育及销售；农业生产物资供应等
7	六盘水市真甜农业有限责任公司	朱兴越	91520221MA6JA6F28L	200	水城区双水街道双水新区钟山东路与人民路交叉口西北侧塞纳华城E区9层901号	果品、蔬菜零售；柑橘类种植；葡萄种植；香蕉等亚热带水果种植；技术开发；猕猴桃种植与销售；预包装食品销售含冷藏冷冻食品等

续表

序号	企业名称	企业负责人	统一社会信用代码	注册资本/万元	企业地址	经营范围
8	六盘水芸福生态农业发展有限公司	蒋丽	91520221MA6HTY1J66	500	水城区双水街道明硐社区东兴街明硐路4号9栋1单元201室	种植及销售红心猕猴桃、枇杷等；农业观光服务；销售农药化肥，农业技术服务与指导等
9	水城县森源双红农业发展有限公司	徐祥	91520221057059425T	500	水城区果布戛乡兴隆村场坝组	种植猕猴桃等；林园绿化；苗木销售；养殖家禽家畜等；土石方承包
10	贵州硕果猕李红种植有限公司	李选包	91520221MAAJQRJJ48	100	水城区米箩镇米箩村荒田组	种植及销售水果、蔬菜等；养殖及销售等；猕猴桃栽杆搭架劳务服务等
11	六盘水乐泽发展有限公司	邓泽注	91520221MAAK5LC557	100	水城区顺场苗族彝族布依族乡顺场街上卫生院对面	种植及销售茶叶、猕猴桃等；牲畜养殖；农副产品加工及销售；新能源技术开发等
12	水城县虎虎红心猕猴桃种植有限公司	黄虎	91520221314245369D	100	水城区猴场乡猴场村五组	种植及销售红心猕猴桃苗木等；销售化肥农药等
13	六盘水靖聆农业发展有限公司	张士莹	91520221MA6HTURPX5	10	水城区阿戛镇阿戛村营脚组	猕猴桃种植及销售
14	水城县果粒圆葡萄种植有限责任公司	王显丽	91520221MA6H88EG9W	10	水城区蟠龙镇院坝村四组	葡萄、猕猴桃种植及销售

续表

序号	企业名称	企业负责人	统一社会信用代码	注册资本/万元	企业地址	经营范围
15	水城县斌城农业发展有限公司	白兵	91520221MA6E5TYG4B	50	水城区蟠龙镇二道岩村庆祝六组	种植及销售猕猴桃、蔬菜、坚果、刺梨
16	水城县天成瑞农业综合开发有限责任公司	孔曼瑞	91520221MA6DMKN435	200	水城区双水开发区商贸区金山西路302室	种植经果林、蔬菜、花卉林木，种子除外；猕猴桃、葡萄加工及销售
17	水城县兴隆启蒙农业发展有限公司	朱启蒙	91520221MA6DJCY88C	20	水城区纸厂乡顺场村半山组	养殖蜜蜂；种植猕猴桃、油菜、核桃、苦荞、蔬菜
18	贵州省永源凡莱农业有限公司	朱加艳	91520221MAAJLL1K4M	10	水城区猴场乡双贡村十九组	家禽家畜的饲养及销售；猕猴桃种植及销售；各类水果、蔬菜、苗木、中药材等的种植及销售
19	贵州佳轩种养殖农业发展有限公司	陈勇	91520221MAALQMJFXT	500	水城区都格镇龙井居委龙井组河尾巴处	花草、果蔬、猕猴桃等种植；农副产品销售；农业技术开发等
20	贵州轩城种养殖农业发展有限公司	甫礼香	91520221MAALQPUU0Y	500	水城区都格镇龙井居委武家街组高桥边	花草、果蔬、茶叶、猕猴桃种植，农副产品销售等
21	水城县黔鹏生态农业发展有限公司	张庄	915202215872854549	200	水城区发耳镇新龙村	猕猴桃苗木繁育，花粉加工与销售；养殖及销售等

续表

序号	企业名称	企业负责人	统一社会信用代码	注册资本/万元	企业地址	经营范围
22	六盘水万物瑞丰农业发展有限公司	姚应洪	91520221MA6DR0M4XM	100	水城区勺米镇果立普村梨木底组	种植及销售猕猴桃、中药材、核桃

数据来源：作者依据企业统计年鉴汇总所得。

四、水城区个人独资猕猴桃企业概况分析

个人独资企业在水城区的数量和分布各不相同，本报告从企业名称、企业负责人、统一社会信用代码、企业注册资本、企业住址、企业经营范围这6个方面对水城区的个人独资猕猴桃企业进行统计分析。

水城区有70家个人独资企业，位于水城区阿戛镇松绿村五组的水城区益农农业生态种植场注册资本高达206万元，该公司主要种植及销售猕猴桃、枇杷、西红柿。位于贵州省六盘水市水城区阿戛镇温泉村的水城区常发种植场注册资本达50万元，该公司主要种植及销售猕猴桃、李子、樱桃、核桃。位于水城区阿戛镇电光村猫场组的水城区欢宇种植场投资资本为15万元，该公司主要种植及销售猕猴桃，养殖及销售家禽、家畜。大多数个人独资企业注册资本为10万元，合计59家，这些公司主要种植及销售猕猴桃。关于水城区个人独资猕猴桃企业的具体概况见表17-4。

表17-4 水城区个人独资猕猴桃企业

序号	企业名称	企业负责人	统一社会信用代码	注册资本/万元	企业住址	经营范围
1	水城区外江猕猴桃种植场	张以江	91520221MA6HA7TF4Q	10	水城区猴场乡补那村十五组	猕猴桃种植及销售

续表

序号	企业名称	企业负责人	统一社会信用代码	注册资本/万元	企业住址	经营范围
2	水城区杨飞猕猴桃种植场	杨应飞	91520221MA6H62MB1U	10	水城区蟠龙镇闹塘村六组	猕猴桃种植及销售
3	水城区锦荣猕猴桃种植场	孙永兰	91520221MA6HKE2B3H	10	水城区蟠龙镇二道岩村五组	猕猴桃种植及销售
4	水城区绿色猕猴桃种植园	黄鹏	91520221MA6H6BTC93	10	水城区阿戛镇中坝村鱼塘组	种植及销售猕猴桃
5	水城区庆毕猕猴桃种植场	黄庆毕	91520221MA6HTY1P58	10	水城区蟠龙镇发贡村洗线沟林场东南方向 500 米处	种植猕猴桃
6	水城区春煜猕猴桃种植场	魏兴仁	91520221MA6HKE4U17	10	水城区蟠龙镇二道岩村五组	猕猴桃种植及销售
7	水城区芳菲猕猴桃种植场	郭丙全	91520221MA6HR6007U	10	水城区猴场乡猴场村一组	猕猴桃种植、销售
8	水城区兴荣猕猴桃种植场	黄虎	91520221MA6H6BM9XH	10	水城区阿戛镇中坝村鱼塘组	种植及销售猕猴桃
9	水城区芳钰猕猴桃种植场	黄艳书	91520221MA6HQPUP96	10	水城区勺米镇梭沙村鱼塘组	猕猴桃种植、销售
10	水城区红群猕猴桃种植场	徐安红	91520221MA6HKDWA3W	10	水城区蟠龙镇二道岩村五组	猕猴桃种植及销售

续表

序号	企业名称	企业负责人	统一社会信用代码	注册资本/万元	企业住址	经营范围
11	水城区周巧猕猴桃种植场	周巧巧	91520221MA6HTWA96H	10	水城区蟠龙镇发贡村洗线沟林场东南方向200米处	种植猕猴桃
12	水城区训习猕猴桃种植基地	周训习	91520221MA6HKA7D0R	10	水城区蟠龙镇二道岩村五组	猕猴桃种植及销售
13	水城区黄希建猕猴桃种植场	杜应锡	91520221MA6H8YWL53	10	水城区猴场乡猴场村一组	猕猴桃种植及销售；家禽及家畜养殖
14	水城区思猕园猕猴桃种植基地	骆诗燕	91520221MA6E6FDE1P	10	水城区勺米镇梭沙村鱼塘组	种植及销售猕猴桃
15	水城区李碧猕猴桃种植场	李碧	91520221MA6HA7TR2W	10	水城区猴场乡补那村十五组	猕猴桃种植及销售
16	水城区文刚猕猴桃种植场	李文刚	91520221MA6HA1D38K	10	水城区猴场乡补那村十五组	猕猴桃种植及销售
17	水城区国丰源种植场	李永国	91520221322109930H	10	水城区龙场乡瓦房村河头组	种植猕猴桃
18	水城区朝瑞种植场	余进朝	915202213088227218	10	水城区营盘乡高峰村营盘山组	种植猕猴桃苗木，种子除外
19	水城区巧儿种植园	黄巧	91520221337363704Q	10	水城区猴场乡猴场村一组	种植及销售猕猴桃

续表

序号	企业名称	企业负责人	统一社会信用代码	注册资本/万元	企业住址	经营范围
20	水城区孔贞种植场	李孔贞	915202213088934558D	10	水城区营盘乡高峰村康底组	种植及销售猕猴桃苗木，种子除外
21	水城区协和种植场	肖德庆	915202210720402399	10	水城区蟠龙镇沙坡村八组	种植及销售桃子、李子、猕猴桃；养殖及销售家禽、家畜
22	水城区陈敏种植场	陈敏	91520221MA6DJB8N24	10	水城区猴场乡猴场村七组	猕猴桃种植
23	水城区兴兰种植场	邓选兰	91520221MA6DNU728Y	—	水城区阿戛镇松绿村严家坡四组	猕猴桃种植
24	水城区星淮种植场	彭星淮	91520221MA6H62E86G	10	水城区蟠龙镇闹塘村六组	猕猴桃种植及销售
25	水城区红松种植场	董兴文	91520221MA6DNTG65M	10	水城区阿戛乡刘家寨四组	猕猴桃种植及销售
26	水城区遥望种植场	杨召召	91520221MA6HL9DQ8G	10	水城区米箩镇铜厂村白布寨组	种植及销售猕猴桃、蜂糖李
27	水城区波泉种植场	陈波	91520221MAAJW8R785	10	水城区米箩镇铜厂村白布寨组	种植及销售猕猴桃
28	水城区益农农业生态种植场	余勇	91520221MA6HMWNR8M	206	水城区阿戛镇松绿村五组	猕猴桃、枇杷、西红柿种植及销售
29	水城区胜碧种植场	赵胜碧	91520221MA6HNNJ02Y	10	水城区阿戛乡电光村排松组	李子、猕猴桃种植及销售

续表

序号	企业名称	企业负责人	统一社会信用代码	注册资本/万元	企业住址	经营范围
30	水城区永学种植场	廖永学	91520221MA6E6FTT6D	10	水城区米箩镇铜厂村黄土坡组	种植及销售核桃、猕猴桃
31	水城区辉阔种植场	雷关秀	91520221MA6HL9926W	10	水城区米箩镇铜厂村白布寨组	种植及销售猕猴桃
32	水城区桃书种植园	杨桃书	91520221MA6H50XN97	10	水城区米箩镇铜厂村白布寨组	种植及销售猕猴桃
33	水城区宏润种植基地	蒋开连	91520221MA6E7UA633	10	水城区勺米镇梭沙村包营组	猕猴桃种植及销售
34	水城区二秀种植场	王平	91520221MA6HNNN088	10	水城区阿戛镇电光村排松组	猕猴桃、玛瑙红种植及销售
35	水城区富赢种植场	黄先孝	91520221MA6HHG0MX0	10	水城区阿戛镇中坝村鱼塘组	种植及销售猕猴桃
36	水城区晴郭种植园	何金凤	91520221MA6HKN3B44	10	水城区米箩镇铜厂村黄土坡组	种植及销售猕猴桃、杨梅
37	水城区松强种植场	邓选忠	91520221MA6DNTUR6T	10	水城区阿戛镇松绿村严家坡四组	猕猴桃的种植及销售
38	水城区义叶种植场	赵义	91520221MA6HN1WM5Y	10	水城区阿戛镇阿戛村何家寨组	猕猴桃种植及销售
39	水城区宇琪种植场	赵宇	91520221MA6HHYKG7P	10	水城区阿戛镇阿戛居委会营脚组	种植及销售猕猴桃

续表

序号	企业名称	企业负责人	统一社会信用代码	注册资本/万元	企业住址	经营范围
40	水城区环泉种植园	黎富贵	91520221MA6H504J1C	10	水城区米箩镇铜厂村白布寨组	种植及销售猕猴桃、李子
41	水城区庆军种植场	晏庆兰	91520221MA6HR3H74L	10	水城区阿戛镇电光村潘家寨组	猕猴桃种植及销售
42	水城区春晨种植园	何小富	91520221MA6HKJXP9N	10	水城区米箩镇铜厂村白布寨组	种植及销售猕猴桃、李子
43	水城区庆菊种植场	王庆菊	91520221MA6HB8HG4M	10	水城区猴场乡猴场村七组	猕猴桃、蜂糖李种植及销售
44	水城区鹏会种植场	杨鹏会	91520221MA6H1KUY2Q	10	水城区顺场乡九归村石米格组	猕猴桃种植及销售
45	水城区马帆种植场	王勇	91520221MA6HNNAA7B	10	水城区阿戛镇电光村排松组	猕猴桃、玛瑙红种植及销售
46	水城区昌艳种植园	李昌艳	91520221MA6H512G7Q	10	水城区米箩镇铜厂村白布寨组	种植及销售猕猴桃
47	水城区彭贵种植场	彭贵	91520221MA6HNNYG99	10	水城区阿戛镇温泉村石梯组	猕猴桃、核桃种植及销售
48	水城区春勤种植园	何大富	91520221MA6HKJWY6Y	10	水城区米箩镇铜厂村白布寨组	种植及销售猕猴桃、李子
49	水城区柯裕种植场	马义富	91520221MA6HLB4X3H	10	水城区米箩镇铜厂村白布寨组	种植及销售猕猴桃

续表

序号	企业名称	企业负责人	统一社会信用代码	注册资本/万元	企业住址	经营范围
50	水城区钱鑫种植场	何钱军	91520221MA6E714U2P	10	水城区米箩镇铜厂村黄土坡组	种植及销售猕猴桃
51	水城区诚滨种植场	袁成兵	91520221MA6HL95Q70	10	水城区米箩镇铜厂村白布寨组	种植及销售猕猴桃、蜂糖李
52	水城区鸿甜种植场	黄光伦	91520221MA6HNYEW2Y	10	水城区蟠龙镇木城居委会大田五组	猕猴桃种植及销售
53	水城区廷富种植场	李廷富	91520221MA6GUWY779	10	水城区米箩镇倮么村马鞍组	种植及销售李子、杨梅、猕猴桃
54	水城区关亮种植场	张关亮	91520221MA6E71RT0P	10	水城区米箩镇铜厂村黄土坡组	种植及销售猕猴桃
55	水城区家秋种植基地	朱庆香	91520221MA6GXMFAX8	10	水城区坪寨乡箐马村下寨组	猕猴桃种植及销售
56	水城区常发种植场	常开平	91520221MA6DY7Q18U	50	水城区阿戛镇温泉村	猕猴桃、李子、樱桃、核桃的种植及销售
57	水城区林鑫种植场	李萍	91520221MA6H89Y59K	10	水城区阿戛镇电光村排松组	种植及销售猕猴桃、精品水果、苗木等
58	水城区欢宇种植场	杨明宇	91520221MA6HKPAC2X	15	水城区阿戛镇电光村猫场组	种植及销售猕猴桃；养殖及销售家禽、家畜
59	水城区林兴种植场	李跃志	91520221MA6HHK6B9F	10	水城区蟠龙镇闹塘村四组	猕猴桃种植及销售

续表

序号	企业名称	企业负责人	统一社会信用代码	注册资本/万元	企业住址	经营范围
60	水城区兴学种植场	董兴学	91520221MA6DNW0P71	—	水城区阿戛镇松绿村严家坡四组	猕猴桃种植及销售
61	水城区坤阳种植场	黄坤	91520221337271578P	—	水城区蟠龙镇蟠龙村二组	种植猕猴桃
62	水城区化碧种植场	陈化碧	91520221065754241Q	10	水城区猴场乡猴场村三组	种植猕猴桃苗木，种子除外
63	水城区方环种植园	何友方	91520221MA6HKN0M5G	—	水城区米箩镇铜厂村白布寨组	种植及销售猕猴桃、李子
64	水城区黄继勇种植基地	黄继勇	91520221MA6H8725X4	10	水城区猴场乡补那村十四组	猕猴桃种植及销售
65	水城区黄继品种植基地	黄继品	91520221MA6H879K76	10	水城区猴场乡补那村十四组	猕猴桃种植及销售
66	水城区绿满昌农种植基地	袁明福	91520221MA6GXM643E	—	水城区坪寨乡箐马村上寨组	猕猴桃种植及销售
67	水城区彭菊种植场	彭作菊	91520221MA6HMTEH0Q	—	水城区猴场乡猴场村一组	猕猴桃种植及销售
68	水城区廷玮种植场	李廷玮	915202213142694754	—	水城区猴场乡猴场村一组	种植及销售猕猴桃苗木，种子除外
69	水城区李伦种植基地	李伦	91520221MA6H875R9U	10	水城区猴场乡补那村十五组	猕猴桃种植及销售

续表

序号	企业名称	企业负责人	统一社会信用代码	注册资本/万元	企业住址	经营范围
70	水城区百耀牧种植基地	李绍永	91520221MA6GXLNX65	—	水城区坪寨乡箐马村中寨组	猕猴桃种植及销售

数据来源：作者依据企业统计年鉴汇总所得。

五、水城区猕猴桃农民个体工商户概况分析

对于水城区的个体工商户的分析，本报告从企业名称、企业负责人、统一社会信用代码、企业注册资本、企业住址、经营范围 6 个方面进行统计分析。在水城区的 93 家个体工商户中，有 51 家个体工商户以种植猕猴桃为唯一经营范围，关于水城区的个体工商户具体概况见表 17-5。

表 17-5　水城区个体工商户概况

序号	企业名称	企业负责人	统一社会信用代码	注册资本/万元	企业住址	经营范围
1	水城区兴茂猕猴桃种植场	王龙	92520221MABTY8C078	—	水城区蟠龙镇木城社区大田六组	猕猴桃种植
2	水城区光良猕猴桃种植场	陈光良	92520221MA7CFGP48N	—	水城区米箩镇俄戛村猪场组	种植及销售猕猴桃、柚子、樱桃、蔬菜类
3	水城区招美猕猴桃种植场	黄继方	92520221MABUED2W0lI	—	水城区猴场乡猴场村四组	猕猴桃种植

续表

序号	企业名称	企业负责人	统一社会信用代码	注册资本/万元	企业住址	经营范围
4	水城区郑老幺猕猴桃种植场	郑金朝	92520221MA7HWMF56R	—	水城区勺米镇红布村包包营组62号	水果种植
5	水城区良龙猕猴桃园	姚良龙	92520221MABTD8YX29	—	水城区营盘苗族彝族白族乡高峰村三家寨组	豆类种植；薯类种植；食用菌种植；坚果种植
6	水城区光祥种植场	石光祥	92520221MA6HA3QH03	—	水城区阿戛镇仲河村包包组	种植猕猴桃，猕猴桃零售
7	水城区延才种植基地	辛延才	92520221MA6EBMR45W	—	水城区猴场乡打把村十二组	猕猴桃种植
8	水城区星耀种植场	黄梦	92520221MA6J0NM590	—	水城区顺场乡营盘村大洼组	猕猴桃种植
9	水城区泽义种养殖场	李泽义	92520221MA6HD25T9C	—	水城区阿戛镇仲河村群合组	饲养生猪，种植猕猴桃及销售
10	水城区典江种养殖场	王典江	92520221MA6HAAFG1L	—	水城区阿戛镇仲河村半波组	种植猕猴桃，养猪及销售
11	水城区吉辉种植场	卢吉辉	92520221MAAJXCPC2X	—	水城区阿戛镇松绿村山林组	种植猕猴桃、李子种植及销售
12	水城区俊朗种植场	漆有俊	92520221MA6JA8CQ0W	—	水城区蟠龙镇百车河居委会原沙坡村九组	猕猴桃种植及销售

续表

序号	企业名称	企业负责人	统一社会信用代码	注册资本/万元	企业住址	经营范围
13	水城区雨瞳种植场	黄金美	92520221MAAL2QGN6P	—	水城区蟠龙镇蟠龙居委会蟠龙二组	猕猴桃种植及销售
14	水城区四顺种养殖场	罗小四	92520221MAAJLEN44Y	—	水城区米箩镇草果村马口组	种植猕猴桃、牲畜饲养及销售
15	水城区元祥种植场	王元祥	92520221MAAJM1MG6M	—	水城区阿戛镇电光村四方井组	猕猴桃、核桃、板栗种植及销售
16	水城区富盛种植场	陈永富	92520221MA6HDEK18M	—	水城区阿戛镇仲河村中心组	种植猕猴桃、玛瑙红及销售
17	水城区立华种养殖场	沈立华	92520221MA6HHYW7XJ	—	水城区阿戛镇仲河村大寨组	种植猕猴桃、核桃、酸枣；饲养生猪及销售
18	水城区祥庆养殖场	赵庆辉	92520221MAAJY4Y3XX	—	水城区米箩镇草果村马口组	养殖及销售猪；种植及销售猕猴桃
19	水城区继军种养殖场	黄继军	92520221MAALTFEP79	—	水城区猴场乡猴场村四组	猪、牛的饲养；猕猴桃种植及销售
20	水城区懋华种养殖场	范懋华	92520221MA6HBQJC3L	—	水城区阿戛镇仲河村中心组	种植及销售猕猴桃、核桃；养殖及销售猪
21	水城区创安种养殖场	朱林	92520221MAALPMDDXH	—	水城区猴场苗族布依族乡猴场村十组	家禽、猪的饲养；猕猴桃种植及销售
22	水城区怀凤养殖场	李启凤	92520221MAAJX8E89F	—	水城区猴场乡补那村十五组	猪饲养及销售；猕猴桃种植及销售

续表

序号	企业名称	企业负责人	统一社会信用代码	注册资本/万元	企业住址	经营范围
23	水城区郝大姐农家果园	郝艳碧	92520221MABPWW925C	—	水城区猴场乡猴场村四组	猕猴桃种植
24	水城区玉粉种植场	谢玉粉	92520221MABQ3LNU6A	—	水城区猴场乡猴场村十组	猕猴桃种植
25	水城区朝辉种养殖场	杨朝辉	92520221MABRYCAL5M	—	水城区猴场乡打把村八组	猕猴桃种植，牛养殖
26	水城区天梅种植场	刘天梅	92520221MABPC7485J	—	水城区猴场乡猴场村二组	猕猴桃种植
27	水城区冯敏种植场	程冯敏	92520221MABQJU3Q88	—	水城区猴场乡猴场村二组	猕猴桃种植
28	水城区旺源种植场	黄希华	92520221MABTWUPN77	—	水城区猴场乡猴场村四组	猕猴桃种植
29	水城区黄凯种植场	黄凯	92520221MABFCBH89M	—	水城区猴场乡猴场村十五组	猕猴桃种植
30	水城区华华种植场	黄华	92520221MABQJTM11R	—	水城区猴场乡猴场村十五组	猕猴桃种植
31	水城区刘勇种植场	刘勇	92520221MABR68KM3W	—	贵州省六盘水市水城区猴场乡打把村十八组	猕猴桃种植
32	水城区小兰种植场	李兴兰	92520221MABUKWAH30	—	水城区猴场乡猴场村十组	猕猴桃种植

续表

序号	企业名称	企业负责人	统一社会信用代码	注册资本/万元	企业住址	经营范围
33	水城区才粉种植场	赵才粉	92520221MABQKC9D64	—	水城区猴场乡猴场村二组	猕猴桃种植
34	水城区黄水种植场	黄水	92520221MABQ3JAB2T	—	水城区猴场乡猴场村四组	猕猴桃种植
35	水城区箐脚种植场	刘应平	92520221MABQE4RJ5G	—	水城区蟠龙镇二道岩村四组	猕猴桃种植
36	水城区朝海种植场	谢朝海	92520221MABQKA6G6P	—	水城区猴场乡猴场村十三组	猕猴桃、魔芋种植
37	水城区周菊种植场	张周菊	92520221MABQ3JPE2P	—	水城区猴场乡猴场村二组	猕猴桃种植
38	水城区群盛种植场	李群	92520221MABP95408X	—	水城区猴场乡猴场村二组	猕猴桃种植
39	水城区王高种植场	王高中	92520221MABQKLR17F	—	水城区猴场乡猴场村十组	猕猴桃种植
40	水城区蟠二种植场	刘菊果	92520221MABNCCFF4N	—	水城区蟠龙镇二道岩村四组	猕猴桃种植
41	水城区柏杰种植场	柏杰	92520221MABT000J9T	—	水城区猴场乡黄果树村十一组	猕猴桃种植
42	水城区青青种植场	吴长青	92520221MABR0X60X7	—	水城区猴场乡猴场村二组	猕猴桃种植

续表

序号	企业名称	企业负责人	统一社会信用代码	注册资本/万元	企业住址	经营范围
43	水城区黄淮种植场	黄淮	92520221MABQ3YGX13	—	水城区猴场乡猴场村十五组	猕猴桃种植
44	水城区吴锦种植场	吴锦	92520221MABQ3PRFXU	—	水城区猴场乡猴场村七组	猕猴桃种植
45	水城区厚进种植场	孙厚进	92520221MABQKGBQ6P	—	水城区猴场乡猴场村三组	猕猴桃种植
46	水城区胜刚种植场	刘胜刚	92520221MABQKAYB3H	—	水城区猴场乡猴场村六组	猕猴桃种植
47	水城区志勇种植场	吴志勇	92520221MABP95XF52	—	水城区猴场乡猴场村二组	猕猴桃种植
48	水城区陆松种植场	陆松	92520221MABQKFRTX9	—	水城区猴场乡猴场村五组	猕猴桃种植
49	水城区俊瑶种植场	吴俊瑶	92520221MABQKL3J1H	—	水城区猴场乡猴场村七组	猕猴桃种植
50	水城区才才种植场	赵才才	92520221MABR0X570Y	—	水城区猴场乡猴场村二组	猕猴桃种植
51	水城区平秀种植场	史平秀	92520221MABR9H808G	—	水城区猴场乡猴场村十组	猕猴桃种植
52	水城区兴群种植场	郑光群	92520221MABR0WGT8J	—	水城区猴场乡猴场村十组	猕猴桃种植

续表

序号	企业名称	企业负责人	统一社会信用代码	注册资本/万元	企业住址	经营范围
53	水城区昌品种植场	张昌品	92520221MABQ3X0W9Q	—	水城区猴场乡猴场村十六组	猕猴桃种植
54	水城区远才种植场	谢远才	92520221MABR9Q5T04	—	水城区猴场乡猴场村十六组	猕猴桃种植
55	水城区文勇种植场	张文勇	92520221MABR9KXT2E	—	水城区猴场乡猴场村十六组	猕猴桃种植
56	水城区以贤种植场	张以贤	92520221MABQ25QW26	—	水城区猴场乡猴场村十三组	猕猴桃种植
57	水城区叶会种植场	叶会	92520221MABRYDR8X0	—	水城区蟠龙镇蟠龙社区蟠龙三组	猕猴桃种植
58	水城区艳群种植场	杨艳群	92520221MABPCAG39K	—	水城区猴场乡猴场村三组	猕猴桃种植
59	水城区佐祥种植场	史佐祥	92520221MABQKNHL2L	—	水城区猴场乡猴场村十六组	猕猴桃种植
60	水城区生官种植场	杨生官	92520221MABRU9B50F	—	水城区猴场乡打把村十一组	猕猴桃种植
61	水城区会运种植场	史会运	92520221MABQ26147H	—	水城区猴场乡猴场村十一组	猕猴桃种植
62	水城区远云种植场	谢远云	92520221MABQ3W8R6J	—	水城区猴场乡猴场村十六组	猕猴桃种植

续表

序号	企业名称	企业负责人	统一社会信用代码	注册资本/万元	企业住址	经营范围
63	水城区州平种养殖场	胡州平	92520221MABQJTLA96	—	水城区猴场乡猴场村一组	猕猴桃种植
64	水城区学品种植场	李学品	92520221MABQKMPL09	—	水城区猴场乡猴场村十六组	猕猴桃、枇杷种植
65	水城区廷远种植场	谢廷远	92520221MABR9N3R3J	—	水城区猴场乡猴场村十五	猕猴桃种植
66	水城区怀东养殖场	张怀东	92520221MABQKEJM97	—	水城区猴场乡猴场村四组	猕猴桃种植
67	水城区颜洋种植场	颜洋	92520221MABT8NXD6X	—	水城区猴场乡打把村十五组	猕猴桃种植
68	水城区德远种植场	郭德远	92520221MABP95DB53	—	水城区猴场乡猴场村一组	猕猴桃种植
69	水城区毛幺种植场	毕毛幺	92520221MADTNMLP7D	—	水城区猴场乡猴场村一组	猕猴桃种植
70	水城区祥芬种植场	陈祥芬	92520221MABPC7Q854	—	水城区猴场乡猴场村一组	猕猴桃种植
71	水城区姜菊种植场	吴姜菊	92520221MABPCB2Y6X	—	水城区猴场乡猴场村	猕猴桃种植
72	水城区继雷种植场	黄继雷	92520221MABR8EJ47W	—	水城区猴场乡猴场村四组	猕猴桃种植

续表

序号	企业名称	企业负责人	统一社会信用代码	注册资本/万元	企业住址	经营范围
73	水城区胜利种养殖场	刘胜利	92520221MABQ41UY42	—	水城区猴场乡猴场村六组	猕猴桃种植、生猪养殖
74	水城区花地养殖场	孙显益	92520221MABPTR7D2X	—	水城区蟠龙镇二道岩村塘上三组	生猪、牛、羊饲养及销售，猕猴桃种植
75	水城区玉平种养殖场	孙玉平	92520221MABNGQHB4K	—	水城区蟠龙镇二道岩村庆祝一组	生猪、鸡饲养及销售，猕猴桃种植
76	水城区肖伟种植场	肖伟	92520221MABRLGN73M	—	水城区猴场乡黄果树村二组	蜂糖李、红心柚、猕猴桃种植
77	水城区佳福种养殖场	魏兴仁	92520221MABQ6TJ97N	—	水城区蟠龙镇二道岩村塘上三组	生猪、牛饲养及销售，猕猴桃种植
78	水城区皓晨种植场	黄成兵	92520221MABMEECX8U	—	水城区米箩镇俄戛村螺丝组	种植及销售猕猴桃、樱桃
79	水城区熊林种植场	熊林	92520221MABRLGQR6W	—	水城区猴场乡黄果树村十三组	蜂糖李、红心柚、猕猴桃种植
80	水城区启龙种养殖场	李启龙	92520221MABP94XXXK	—	水城区猴场乡猴场村七组	生猪养殖，猕猴桃种植
81	水城区熠熠生辉种养殖场	朱熠	92520221MABQ6PF66R	—	水城区蟠龙镇二道岩村庆祝七组	猕猴桃、蜂糖李、玛瑙红种植及销售
82	水城区文艳种养殖场	周文艳	92520221MABT1QGYX5	—	水城区猴场乡猴场村六组	猕猴桃种植，生猪、鸡养殖

续表

序号	企业名称	企业负责人	统一社会信用代码	注册资本/万元	企业住址	经营范围
83	水城区线国种养殖场	曾线国	92520221MABQKQP69C	—	水城区猴场乡猴场村十六组	猕猴桃种植，生猪养殖
84	水城区锐龙种养殖场	王海龙	92520221MABQCN80XA	—	水城区蟠龙镇蟠龙社区闹塘一组	猕猴桃、玛瑙红种植；淡水鱼养殖
85	水城区茂果觉种养殖场	孙厚川	92520221MABQ86QG7Y	—	水城区蟠龙镇二道岩村塘上三组	猕猴桃种植；猪、牛养殖
86	水城区子景种养殖场	周祖国	92520221MABQPX066K	—	水城区蟠龙镇二道岩村小寨三组	猕猴桃、蜂糖李、玛瑙红种植；猪、牛、羊养殖
87	水城区祥涛种养殖场	周涛	92520221MABTK9912T	—	水城区蟠龙镇二道岩村七组	猪、牛、羊养殖；猕猴桃、蜂糖李种植
88	水城区祥宏养殖场	陈光祥	92520221MA7K24U94W	—	水城区米箩镇俄戛村猪场组	牲畜饲养；家禽饲养；种植猕猴桃
89	水城区安洁种养殖场	徐安敏	92520221MABNNGKT1R	—	水城区蟠龙镇二道岩村小寨一组	猪、牛、羊养殖；猕猴桃、蜂糖李、玛瑙红种植
90	水城区英泰来种养殖场	朱光灿	92520221MABQ69HM6F	—	水城区蟠龙镇院坝村金龙五组	生猪、牛、羊、鱼饲养及销售，樱桃、桃子、葡萄、猕猴桃种植
91	水城区海洪种养殖场	朱洪	92520221MABTT21DX1	—	水城区蟠龙镇二道岩村小寨三组	牛、羊养殖，牧草，猕猴桃、蜂糖李种植，水产养殖

续表

序号	企业名称	企业负责人	统一社会信用代码	注册资本/万元	企业住址	经营范围
92	水城区红群种养殖场	徐安红	92520221MABNGQ4795	—	水城区蟠龙镇二道岩村塘上三组	鸡、牛、羊、鹅饲养及销售，猕猴桃种植
93	水城区雷勇种植基地	雷勇	92520221MA6GYLGA9D	—	水城区猴场乡打把村十六组原小田坝村八组	猕猴桃种植及销售

数据来源：作者依据企业统计年鉴汇总所得。

附　录

附录 1
猕猴桃科技文献

张　燕　任春光[1]

B

北方果树露地无公害生产技术大全/王尚堃，蔡明臻，晏芳主编，北京：中国农业大学出版社，2014

C

彩图版猕猴桃栽培及病虫害防治/刘兰泉主编，北京：中国农业出版社，2016

产业扶贫一县一业/农业农村部扶贫开发工作领导小组办公室主编，北京：中国农业出版社，2020

D

丹江口水源涵养区主要农作物绿色高效生产技术/赵建宁等主编，北京：中国农业科学技术出版社，2020

G

国外水果蔬菜贮藏保鲜技术/陈文林等编译，北京：科学技术文献出版社，1986

1　张燕，贵州省社科院图书信息中心副主任，副研究馆员，主要研究方向为图书信息与地方文化、地方产业可持续发展；任春光，贵州科学院山地资源研究所研究员，主要研究方向为猕猴桃病害。

果酒加工工艺学/张秀玲，谢凤英主编，北京：化学工业出版社，2015

果酒生产技术/杜金华，金玉红编著，北京：化学工业出版社，2010

果类植物药用保健功效与开发应用/杨槐俊，史国富，麻秀芳编著，北京：中国农业科技出版社，2000

果品加工技术/何建军，陈学玲主编，武汉：湖北科学技术出版社，2010

果品贮藏及物流技术问答/尹明安，沙志鸿编著，北京：化学工业出版社，2017

果蔬病虫害绿色防治丛书：彩色图说/李鑫主编，西安：陕西人民教育出版社，2000

果蔬保鲜与加工新技术画本/彭克勤主编，长沙：湖南科学技术出版社，2008

果蔬贮运保鲜金点子/马岩松，车芙蓉编著，沈阳：辽宁科学技术出版社，2000

果树病虫害防治百问百答/花蕾等编著，杨凌：西北农林科技大学出版社，2012

果树病虫害防治图册/何科佳，杨玉主编，长沙：湖南科学技术出版社，2013

果树病害防治/朱永东，路华忠编著，北京：北京出版社，2000

果树高效栽培与果园立体种养实用技术/岑文展，李泽虎，李娜主编，北京：中国农业科学技术出版社，2019

果树规模生产与病虫害防治/陈勇，贾陟，徐卫红主编，北京：中国农业科学技术出版社，2016

果树套袋实用技术/杨宝山，范雪莹主编，北京：科学技术文献出版社，2012

果树无公害优质丰产栽培新技术/王尚堃，耿满，王坤宇主编，北京：科学技术文献出版社，2017

果树修剪新技术/王元辉，惠永根编著，北京：北京出版社，2000

果树优质高效生产新技术/中国农村技术开发中心编著，北京：中国农

业科学技术出版社，2018

果树栽培/邹定生等主编，南京：河海大学出版社，2000

果树栽培技术：北方本/武兴宝主编，天津：天津大学出版社，2012

果树栽培实用技术/贵州省科学技术委员会，贵州省农业科学院编，贵阳：贵州科技出版社，1991

果树栽培实用技术/杨国，王廷忠，王立平主编，北京：中国农业科学技术出版社，2016

果树栽培实用新技术/陈传友主编，武汉：湖北科学技术出版社，1999

果树栽培实用新技术/刘慧纯主编，北京：化学工业出版社，2021

果树栽培先进实用技术/《农村经济技术社会知识丛书》编委会编，北京：中国农业出版社，2000

果树栽培学各论：北方本/张玉星主编，北京：中国农业出版社，2003

果树整形修剪技术问答/张克俊主编，北京：中国农业出版社，2000

H

海南植物图志/杨小波等编著，北京：科学出版社，2015

红肉猕猴桃产业化栽培技术/王明忠，余中树主编，成都：四川科学技术出版社，2013

湖北植物志．3/傅书遐主编；中国科学院武汉植物研究所编著，武汉：湖北科学技术出版社，2002

湖南猕猴桃栽培技术/王铁诚等编，长沙：湖南省园艺研究所，1987

湖南植物志——第三卷，猕猴桃科——交让木科/李丙贵，刘林翰主编，长沙：湖南科学技术出版社，2010

花和果实图鉴/（日）三原道弘著；（日）斋藤谦纲绘；（日）菱山忠三郎主编；王蕾译，郑州：大象出版社，2020

J

嘉兴农业立体种养实用技术/贺伟强主编，北京：中国农业大学出版社，2018

浆果栽培学/李亚东，郭修武，张冰冰主编，北京：中国农业出版社，2012

经济果林病虫害防治手册/王焱主编，上海：上海科学技术出版社，2021

经济作物种植及产后加工/于勇主编，北京：中国农业出版社，2017

K

喀斯特山区主要特色作物农业气象技术及气候区划：以贵州省六盘水市为例/池再香等著，北京：气象出版社，2019

烤烟育苗大棚及轮作烟田作物栽培实用技术手册/任明波，王英俊，邱军主编，北京：中国农业科学技术出版社，2021

L

林业/李广新主编　合肥：中国科学技术大学出版社，2009

落叶果树介壳虫及其天敌昆虫原色图谱/胡作栋，张富和编著，杨凌：西北农林科技大学出版社，2018

落叶果树栽培技术/主编杨国顺，成智涛，长沙：湖南科学技术出版社，2020

M

毛花猕猴桃种质资源/徐小彪等编著，北京：科学出版社，2021

猕猴桃/朱鸿云主编，北京：中国林业出版社，2009

猕猴桃/陕西省农业局科教处，陕西省果树研究所编，西安：陕西科学技术出版社，1982

猕猴桃/张有平，田文杰编著，北京：中国展望出版社，1985

猕猴桃/印万芬等著，北京：中国财政经济出版社，1981

猕猴桃 GAP 生产技术/陈永安主编，杨凌：西北农林科技大学出版社，2013

猕猴桃标准化生产技术/韩礼星主编，北京：金盾出版社，2008

猕猴桃病虫害绿色防控技术/韩养贤，冯华主编，杨凌：西北农林科技大学出版社，2013

猕猴桃病虫害识别图谱与绿色防控技术/李建军，刘占德主编，杨凌：西北农林科技大学出版社，2017

猕猴桃病虫害识别与防治/广西壮族自治区植保站编著，南宁：广西科学技术出版社，2015

猕猴桃病虫害原色图谱/丁建等主编，北京：科学出版社，2013

猕猴桃病虫害原色图谱与防治技术/龚国淑等编著，北京：科学出版社，2020

猕猴桃病虫害诊断与防控原色图谱/邱强等编著，郑州：河南科学技术出版社，2021

猕猴桃病虫原色图谱/吴增军，林青兰，姜家彪主编，杭州：浙江科学技术出版社，2007

猕猴桃采后生理与贮藏保鲜/杨青珍编著，杨凌：西北农林科技大学出版社，2011

猕猴桃产业创新技术/段眉会主编，杨凌：西北农林科技大学出版社，2015

猕猴桃产业实用技术 450 问/段眉会，朱建斌主编，杨凌：西北农林科技大学出版社，2010

猕猴桃常见病虫害防治：彩色图说/魏永平等编著，西安：陕西人民教育出版社，2000

猕猴桃充分授粉技术研究与应用/安成立，刘占德，严潇著，杨凌：西北农林科技大学出版社，2016

猕猴桃传奇/李青松著，杭州：浙江教育出版社，2019

猕猴桃的化学成分和生物活性研究进展/李平亚主编，长春：吉林科学技术出版社，2006

猕猴桃的栽培/丁蒲孙，卫行楷编著，南京：江苏科学技术出版社，1990

猕猴桃的栽培和利用/曲泽洲主编，北京：农业出版社，1981

猕猴桃繁殖技术/中国农业科学院郑州果树研究所全国猕猴桃研究协作组编，郑州：河南科学技术出版社，1986

猕猴桃丰产技术/李瑞高等编著，南宁：广西科学技术出版社，1991

猕猴桃丰产栽培新技术/陈业玉，朱有龙编著，北京：北京出版社，2000

猕猴桃高产栽培技术/孙玉刚，张连忠主编，济南：山东科学技术出版社，1999

猕猴桃高产栽培整形与修剪图解/齐秀娟主编，北京：化学工业出版社，2017

猕猴桃高效优质省力化栽培技术/谢鸣，张慧琴编著，北京：中国农业出版社，2018

猕猴桃高效栽培/黄宏文主编；王圣梅编著，北京：金盾出版社，2001

猕猴桃高效栽培/郁俊谊，刘占德编，北京：机械工业出版社，2016

猕猴桃高效栽培技术与病虫害防治图谱/鲍金平，郑子洪，吴学平主编，北京：中国农业科学技术出版社，2020

猕猴桃高效栽培与病虫害防治彩色图谱/姚春潮，李建军，刘占德主编，北京：中国农业出版社，2021

猕猴桃高效栽培与病虫害识别图谱/齐秀娟等编著，北京：中国农业科学技术出版社，2015

猕猴桃　枸杞　无花果病虫害防治原色图鉴/吕佩珂，苏慧兰，高振江编著，北京：化学工业出版社，2014

猕猴桃　枸杞　樱桃病虫害诊断与防治原色图鉴/吕佩珂，高振江，苏慧兰等编著，北京：化学工业出版社，2018

猕猴桃规范化栽培技术/刘占德主编，杨凌：西北农林科技大学出版社，2013

猕猴桃规范化栽培模式/秦仲麒编著，武汉：湖北科学技术出版社，1996

猕猴桃果品商品化处理及国内外营销/段眉会主编，杨凌：西北农林科技大学出版社，2013

猕猴桃果园周年管理图解/齐秀娟主编，北京：化学工业出版社，2022

猕猴桃技术服务体系集成/国家（杨凌）农业技术转移中心，国家（杨凌）旱区植物品种权交易中心编著，西安：陕西科学技术出版社，2016

猕猴桃技术与经营攻略/黄金辉著，上海：上海人民出版社，2015

猕猴桃加工实用技术/张凤英主编，成都：四川科学技术出版社，2018

猕猴桃精品：栽培、贮藏、保鲜与营销/王仲田等编著，西安：陕西科学技术出版社，1996

猕猴桃精品栽培、贮藏保鲜与营销/王仲田等编著，西安：陕西科学技术出版，1997

猕猴桃良种及栽培关键技术（彩插版）/汪冰，郭书普著，北京：中国三峡出版社，2006

猕猴桃品种选育及栽培利用/湖北省科技委员会农医处编，湖北：湖北科技出版社，1988

猕猴桃三高栽培技术/姚允聪等编著，北京：北京农业大学出版社，1998

猕猴桃生产精细管理十二个月/钟彩虹，陈美艳主编，北京：中国农业出版社，2020

猕猴桃实用栽培技术/华中农业大学新农村发展研究院，湖北省建始县人民政府编；蔡礼鸿主编，北京：中国林业出版社，2016

猕猴桃属：分类　资源　驯化　栽培/黄宏文等著，北京：科学出版社，2013

猕猴桃无公害高效栽培/陈东元，黄建民主编，北京：金盾出版社，2004

猕猴桃无公害生产技术/雷玉山等编著，杨凌：西北农林科技大学出版社，2010

猕猴桃现代栽培与园区化管理技术：培训实用手册/黄昭贤主编，成都：四川科学技术出版社，2017

猕猴桃新优品种及高档果品生产/韩礼星主编，北京：中国劳动社会保障出版社，2000

猕猴桃新优品种配套栽培技术/齐秀娟主编，北京：金盾出版社，2015

猕猴桃研究进展＝Advances in actinidia research/黄宏文主编，北京：科学出版社，2000

猕猴桃研究进展. Ⅸ＝Advances in actinidia research. Ⅸ/钟彩虹主编，北京：科学出版社，2019

猕猴桃研究进展. Ⅶ＝Advances in actinidia research. Ⅶ/黄宏文主编，北京：科学出版社，2014

猕猴桃研究进展. Ⅷ＝Advances in actinidia research. Ⅷ/黄宏文主编，北京：科学出版社，2018

猕猴桃优质安全高效栽培/陈庆红主编，武汉：武汉理工大学出版社，2010

猕猴桃优质丰产关键技术/朱道圩主编，北京：中国农业出版社，1999

猕猴桃优质丰产栽培技术彩色图说/韩礼星，黄贞光主编，北京：中国农业出版社，2002

猕猴桃优质丰产栽培与加工利用/张有平等编著，西安：陕西人民教育出版社，1998

猕猴桃优质丰产周年管理技术/王仁才主编，北京：中国农业出版社，2000

猕猴桃优质高效标准化栽培技术/王仁才主编，长沙：湖南科学技术出版社，2016

猕猴桃优质高效生产新技术/王仁才编著，上海：上海科学普及出版社，2000

猕猴桃优质高效栽培掌中宝/安新哲主编，北京：化学工业出版社，2012

猕猴桃优质稳产高效栽培/肖兴国编著，北京：高等教育出版社，1997

猕猴桃优质栽培百问百答/刘旭峰编著，北京：中国农业出版社，2009

猕猴桃育种原理与方法/朱道圩编著，北京：中国水利水电出版社，1996

猕猴桃栽培/耿宗长等编著，天津：天津科学技术出版社，1997

猕猴桃栽培技术/蒋桂华编著，杭州：浙江科学技术出版社，1996

猕猴桃栽培技术/吴伯乐，吴志广编著，成都：天地出版社，1998

猕猴桃栽培技术/王明召主编，南宁：广西科学技术出版社，2019

猕猴桃栽培技术图解/田文杰，王小纪，屈尚均编著，陕西：陕西科学技术出版社，1995

猕猴桃栽培理论与生产技术/钟彩虹等著，北京：科学出版社，2020

猕猴桃栽培与病虫害绿色防控原色生态图谱/陈勇，向波，罗承鑫主编，北京：中国农业科学技术出版社，2018

猕猴桃栽培与管理/罗福贤，范恩普编，贵阳：贵州科技出版社，1999

猕猴桃栽培与加工技术/朱鸿云，张海燕编著，北京：中国林业出版社，1989

猕猴桃栽培与利用/（日）大垣智昭著；张振东译，北京：北京科学技术出版社，1987

猕猴桃栽培与利用/张洁编著，北京：金盾出版社，1994

猕猴桃种植技术/张永平主编，昆明：云南科技出版社，2020

猕猴桃种植致富图解/陈伯伦，张晋主编，南宁：广西科学技术出版社，2019

猕猴桃周年管理关键技术/何佳林，吕平会主编，北京：金盾出版社，2013

猕猴桃贮藏保鲜技术/阎瑞香，刘兴华，关文强编著，北京：中国农业科学技术出版社，2004

猕猴桃贮藏保鲜实用工艺技术/段眉会，朱建斌主编，杨凌：西北农林科技大学出版社，2012

猕猴桃贮藏保鲜与深加工技术/高海生主编，北京：金盾出版社，2006

猕猴桃最新实用技术/张有平，吴新计编著，西安：世界图书出版西安公司，1994

N

南方果树整形修剪大全/刘权主编，北京：中国农业出版社，2000

南方落叶果树优质高效栽培技术/黄新忠主编，厦门：厦门大学出版社，2016

农户质量安全控制技术采纳行为研究：基于陕西省猕猴桃主产区的调查/耿宇宁著，北京：经济管理出版社，2021

农业部武陵山区定点扶贫县农业特色产业技术指导丛书．咸丰篇/农业部科技发展中心，恩施州农科院，湘西州农科院编著，北京：中国农业科学技术出版社，2017

农业产业化与新型农民科技培训/王倩著，北京：社会科学文献出版社，2016

农业技术综合培训教程/唐少立，孙达义主编，北京：中国农业科学技术出版社，2015

农业品牌运营管理/耿献辉，牛佳，葛继红编著，北京：经济管理出版社，2019

农业实用栽培技术/胡勤俭等主编，郑州：黄河水利出版社，2021

R

软枣猕猴桃栽培与加工技术/艾军等编著，北京：中国农业出版社，2014

S

山东园艺作物生产管理技术汇编/束靖，王功帅，王金政主编，北京：中国农业出版社，2020

陕西果树病虫害图谱/高智辉，王云果，刘朝斌著，杨凌：西北农林科技大学出版社，2019

陕西黄土高原果业气候生态条件研究及应用/李化龙，赵西社主编，北京：气象出版社，2010

上海市果树栽培技术/王秀敏主编，北京：中国农业出版社，2015

食物居家科学储存/赵国华，杨勇主编，郑州：郑州大学出版社，2020

蔬菜水果无公害栽培与病虫害防控/雷邦海主编，北京：金盾出版

社，2014

水果绿色发展生产技术/山东省果茶技术推广站组织编写；王志刚，崔秀峰，高文胜主编，北京：化学工业出版社，2018

水果栽培与贮藏/马骥飞主编，西安：西安出版社，1999

四川省精细化农业气候区划图集/祁生秀，游超主编，北京：气象出版社，2020

四川省猕猴桃产业竞争力分析及可持续发展路径研究/郭耀辉等著，北京：中国农业科学技术出版社，2020

T

特色水果/江国良主编，成都：电子科技大学出版社，2012

特种经济作物栽培新技术/科学技术部中国农村技术开发中心组织编写，北京：中国农业科学技术出版社，2006

提高中华猕猴桃商品性栽培技术问答/陈章玖编著，北京：金盾出版社，2009

天津山区果树图鉴/天津市蓟州区林业和草原局编，北京：中国林业出版社，2021

图解葡萄·猕猴桃·山楂树修剪技术/钟家煌等编著，合肥：安徽科学技术出版社，1998

图说猕猴桃高效栽培/郁俊谊主编，北京：机械工业出版社，2017

图说千种树木. 5/孟庆武，纪殿荣，郑建伟主编，北京：中国农业出版社，2013

推广的力量：眉县猕猴桃产业发展中的技术变迁与社会转型/赵晓峰等著，北京：中国社会科学出版社，2017

W

无公害猕猴桃实用技术问答/张有平等编著，杨凌：西北农林科技大学出版社，2010

武陵山地区农业实用技术/胡德著，重庆：重庆大学出版社，2020

X

现代落叶果树病虫害诊断与防控原色图鉴/王江柱，王勤英，仇贵生主编，北京：化学工业出版社，2018

小浆果坚果树栽培技术/刘洪章，文连奎主编，长春：吉林科学技术出版社，2008

小浆果栽培技术/李亚东主编，北京：金盾出版社，2010

新编果树实用技术问答/张鹏等主编，北京：北京出版社，2000

新西兰猕猴桃生产技术资料专辑/梁畴芬编，南宁：广西植物研究所，1985

新西兰猕猴桃栽培与加工/张儒懋编译，成都：四川科技出版社，1988

Y

樱桃　猕猴桃良种引种指导/赵改荣，韩礼星主编，北京：金盾出版社，2003

优质高档猕猴桃生产技术/黄贞光，韩礼星主编，郑州：中原农民出版社，2003

优质果品高产农谚问答（草莓　猕猴桃分册）/张廓玉，张波英，张晟主编，北京：科学技术文献出版社，2009

优质猕猴桃无公害丰产栽培/韩礼星，李明主编，北京：科学技术文献出版社，2005

园艺植物病理学/童蕴慧，陈夕军主编，北京：科学出版社，2021

Z

植物生长调节剂在果树上的应用/叶明儿主编，北京：化学工业出版社，2011

中国果树害虫/邹钟琳，曹骥编著，上海：上海科学技术出版社，1983

中国猕猴桃/崔致学主编，济南：山东科学技术出版社，1993

中国猕猴桃产业发展报告/上官王强主编，北京：中国农业出版

社，2017

中国猕猴桃地方品种图志/曹尚银等著，北京：中国林业出版社，2018

中国猕猴桃科研与产业四十年/钟彩虹，黄宏文主编，合肥：中国科学技术大学出版社，2018

中国猕猴桃种质资源/黄宏文主编，北京：中国林业出版社，2013

中国小浆果产业发展报告/李亚东主编，北京：中国农业出版社，2016

中国亚麻酸植物资源/陈功锡等主编，科学技术文献出版社，2016

中国药用植物．第四辑/叶华谷主编，北京：化学工业出版社，2017

中国植物志．第49卷．第2分册/中国科学院中国植物志编辑委员会编，北京：科学出版社，1984

中华猕猴桃/余厚敏，丁士林编著，合肥：安徽科学技术出版社，1989

中华猕猴桃的引种栽培与利用/张指南，侯志洁编著，北京：中国农业出版社，1999

中华猕猴桃的贮藏和加工/杨德兴等编著，北京：中国农业科技出版社，1992

中华猕猴桃栽培/朱鸿云编著，上海：上海科学技术出版社，1983

中华猕猴桃栽培与加工/李顺望等编著，长沙：湖南科学技术出版社，1987

中华猕猴桃栽培与加工技术/左长清主编，北京：中国农业出版社，1996

中华猕猴桃栽培/朱鸿云著，上海科学出版社，1983

中华猕猴桃资料选编/长安县猕猴桃科研技术协作组编，西安：西安市科学技术情报研究所，1981

主要果树栽培技术/贵州“绿色证书”培训教材编辑委员会编，贵阳：贵州科技出版社，1999

主要果树栽培技术/徐兆林主编，长沙：湖南科学技术出版社，2001

附录 2

水城猕猴桃产业大事记

李苇洁　李发耀　叶　娇　肖　春[1]

1993 年崔致学主编的《中国猕猴桃》记载，水城县是贵州野生猕猴桃的主要产区。据考证，在水城县玉舍公园、米箩镇磨盘山、猴场乡、鸡场乡等地分布的野生猕猴桃种类达贵州猕猴桃的 2/3 以上。水城猕猴桃是在本地特殊的地理环境和气候条件下培育出来的，具有独具特色的风味和品质。

2000 年，水城县农业局和贵州省园艺研究所从四川省自然资源研究所引入新品种“红阳猕猴桃”，开展红阳猕猴桃的引种试验示范获得了巨大成功，水城县便开始在贵州省水城县米箩镇、猴场乡、鸡场乡、蟠龙乡种植红阳猕猴桃。

2007 年水城县广丰农业开发有限公司选送的黔宏牌红心猕猴桃荣获 2007 中国（江西）果品及苗木展销会“猕猴桃类”金奖。

2008 年水城猕猴桃产业园的“黔宏牌”红心猕猴桃被选为 2008 年北京奥运会指定果品。

2010 年水城猕猴桃产业园的“黔宏牌”红心猕猴桃被列为中国 2010 年上海世博会指定有机果品。

2010 年水城猕猴桃基地于 2010 年被省农委认证为无公害农产品生产基地。

2012 年水城县猴场乡猕猴桃省级种植标准化示范区获批筹建。

2012 年水城县开始大力发展猕猴桃产业，并专设机构“水城县绿色产业服务中心”，开展猕猴桃产业相关工作，极大地促进了水城县猕猴桃产业的发展。

1　李苇洁，贵州科学院山地资源研究所副所长、研究员，主要研究方向为猕猴桃栽培与选育；李发耀，贵州省社会科学院地理标志研究中心主任，研究员，主要研究方向为地理标志与产业经济、地方文化与社会可持续发展；叶娇，贵州省社会科学院地理标志研究中心助理研究员，主要研究方向为品牌设计与产业发展；肖春，水城区东部农业产业园区管理委员会工作人员，主要研究方向为猕猴桃产业发展。

2013 年贵州科学院与六盘水市农业委员会合作，在水城县米箩镇俄戛村建设了贵州省猕猴桃产学研基地，为水城猕猴桃产业发展提供科技支撑。

2013 年水城猕猴桃被中华人民共和国农业部批准为农产品地理标志保护产品（AGI01168），证书持有人是水城县绿色产业服务中心。

2013 年水城猕猴桃产业示范园区获全省综合排名第一，并被确定为省级重点农业示范园区。基地建设位置：米箩镇倮么、俄戛、草果 3 个村和猴场乡红星、打把、补那、长寨、猴场、小田坝 6 个村，辐射周边 18 个乡镇。

2014 年中国野生植物保护协会正式授予六盘水市“中国野生猕猴桃之乡”称号。

2014 年六盘水市委、市政府出台《关于实施特色农业产业“3155 工程”的意见》，并按照“市统筹、县为主”的原则全力推动实施。紧接着，水城县按照规模化、标准化、品牌化、股权化、智能化、联通化的要求，共建成猕猴桃产业标准化种植基地 10. 39 万亩。

2014 年水城猕猴桃创建省级标准化示范区，基地在米箩镇俄戛村。

2014 年水城猕猴桃被原国家质检总局批准为国家地理标志保护产品（国家质检总局 2014 年第 96 号批准公告）。

2014 年水城猕猴桃获得由农业部中国绿色食品发展中心主办的，第十五届中国绿色食品博览会金奖。

2016 年全国团体标准信息平台发布第四批省级农业标准化示范项目——水城县俄戛猕猴桃种植综合标准化示范区团体标准。

2016 年发布第八批国家级农业综合标准化示范区——水城县猴场乡猕猴桃种植标准化示范区团体标准。

2016 年水城县获批成为“国家级出口猕猴桃质量安全示区”。

2017 年“凉都弥你红”系列红心猕猴桃果酒通过 FDA 认证，拿到进入美国市场的准许。

2017 年六盘水市第一个省级猕猴桃种植农业标准化示范区《水城县猴场乡猕猴桃种植农业标准示范区省级农业标准化示范项目》通过验收。水城县猴场乡猕猴桃种植农业标准化示范区标准综合体涉及要素齐全合理，对象与目标明确，标准综合体健全有效，示范区组织管理清晰，保障服务到位，长效机制健全，示范区经济效益明显，带动了当地贫困农户脱贫致富，社会效益明显，生态效果良好。

2017 年发源于六盘水市的“三变”改革写入“中央一号文件”。为此，“资源变资产、资金变股金、农民变股东”发展模式得到持续深入推广。

2017 年国家农业部部长韩长赋到水城调研“三变改革”，省委常委、常务副省长秦如培，市委书记周荣，市委副书记、市委政法委书记魏雄军，市委常委付昭祥、张志祥、刘睿等陪同调研。

2017 年贵州科学院、中国科学院武汉猕猴桃科研所与六盘水市政府及六盘水市农业投资开发有限责任公司达成合作，在水城县建成 33. 33 hm^2 猕猴桃产学研基地 2 个，24 hm^2 猕猴桃种植资源圃 2 个，100 hm^2 猕猴桃实训基地 1 个，13. 33 hm^2 猕猴桃苗圃基地 1 个。

2017 年以水城县猕猴桃产业示范园区为核心的水城县现代农业产业园获农业部、财政部批复创建国家现代农业产业园，主导产业为红心猕猴桃。

2017 年水城猕猴桃获得由农业部中国绿色食品发展中心主办的，第十八届中国绿色食品博览会金奖。

2017 年第十四届中国国际农产品交易会暨农产品地理标志博览会在云南省昆明举行。六盘水市地理标志产品“水城猕猴桃”获“第十四届中国国际农产品交易会参展农产品”金奖。

2017 年六盘水市出台壮大猕猴桃产业《六盘水市猕猴桃产业发展“415”工程实施方案》。

2017 年开展水城猕猴桃气候品质评估认证。

2017 年黔恒农业公司生产的“黔恒牌红心猕猴桃”荣获第十八届中国绿色食品博览会金奖，入选《2017 年度名特优新农产品目录》，公司基地也一度跃升为国家级出口食品农产品质量安全示范区等。

2018 年“中央一号文件”写入“三变改革”，“三变”改革已成为贵州省脱贫攻坚乡村振兴的新引擎、助推器。

2018 年国家级水城猕猴桃国家现代农业产业园创建。基地位置在米箩镇、阿戛镇、猴场乡、蟠龙镇等乡镇。

2018 年水城县新增猕猴桃种植面积 4. 37 万亩，其中倮么村新增 2165

亩，涉及贫困户入股 139 户 480 人，2018 年人均实现增收 3200 余元。

2018 年水城猕猴桃出口 5 吨到泰国，出口 350 吨到俄罗斯，并成为贵州省出口俄罗斯“第一金果”。

2018 年省级现代高效农业示范园区建设工作绩效考评结果，水城县猕猴桃产业示范园区获得全省综合排名第一，被确定为“引领型”园区，作为省级重点园区打造。

2018 年贵州省知识产权局批准水城猕猴桃地理标志产业化促进项目。

2018 年《农业产业结构调整“1+12+N”配套方案》，确定农业科技化、规模化、品牌化发展路径。水城猕猴桃产业园区连续五年获全省综合排名第一，入选首批创建的国家级现代农业产业园。

2018 年中央电视台财经频道《第一时间》播出了“2018 中国电商扶贫行动”专题节目，对水城县委副书记、代理县长赵庆强介绍红心猕猴桃进行了报道。

2018 年水城猕猴桃被贵州省农业农村厅授予“贵州省农产品地理标志示范样板”称号，成为全省唯一一个水果类农产品地理标志示范样板。

2018 年水城猕猴桃通过贵阳海关航空运输经北京中转至加拿大温哥华 1.5 吨。

2018 年六盘水市水城县现代农业产业园获得“国家现代农业产业园”荣誉称号，六盘水市水城现代农业产业园核心区位于水城县米箩镇，具有丰富的生物资源，成为猕猴桃、茶叶等作物生长的绝佳之地，并孕育产生了独具特色的品质与风味。

2019 年“中央一号文件”写入“三变改革”，对深入推进农村集体产权制度改革做出全面部署，其中提到“总结推广资源变资产、资金变股金、农民变股东经验”。

2019 年农业农村部水城猕猴桃农产品地理标志保护工程获批建设。基地位置在米箩镇、阿戛镇、猴场乡、蟠龙镇等乡镇。

2019 年六盘水市“2019 年农村产业革命推进情况——猕猴桃产业”专题新闻发布会在水城县米箩镇猕猴桃基地举行，会上全面介绍了全市猕猴桃产业发展情况。

2019 年六盘水凉都猕猴桃产业股份有限公司选送的“红阳”红心猕猴桃拿到了世界园艺博览会优质果品大赛金奖。

2019 年中央人民广播电台与贵州省委宣传部签署战略合作协议，以公益扶贫广告的形式，推广水城猕猴桃等农特产品，作为首批“黔货出山”推广产品。2019 年六盘水市委书记王忠到水城县调研脱贫攻坚和猕猴桃、刺梨产业发展情况。

2019 年水城红心猕猴桃成为 2020 年邮政“919 电商节”期间贵州第一个破万单的扶贫商品。全六盘水市猕猴桃项目线上、线下累计完成业务量 10 万余件，实现业务收入 100 多万元。

2019 年“国家猕猴桃科技创新联盟 2019 年年会暨第二届全国猕猴桃品鉴会”在水城县举行。水城县宏兴绿色农业投资有限公司（4 个基地红心系列均获金奖）、六盘水朝辉农业发展有限公司、水城县绿美农业开发有限责任公司、六盘水凉都猕猴桃产业股份有限公司、水城县联育鸿种养殖农民专业合作社、贵州润永恒农业发展有限公司、水城县鸿源农业开发有限责任公司、贵州圣地有机农业有限公司等 8 家企业斩获猕猴桃金奖 11 个。

2019 年第 16 届中国—东盟博览会、中国—东盟商务与投资峰会在南宁隆重开幕。水城县组织贵州黔永福农业发展有限公司、六盘水朝辉农业发展有限公司、水城县林祥种养殖农民专业合作社三家猕猴桃企业参展，标志着水城红心猕猴桃第一次正式亮相中国—东盟博览会。

2020 年，贵州科学院山地资源研究所联合水城县东部农业产业园区管理委员会，共同发布水城县团体标准《水城猕猴桃》，切实解决了水城县猕猴桃标准化生产的问题。

2020 年水城猕猴桃荣获农业农村部“中国特色农产品优势区”（第四批）。

2020 年全国团体标准信息平台发布《水城猕猴桃》团体标准（T/SCM-HT 001—2020）。

2020 年省级水果产业发展专项资金支持水城猕猴桃提质增效项目启动。

2020 年水城猕猴桃参加农业农村部及重庆市人民政府共同主办的第十八届中国国际农产品交易会暨第二十届中国西部（重庆）国际农产品交易会，水城猕猴桃在会上得到高度评价。

2020 年省地理标志标准贵州猕猴桃第 16 部分：红阳猕猴桃贮藏保鲜技术规程（DB52T 1503. 16—2020）发布。

2020 年水城获批第十批国家农业标准化示范项目（Ⅰ类项目）：国家猕猴桃标准化示范区项目。

2020 年水城猕猴桃全产业链标准化建设“一县一业”项目启动。

2021 年水城区全国绿色食品原料（猕猴桃）标准化生产基地获批筹建。

2021 年中国农民丰收节（六盘水市“两园”）暨第三届凉都猕猴桃节在米箩镇倮么村召开。

2021 年凉都猕猴桃产业新闻发布会，在水城区勺米镇黔恒公司猕猴桃基地举行。六盘水市农业农村局副局长、猕猴桃专班班长胡兴建进行了以“吨产园建设丰产丰收猕猴桃产业提质增效”为主题的推介。

2021 年六盘水市委、市政府相继出台了《市人民政府办公室关于印发推进猕猴桃产业发展 30 条的通知》《猕猴桃产业发展九大重点任务的通知》《猕猴桃产业发展现场推进会重点工作任务分解表的通知》《猕猴桃种植基地灌溉基础设施建设推进方案的通知》《猕猴桃产业高质量发展“吨产园”建设行动方案（2021—2024 年）和六盘水市 2021 年猕猴桃产业高质量发展“吨产园”建设实施方案的通知》。

2021 年经专家组鉴定，水城猕猴桃新品种“贵毛 1 号、贵毛 2 号”实验成功，具备口感佳、品质好、耐存储和耐运输的特性，适合作为推广的新品种。

2021 年水城区谋划实施猕猴桃小镇 IP 打造及运营等 8 个文旅业态提升项目，已得到省委宣传部 2021 年度文产资金支持，目前 8 个文旅业态提升项目推进有序。

2021 年按照高质量发展要求，水城区深入实施乡村振兴战略，以“三变”改革为引领，强化主体利益联结，聚集联农带农机制，以“五连五促”融合推进猕猴桃产业提档升级。

2022 年水城区委书记陈石在蟠龙镇百车河社区沙坡九组漆友俊猕猴桃产业基地调研农业受灾情况。

2022 年水城区东部园区管委会特邀多家种植企业和种植户代表在区东部园区管委会六楼会议室召开 2022 年水城区猕猴桃产业发展座谈会。

附录 3

质检总局批准水城猕猴桃实施地理标志产品保护的公告

2014 年第 96 号

根据《地理标志产品保护规定》，质检总局组织专家对水城猕猴地理标志产品保护申请进行审查。经审查合格，批准上述产品为地理标志保护产品，自即日起实施保护。

（一）产地范围

水城猕猴桃产地范围为贵州省水城县米箩乡、鸡场镇、都格镇、龙场乡、蟠龙镇、野钟乡、猴场乡、顺场乡、营盘乡、勺米镇、红岩乡、阿戛镇、发耳镇、坪寨乡、果布戛乡共 15 个乡镇现辖行政区域。

（二）专用标志使用

水城猕猴桃产地范围内的生产者，可向贵州省水城县质量技术监督局提出使用“地理标志产品专用标志”的申请，经贵州省质量技术监督局审核，报质检总局核准后予以公告。水城猕猴桃的检测机构由贵州省质量技术监督局在符合资质要求的检测机构中选定。

（三）水城猕猴桃质量技术要求

1. 品种

红阳。

2. 立地条件

产地范围内海拔≤1300 m，土壤质地为砂质壤土，地下水位在 1 m 以下，有机质含量≥1%，pH 6.5~7.0。

3. 栽培管理

1）种苗繁育：以猕猴桃种子繁殖的实生苗为砧木，从纯正无检疫对象的健壮结果母株上采集接穗进行嫁接育苗。

2）定植：

A. 栽植时期：落叶以后至翌年早春萌芽前（10 月下旬至次年 2 月中旬）。

B. 栽植密度：成龄园栽植株数≤835 株/公顷，雌雄株比例≤8∶1。

C. 整形：采用水平棚架或“T”形架整形。

D. 土肥水管理：以有机肥为主，每公顷每年施腐熟有机肥≥40 t；禁止使用刺激果实膨大的各种生长调节剂。

E. 花果管理：每公顷产量≤22. 5 t。

F. 环境、安全要求：农药、化肥等的使用必须符合国家的相关规定，不得污染环境。

4. 采收和贮藏

果实可溶性固形物≥6. 2%时采收，于晴朗天气的午前分期分批采果，果实采摘后，需在 24 小时内入库预冷、贮藏

5. 质量特色

1）感官特色：果实成熟后黄绿色，果面无毛，果皮薄、果肉黄绿色、果心红色、呈放射状图案；果肉细嫩、口感香甜清爽、酸度低。

2）理化指标：抗坏血酸含量≥160 mg/100 g，单果重≥85 g，采时可溶性固性物含量≥6. 2%，可滴定酸含量≤1. 4%。

3）安全及其他质量技术要求：产品安全及其他质量技术要求必须符合国家相关规定。

2014 年 9 月 2 日

附录 4

农业部批准水城猕猴桃实施农产品地理标志登记保护的公告

第 1925 号

根据《农产品地理标志管理办法》规定，水城县绿色产业服务中心申请对“水城猕猴桃”实施国家农产品地理标志登记保护。经过初审、专家评审和公示，符合农产品地理标志登记程序和条件，准予登记，特颁发中华人民共和国农产品地理标志登记证书。质量控制技术规范编号：AGI2013-01-1168，产品证书登记号 AGI01168。

一、产品介绍

水城猕猴桃有着悠久的历史，贵州是中国猕猴桃的几大产区之一，六盘水市于 2014 年 1 月 14 日被中国野生植物保护协会授予“中国野生猕猴桃之乡”的称号，在水城县很多高海拔乡镇还能看到大面积的野生猕猴桃。根据《中国猕猴桃》（1993 年崔致学主编）记载，水城县也是贵州野生猕猴桃的主要产区。据考证，在水城县玉舍公园、米箩乡磨盘山、猴场乡、鸡场乡等地分布的野生猕猴桃种类达贵州猕猴桃的 2/3 以上。水城猕猴桃是在本地特殊的地理环境和气候条件下培育出来的，具有独具特色的风味和品质。

二、自然生态环境和人文历史因素

水城县地处云贵高原向黔中山原过渡的梯级状大斜坡地带，广泛分布着适合猕猴桃生长的富硒微酸性黄壤。水城县境内地势呈梯级起伏，西北高，东南低，最高海拔 2865. 2m，最低海拔 645m。地貌以山地为主，占全县总面积的 68%。水城猕猴桃广泛分布在这些山地及河边种植。水城县昼夜温差大、日照充足的小气候给水城猕猴桃提供了一个良好的生长环境。水城猕猴桃涉及区域最高海拔

1300 m，最低海拔 700 m，属温凉湿润的高原亚热带季风气候，冬无严寒，夏无酷暑，气候温和，雨量充沛，无霜期 310 天，年日照时数 1560 小时，年总积温 4950 ℃，平均海拔 1000～1100 m，年平均气温 15 ℃，≥10℃有效积温 4500 ℃～5600 ℃，年平均降水量 800～1300 mm，有明显的小气候特征，属亚热带季风气候，最适宜栽培水城猕猴桃。

三、地域范围

水城猕猴桃农产品地理标志涉及水城县米箩乡、鸡场乡、都格乡、龙场乡、蟠龙乡、野钟乡、猴场乡、顺场乡、营盘乡、勺米乡、红岩乡、阿戛乡、杨梅乡、花戛乡、发耳乡、坪寨乡、果布戛乡等 17 个乡镇，经纬度为北纬 26°03′—26°31′，东经 104°33′—105°15′，南北长 54 公里，东西宽 69 公里。

四、产品品质特性特征

（1）感官质量指标：水城猕猴桃果形一致，果蒂新鲜，无畸形果；果面洁净，无病斑、无虫体或其他附着物；果皮色泽均匀；果肉淡黄色、果心乳白色，横切面有似太阳光的红色放射线；单果重量≥60 克。（2）水城猕猴桃的理化指标。见下表（略）（3）包装：水城猕猴桃包装分箱装与盒装，箱装用于大批量（5～10 公斤）果实包装，盒装用于小批量（1.5～3 公斤）果实包装。箱装用瓦楞纸箱，内衬垫箱纸，垫箱纸质地应细致柔软。果实应排列整齐，分层排放，每层用垫箱纸分隔。盒装的盒子用厚皮纸制作，内有一种塑料环保内托，内托内平铺果实一层，盛入纸盒中。（4）储存：水城猕猴桃果实在气调库条件下储存，可储存 3～6 个月。常温下仅可存放 3～7 天，最长不超过 15 天。（5）运输：水城猕猴桃易碰伤、糜烂，故应冷藏运输，做到快装、快运、快卸。严禁日晒雨淋，装卸、搬运时要轻拿轻放，严禁乱丢乱掷。运输工具的装运舱应清洁、无异味，水运时应防止水油入舱中。防止虫蛀、鼠咬。

五、特定生产方式

（1）产地选择：建立水城猕猴桃种植基地，应选择生态环境优良，外界隔离条件好，光照充足，水源相对充足，土壤有机质含量高、无污染，历年来病虫害发生少，相对集中连片，便于规模化生产的山地或坡地。（2）生产过程管理：即农业投入品方面的特殊使用规定：水城猕猴桃生产以有机肥为主，化肥为辅，化肥必须与有机肥配合使用，禁止施用硝态氮肥。生产过程中农药和化肥的使用必须符合 GB/T 18406. 2—2001 的规定。（3）产品收获及产后处理：①水城猕猴桃采收前，需经手持测糖仪检测，可溶性固形物达到 6. 5% 以上，方可进行采收。②水城猕猴桃采收后需及时进入气调保鲜库保鲜以方便包装。（4）记录要求：水城猕猴桃的生产过程要建立生产记录，对生产情况、病虫害发生情况、技术措施、农药化肥使用情况进行全面记载并妥善保存，以备查阅。

六、包装标识相关规定

本规定地域范围内的水城猕猴桃农产品生产经营者，在产品或包装上使用农产品地理标志，须向水城县绿色产业服务中心提出申请，按照相关要求规范生产和使用标志，统一采用水城猕猴桃产品名称和农产品地理标志公共标识相结合的标识标注方法。

2013 年 4 月 15 日